Kulturelle Figurationen: Artefakte, Praktiken, Fiktionen

Herausgegeben von
J. Ahrens, Gießen, Deutschland
J. Bonz, Bremen, Deutschland
M. Hamm, Luzern, Schweiz
U. Vedder, Berlin, Deutschland

Kultur gilt – neben Kategorien wie Gesellschaft, Politik, Ökonomie – als eine grundlegende Ressource sozialer Semantiken, Praktiken und Lebenswelten. Die Kulturanalyse ist herausgefordert, kulturelle Figurationen als ebenso flüchtige wie hegemoniale, dynamische wie heterogene, globale wie lokale und heterotope Phänomene zu untersuchen. Kulturelle Figurationen sind Produkt menschlichen Zusammenlebens und bilden zugleich die sinnstiftende Folie, vor der Vergesellschaftung und Institutionenbildung stattfinden. In Gestalt von Artefakten, Praktiken und Fiktionen sind sie uneinheitlich, widersprüchlich im Wortsinn und können doch selbst zum sozialen Akteur werden. Die Reihe»Kulturelle Figurationen: Artefakte, Praktiken, Fiktionen« untersucht kulturelle Phänomene in den Bedingungen ihrer Produktion und Genese aus einer interdisziplinären Perspektive und folgt dabei der Verflechtung von Sinnzusammenhängen und Praxisformen. Kulturelle Figurationen werden nicht isoliert betrachtet, sondern in ihren gesellschaftlichen Situierungen, ihren produktionsästhetischen und politischen Implikationen analysiert. Die Reihe publiziert Monographien, Sammelbände, Überblickswerke sowie Übersetzungen internationaler Studien.

Herausgegeben von
Prof. Dr. Jörn Ahrens
Universität Gießen
Deutschland

M.A. Marion Hamm
Universität Luzern
Schweiz

Dr. Jochen Bonz
Universität Bremen
Deutschland

Prof. Dr. Ulrike Vedder
Humboldt-Universität zu Berlin
Deutschland

Jörn Ahrens · Michael Cuntz · Lars Koch
Marcus Krause · Philipp Schulte

The Wire

Analysen zur Kulturdiagnostik
populärer Medien

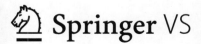

Prof. Dr. Jörn Ahrens
Universität Gießen
Deutschland

Marcus Krause
Ruhr-Universität Bochum
Deutschland

Dr. Michael Cuntz
Bauhaus-Universität Weimar
Deutschland

Dr. Philipp Schulte
Universität Gießen
Deutschland

Dr. Lars Koch
Universität Siegen
Deutschland

ISBN 978-3-658-01239-7   ISBN 978-3-658-01240-3 (eBook)
DOI 10.1007/978-3-658-01240-3

Die Deutsche Nationalbibliothek verzeichnet diese Publikation in der Deutschen Natio-
nalbibliografie; detaillierte bibliografische Daten sind im Internet über http://dnb.d-nb.de
abrufbar.

Springer VS
© Springer Fachmedien Wiesbaden 2014

Lektorat: Dr. Cori Antonia Mackrodt, Katharina Gonsior

Gedruckt auf säurefreiem und chlorfrei gebleichtem Papier

Springer VS ist eine Marke von Springer DE. Springer DE ist Teil der Fachverlagsgruppe
Springer Science+Business Media.
www.springer-vs.de

Inhaltsverzeichnis

Einleitung. Die TV-Serie *The Wire* und ihre Kontextualisierung

Der Kosmos von Baltimore ist gekennzeichnet durch eine hohe Arbeitslosenquote, eine hohe Drogen- und Bandenkriminalität und eine sichtbare Verwahrlosung des Stadtraums. Von ehemals fast einer Million Einwohnern in den 1950er Jahren sind heute nur noch etwa 600.000 übrig; in einigen Stadtvierteln, die fast ausschließlich von einer schwarzen Bevölkerung bewohnt werden, liegt das Durchschnittseinkommen unter der Armutsgrenze.[1] *The Wire* porträtiert eben dieses Baltimore und seinen Niedergang von einer einst bedeutenden Hafenstadt in der Nähe Washingtons zu einem zunehmend durch Armut und Korruption geprägten Ort, indem unterschiedliche Milieus und Umfelder der Stadt beleuchtet werden, die auf je spezifische Weise in Verbindung stehen mit der Allgegenwärtigkeit des lokalen wie globalen Drogenhandels.

Die Rezeption von *The Wire* ist dadurch gekennzeichnet, dass der rasch enthusiastisch werdenden Kritikerrezeption ein zunächst zögerlicher Publikumszuspruch entgegensteht. Als der US-amerikanische Pay-TV-Sender HBO im Jahr 2002 die Serie des Creators David Simon an den Start brachte, eines ehemaligen Polizeireporters der Tageszeitung *Baltimore Sun*, der bereits im Jahr 2000 mit der preisgekrönten Miniserie *The Corner. A Year in the Life of an Inner-City Neighborhood* die Ursachen und Folgen des Drogenhandels in West-Baltimore untersuchte, war deren großer Erfolg kaum abzusehen. Der bei HBO bis 2008 in fünf Staffeln und mit rund 60 Stunden Laufzeit ausgestrahlten Serie war bezeichnenderweise anfangs kein kommerzieller Erfolg beschieden. Trotz der von Beginn an sehr guten Kritiken fielen die Zuschauerzahlen eher bescheiden aus; der wirkliche Erfolg kam erst mit der Edierung der Serie als DVD. Auch die Anerkennung durch die Film- und Fernsehindustrie blieb eher verhalten: Die Ausbeute der Serie beschränkt sich im Wesentlichen auf Kritikerpreise. Trotz mehrerer Nominierungen erhielt *The Wire*, anders als andere HBO-Serien wie *The Sopranos* und *Six Feet Under,* nie den Emmy oder den Golden Globe Award for Best Television

---

1   Für diese und weitere demographische Daten vgl. http://www.city-data.com/neighborhood/Upton-Baltimore-MD.html [letzter Zugriff am 11.3.2012].

Series, die beiden wichtigsten und begehrtesten Auszeichnungen des amerikanischen Fernsehens. Relativ zügig setzte hingegen auch die akademische Rezeption der Serie in Gestalt von Seminaren, Tagungen und Publikationen ein, die durchwegs getragen ist von großer Sympathie bis hin zur offenen Begeisterung für die Serie. Unterdessen gilt *The Wire* vielen als eine der, wenn nicht sogar als *die* beste Fernsehserie schlechthin.

Das mag daran liegen, dass *The Wire* sich programmatisch einer ganzen Reihe von Normalitätsstandards des aktuellen Fernsehens verweigert. Insbesondere die narrative Komplexität der Serie, folgt weder der klassischen Logik von *series* der Episoden-[2], noch dem neuen Standard des *flexi-narrative* als Fortsetzungsserie mit hinreichender kurzfristiger Kohärenz, um auch die partiale Rezeption zu erlauben. Fällt das Konzept narrativ geschlossener Einzelfolgen als Teil einer staffelübergreifenden, im Modus vom Muster und Variation funktionierenden Narrationsmatrix für *The Wire* ohnehin aus, knüpft sie also auch nicht einfach an die seit den 1990ern in unterschiedlichen TV-Serien immer verbreitetere Vorgehensweise des epischen Erzählens an, sondern übersteigert die Prinzipien des *serial* in recht singulärer Weise: Dies betrifft das Maß, in dem auf das jeweils Vorhergehende auch über weite Zeitabstände hinaus zurückgegriffen und der systematische Einbau von Redundanz abgelehnt wird.

Die so entstehende Dichte mehrerer parallel verlaufender, sich teils kreuzender, sich teils über Dekors und Hintergrundgeschehen gegenseitig zitierender und vorantreibender Handlungsstränge wie die Fülle der Figuren, von denen einige, wie Major Valchek oder der von Steve Earle gespielte Waylon in den Mittelgrund rücken, wenn man längst vergessen hat, dass sie schon lange zuvor kurz aufgetaucht waren, ist entsprechend nur schlecht über eine wochenweise erfolgende Rezeption goutierbar. Zu schnell fehlt hier der Überblick, verliert man im Wochenabstand wichtige Details aus den Augen und ist als Publikum schlicht verloren, wenn man auch nur eine Folge versäumt. Das Motto der ersten Staffel, „Listen carefully", bezieht sich eben nicht nur auf das *detail*, sondern adressiert auch das Publikum, dem höchste Aufmerksamkeit abverlangt wird: Immer wieder werden wichtige Informationen ganz beiläufig mitgeteilt, ohne dass gängige TV-Mittel wie aufmerksamkeitslenkende Musik oder Wiederholung des Relevanten zum Einsatz kämen.

The Wire ist dezidiert angelegt als ein großes, in sich geschlossenes Narrativ, das nach mehrfacher Rezeption verlangt, wofür die DVD ganz sicher das geeignetere Medium ist. Im Grunde handelt es sich, mehr noch als bei vielen an-

---

2   Obschon jede Folge in sich ganz offensichtlich dramaturgisch äußerst sorgfältig, narrativ hochgradig effizient und, was die einzelnen Handlungsstränge angeht, thematisch aufeinander bezogen organisiert ist.

deren der neuen Serien, die im Jahrzehnt um die und nach der Jahrtausendwende entstanden sind, daher gar nicht um eine Fernsehserie, und sei es die beste aller Zeiten, sondern um die erste, konsequent die Möglichkeiten der DVD als Medienformat nutzende audiovisuelle Produktion – es kommt zu einer *relocation*, in der sich aber, anders als für die *relocation* des Films (Casetti 2009), nicht der Ort der Rezeption verschiebt – diese findet weiter vor einem heimischen Bildschirm statt – sondern mit dem Speichermedium DVD der Ort der Kontrolle und Verfügung über das Material selbst, das nun die Zuschauer selbst in der Hand haben. Obwohl *The Wire* mit fernsehtypischen Elementen wie dem 3:4-Bildformat oder der Prämierung des Auditiven arbeitet – also gerade nicht dem allgemeinen Trend zum hochästhetisierten Bild und großen Schauwerten folgt und somit dem, was gemeinhin als filmisch konnotiert ist – erscheint die Serie fast als eine Art Trojanisches Pferd, das ins Fernsehen eingeschleust wurde, um viele seiner Prinzipien über den Haufen zu werfen.

So gesehen ließe sich *The Wire* streng genommen nicht mehr dem Fernsehen zuordnen, und auch nicht dem Film, auf dessen visuelle *aemulatio* es die Serie dezidiert nicht anlegt, sondern würde eine der DVD in spezifischer Weise eigene dramaturgische wie ästhetische Option nutzen. Es scheint aber große Schwierigkeiten zu bereiten, diese mediale Eigenständigkeit tatsächlich anzunehmen und ohne Verweise auf andere etablierte Medien auszukommen. Fällt der Film, für zahlreiche andere zeitgenössische Serien wie etwa LOST als Messlatte bemüht, aufgrund der Ästhetik von *The Wire* als Referenzgröße aus, in deren Richtung man sich vom gerne verachteten Fernsehen wegbewegen kann, so kann auch ein anderes etabliertes Medium diese Rolle übernehmen.

Vor diesem Hintergrund spricht Daniel Eschkötter davon, in *The Wire* regiere das Schreiben, während die Regie eher funktional sei. Primär verankert sei die Serie in der Tradition des Reportagejournalismus, dann in der „Idee angelsächsischer Prosa" und schließlich in einer Art von *oral history* als einer „Transkription des Sprechens der anderen." (Eschkötter 2012, 10) Völlig richtig ist, dass die Rede in *The Wire* einen herausgehobenen Stellenwert einnimmt. Die Serie folgt also in weiten Teilen einer eher textuellen Ordnung, fokussiert sich auf mit größter Sorgfalt ausgearbeitete Dialoge, die zugleich aber den Duktus ihrer Sprecher so grandios einfangen, dass schon die Form des Sprechens zu einer Form der Serie selbst wird – damit aber eben auch zu einer genuin ästhetischen, nicht mehr bloß narrativen Form. Eschkötter selbst meint, gerade mit Bezug auf den Serientitel und die polizeiliche Praxis des Abhörens, die Sprache sei insgesamt „einer der Hauptakteure" der Serie. (Eschkötter 2012, 11) Während gemeinhin eher die Stadt Baltimore als der tragende Akteur der Serie identifiziert wird, als

Sinnbild des postindustriellen Amerikas und seiner in sich fragmentierten Formen
der Vergemeinschaftung, rückt Eschkötter einen ganz anderen Aspekt in den Vordergrund, nämlich den der Kulturtechnik *Text*.

Indem er sie durch diesen konkreten Befund plausibilisiert, pointiert er in
gewisser Weise eine allgemeine Tendenz im Zugriff auf *The Wire*, die man zunächst durchaus erstaunlich nennen kann, auch wenn sie durch die Mitwirkung
der Schriftsteller Richard Price und George Pelecanos als Drehbuchautoren motiviert sein mag. Denn obwohl es sich um eine Fernsehproduktion, also ein audiovisuelles Medium handelt, verorten weite Teile der Kritik die Serie in weitaus
diffuserer Weise immer wieder entweder primär oder sogar ausschließlich auf der
textuellen Ebene. *The Wire* ist durch die Rezeption also in gewisser Weise litera-
risiert worden, was bezeichnenderweise in erster Linie unter dem Gesichtspunkt
verhandelt werden muss, welches kulturelle Renommee im Allgemeinen dem
Fernsehen, aber auch audiovisuellen Narrativen insgesamt, also auch dem Film,
zugesprochen wird. Der Verweis auf Literatur in Kritik und Academia funktioniert, ganz analog zur Umetikettierung von Comics in Graphic *Novels*, vor allem
als immer wieder bemühte Strategie der Vermehrung des symbolischen Kapitals,
die sich auch nicht dadurch irritieren lässt, dass sie HBO, dessen Marketingclaim
lange Zeit „It's not TV, it's HBO" lautete, in die Hände spielt.

Im Kern geht es also um nicht weniger als eine Übersetzung der Fernsehserie *The Wire* in das völlig anders organisierte Medium der Literatur. Für diese
Tendenz steht etwa das Bonmot des Journalisten Joe Klein, es sei nicht schlimm,
dass *The Wire* keinen Emmy erhalten habe, da die Serie ohnehin den Nobelpreis
für Literatur verdiene. Ähnlich, wenngleich elaborierter, geht Richard Kämmerlings vor, der, die Mediengrenzen überspringend, meint, der „Roman der Gegenwart" sei eine DVD-Box. „Kein Roman hat mich so beschäftigt wie *The Wire*
– das ist auch so zu verstehen: *The Wire* ist ein Roman. Einer der besten." (Kämmerlings 2010) Nun weiß Kämmerlings freilich auch, dass es einen Medienun-
terschied gibt zwischen einem Film und einem Buch und sucht diesen auch zu
thematisieren: „Offensichtlich ist es ja ein Film, und als visuelles Medium stehen
ihm bestimmte Möglichkeiten literarischer Narration nicht zur Verfügung – wie
die Innenschau, das Erzählen im Konjunktiv und anderes. Dennoch verfügt *The
Wire* über einige Eigenschaften, die bisher ausschließlich dem Roman vorbehalten waren." (Kämmerlings 2010) Dazu zählt er insbesondere die „schiere Länge"
des Stoffes, über die ein Panoramablick auf Gesellschaft entfaltet werde, sowie
die narrative Komplexität, die eine „Abgeschlossenheit der Einzelfolgen" auf-
hebe und es dem Zuschauer nahezu verunmögliche, „mittendrin einzusteigen".
Schließlich werde der Zuschauer in seiner Eigenaktivität überdurchschnittlich
gefordert, „die Zusammenhänge, die Beziehungen der Figuren, selbst die Bedeu-

tung ihrer Jargons und Fachsprachen [zu] erschließen." All dies seien genuin literarische Qualitäten und eigentlich dem Roman eigen. David Simon selbst meint im Gespräch mit Katja Nicodemus, „die Literarisierung des Fernsehens [habe] gerade erst begonnen." (Nicodemus 2006) Diese Bewegung führt er zurück auf die Einführung des Bezahlfernsehens, also von Sendern wie HBO, die über Abonnements funktionieren. „Das Abonnementsystem und der Verzicht auf Werbung führen zu einem völlig anderen Erzählen und zu anderen Inhalten", führt Simon Nicodemus gegenüber weiter aus und ergänzt mit Blick auf die Konsequenzen von Quotenregime und Werbeblöcken: „Jetzt kann man eine Serie wie einen Roman schreiben. Ein Schriftsteller fragt ja auch nicht, ob der Leser das Buch nach einer schwierigen Stelle auf Seite vier ins Regal stellt." (Nicodemus 2006)

Die von allen drei Positionen betriebene Literarisierung des Formats ist gleichermaßen interessant wie symptomatisch. Entweder wird *The Wire* gleich als Literatur geadelt oder aber seine herausragenden Qualitäten werden zumindest als literarisch definiert, nicht jedoch als genuin audiovisuell, da hier ja etwas gelinge, das, wie Kämmerlings eigens hervorhebt, bislang eigentlich der Literatur vorbehalten gewesen sei und was audiovisuelle Medien gar nicht leisten könnten. Außer Acht gelassen wird bei solchen Pauschalisierungen sowohl, dass audiovisuelle Narrative mit Mitteln der Montage etc. über genügend Möglichkeiten verfügen, um Zuschauer in ihrer Eigenaktivität zu fordern als auch die Tatsache, dass es auch filmische Großprojekte gibt, die sich nicht an die zeitlichen Konventionen des *feature film* halten. Vor diesem Hintergrund wird das aus dem Medium Fernsehen hervorgegangene Narrativ selbst dann zu Literatur, wenn die Differenz zwischen beiden Medien vordergründig betont und sogar das Ende des Romans beschworen wird. Denn der größte Gegner des Romans, so Kämmerlings, sei dessen „funktionale Ersetzung durch solche epischen, höchst komplexen Fernsehserien." (Kämmerlings 2010) Das ist deshalb besonders aufschlussreich, weil ja von Anfang an die Filmwissenschaft ihr Medium mit Kompetenzen ausgestattet gesehen hat, die weit über jene der Literatur hinausgehen, ohne deshalb notwendiger Weise mit dieser in Konkurrenz zu treten; etwa wenn Kracauer und Balázs explizit im Film einen privilegierten Zugang zur Realität angelegt sehen. Dem Film wurden also schon immer Potenzen zugeschrieben, die sich von denen der Literatur deutlich unterschieden, ihm ganz andere Möglichkeiten der Inszenierung und der medialen Kommunikation einräumten, ihn mit dem Auftrag einer „Errettung der äußeren Wirklichkeit" (Kracauer 2008) betrauten oder auch, nach Pasolinis Diktum, nicht nur mit Zeichen operieren, sondern die Dinge der Welt selbst einfangen sahen. (Pasolini 2012)

Eben hier könnte man auch ansetzen, um die Frage nach dem Verhältnis zwischen Roman und audiovisuellen Medien fruchtbar zu machen, nämlich indem man von einem etwas monotonen Aufwertungsdiskurs umstellt auf die Frage nach Qualitäten im Sinne von Eigenschaften, und zwar nicht solchen der Literatur, die das Audiovisuelle nachahmt, sondern solchen des Audiovisuellen, die es dem Literarischen, das diese Eigenschaften nur als *Tendenz* enthalten kann, hinzufügt. In diesem Sinn hat schon Deleuze in einer Passage seines Textes zu Zola, die sich nur in der Version findet, die als Einleitung zu *La bête humaine* dient, darauf hingewiesen, dass das Genie der Naturalisten kinematographisch war. Diese antizipierten im Medium des Romans das, was sich eben erst im Film (und nun in der Serie) realisieren lasse: Deswegen seien die Nachfolger Zolas und de Maupassants nicht deren mediokre literarischen Epigonen, sondern die große Periode des amerikanischen Romans und eben vor allem das Kino mit Regisseuren wie Griffith, Stroheim, Buñuel oder Renoir. (Deleuze 1969/2001,19f.)

Es ist erstaunlich, dass in dem Moment, da die Fernsehserie als ebenfalls audiovisuelles Medium nun mit der Bedeutung der Literatur endlich gleichzieht, diese Möglichkeiten, zu denen eben auch der Einsatz von Schauspielern aus Fleisch und Blut gehört, die im Laufe der Serie altern und so die Irreversibilität von Narration und Zeit *verkörpern*, so wie sie mit ihrem Sprechen, ihren Stimmen, ihrem Wortschatz etc. Baltimore ebenso verkörpern wie es die Schauplätze tun, die eben nicht beschrieben werden, sondern sich im filmischen Material zeigen, gar keine Rolle spielen, sondern das Augenmerk ganz auf einer bloßen *Aufhebung* der Literatur im Film liegt. Noch erstaunlicher ist freilich, dass diese Haltung auch von David Simon kultiviert wird, der sich selbst offenbar viel eher als Literat versteht, welcher sich lediglich der Mittel des Fernsehens bedient,[3] denn als Filmschaffender. Faktisch bestätigt sich hier die Tendenz einer Nobilitierung neuerer ästhetischer Formen, also solcher des 20., mittlerweile auch des 21. Jahrhunderts, indem sie den klassischen Künsten integriert werden. Diese definieren nach wie vor den Standard dessen, was als bildungsmäßig wertvolle, thematisch und ästhetisch anspruchsvolle und vor allem als sozial anerkannte Kultur gilt. Und das ist meist immer noch der relativ eng gefasste, wenn auch mit zahlreichen Avantgarden versehene Kanon einer sogenannten Hochkultur, deren Ursprünge selbst erst im 18. Jahrhundert liegen – die also historisch weit jünger und weniger selbstverständlich ist, als es in der Regel den Anschein hat und die außerdem,

---

3   Die Verachtung, die Simon im Grunde für das Fernsehen empfindet, tritt bei seinen Äußerungen zu *The Wire* immer wieder zum Vorschein. In der Tat scheint er zu glauben, sich der Mittel des Fernsehens bedienen zu können wie gehorsamen Sklaven, die einfach nur tun, was der Meister will. Zum Glück für die Serie haben diese Mittel als Mediateure aber ihre Eigenlogik und ihr Eigenleben (Latour 1997b).

spätestens mit dem Roman, der zudem im 18. Jahrhundert selbst keineswegs zur Hochkultur gezählt wurde, weit stärker verflochten ist mit der Logik von Massenmedien und deren Distribution, als sie zuzugestehen bereit ist. So wäre daran zu erinnern, dass sich gerade die Popularität des Romans im 19. Jahrhundert seiner Serialisierung durch den Zeitschriftenmarkt verdankt.

Zwar meint Jens Schröter in seiner kleinen Studie zum Einsatz der Medien in *The Wire*, in keinem Fall müsse man den von Kämmerlings intonierten, „durchaus problematischen Diskurs über die ‚Qualität' [...] teilen, um die Frage nach der Fernsehserie und ihrem Verhältnis zur ‚sozialen Wirklichkeit' [...] stellen zu können." (Schröter 2012, 8f.) Doch bleibt die Argumentation natürlich dennoch genau deshalb symptomatisch, weil hier ganz offensichtlich über den Differenzmarker Literatur eine kulturelle Distinktionslinie eingezogen wird, die auf mehr verweist als nur auf die Güte eines spezifischen Kulturartefakts. Insbesondere wird damit nämlich klargestellt, dass es spezifischen Medien vorbehalten bleibt, den „Diskurs über Qualität" nicht bloß zu führen, sondern die Kriterien von Qualität auch zu definieren. Insofern ist Kämmerlings emphatische Intervention für *The Wire* eben nicht bloß Ausdruck der unbedingten Wertschätzung eines Literaturkritikers für eine Fernsehserie und damit für eine Hybridisierung der Formen, Gattungen und Medienformate, sondern explizit auch einer Performanz hegemonial auftretender Dispositive des Begriffs und der Praktiken von Kultur generell. Auch in der Adressierung von Kulturartefakten kommen kulturelle Einflusssphären und soziale Machtpositionen zum Ausdruck.

Wenn es daher einem spätestens aus dem 19. Jahrhundert stammenden Verständnis von Hochkultur gelingt, sich nach wie vor semiotisch wie symbolisch durchzusetzen, dann liegt der Schluss nahe, dieser Zugriff auf die Kategorie „Kultur" sei nicht abzulösen von einer Positionierung hegemonialer gesellschaftlicher Machtentfaltung und Machterhaltung. Wenn nämlich zutrifft, dass „Undurchsichtigkeit und Nicht-Repräsentierbarkeit die wirkliche Bedingung einer demokratischen Gesellschaft sind" (Laclau/Mouffe 2000, 27), dann wird die Möglichkeit einer solchen Gesellschaft bereits durch die basale Organisation einer auf ihrerseits vergesellschafteten Repräsentationspraktiken basierenden Mediengesellschaft durchkreuzt. Im Sinne der Analyse von Laclau/Mouffe ist das nur folgerichtig, gehen sie doch davon aus, dass eine mit der Moderne anhebende „hegemoniale Form von Politik" (alternativ ließe sich sagen: der Implementierung gesellschaftlicher Macht) und die daraus resultierende, unter „sich permanent verändernden Bedingungen" stattfindende Reproduktion der unterschiedlichen Felder des Sozialen die ständige „Konstruktion neuer Differenzsysteme" fordern. (Laclau/Mouffe 2000, 180) Geht man nun davon aus, dass Kultur, gerade aufgrund ihrer Hegemonialstellung, ein solches Differenzsystem ist, müsste der

Satz in einer Nuance modifiziert werden. Denn dann ginge es nicht darum, ständig ganz neue Differenzsysteme zu konstruieren, sondern das bestehende und im Übrigen sehr erfolgreiche Differenzsystem jeweils neu anzupassen an die spezifischen Bedingungen einer Kultur der Gegenwart. Mit der Massen- und Mediengesellschaft mag sich daher tatsächlich der „Bereich artikulatorischer Praxen enorm erweitert" haben; der hegemoniale Kern eines mit Entstehung der Moderne implementierten und später tradierten Kulturbegriffs aber hat sich als erstaunlich stabil erwiesen.

Die Leitdifferenz zwischen High und Low, Hochkultur und Populärkultur, erweist sich demnach als eine, die innerhalb des Differenzsystems Kultur distinkte hegemoniale Strukturen und Felder etabliert. Indem Kultur eine wichtige Ressource bildet für die Generierung der Legitimität von Machtpositionen, führt sie selbst eine Binnendifferenzierung ein, die zwischen legitimen und illegitimen kulturellen Positionen und Artefakten unterscheidet. In dieser Perspektive stellt die Hochkultur ein hegemoniales Feld dar, während Populärkultur illegitim und peripher positioniert ist. Dabei spielt es keine Rolle, wie raumgreifend, ästhetisch stilbildend und medial dominant populärkulturelle Formate unterdessen geworden sind (vgl. Ahrens 2012). Entscheidend bleibt die symbolische Ebene ihrer Vergesellschaftung – und diesbezüglich behauptet sich die sogenannte Hochkultur nicht nur nach wie vor als Leitkategorie, sondern implementiert über die Adressierung des Populären als Counterpart gerade das, was Laclau/Mouffe als „Offenheit des Sozialen" bezeichnen, die Voraussetzung sei für jede hegemoniale Praxis. (Laclau/Mouffe 2000, 184) Insofern bildet gerade die Pluralität der Formen eine Voraussetzung für die Stabilität des Kanons und daran anknüpfender hegemonialer Machtpraxen.

Dennoch kann man wohl sagen, dass diese strikte Dichotomisierung der kulturellen Felder mittlerweile mindestens angeschlagen ist. Auch wenn sich noch immer ein symbolischer Primat der klassischen Hochkultur feststellen lässt, ist diese doch ebenso konfrontiert mit einer zunehmenden Einflussnahme der Populärkultur, die sukzessive die symbolischen Areale der Hochkultur besetzt. Die Gründe hierfür sind vielfältig und reichen von der Integration des Populären in die Kunst seit den Avantgarden und erst recht in der Postmoderne über das Historisch-Werden dessen, was gemeinhin als populär gilt: Rock- und Popmusik, Film, Comic, Fernsehen etc., bis nicht zuletzt zu einem Generationenwechsel innerhalb dieser Wissenschaften, in denen nun Leute agieren, von denen viele in erster Linie mit dem Populären sozialisiert worden sind. Ein völliger Trugschluss ist es hingegen, dass man damit das Problem der Distinktion und des primären Interesses an symbolischem Kapital hinter sich gelassen habe. Das Gegenteil ist der Fall. Innerhalb der nicht kanonisierten Kulturformen lassen sich noch weitaus feinere Unterschiede treffen, kann man sich weitaus besser abgrenzen als in der Partizipation an einer als allgemein verbindlich geltenden, breit konsensuellen Hochkultur. Die Frontlinien verlaufen nicht zuletzt in der Auseinandersetzung mit der Qualitäts-Serie, die seit einigen Jahren beliebtes Konversationsfutter der Gebildeten ist, nicht nur zwischen High und Low, sondern in einem weitaus unübersichtlicheren Terrain.

Insofern lässt sich eine Intervention wie die von Kämmerlings auch nicht länger eindeutig einordnen. Ebenso gut wie um eine subtile Vereinnahmung des Populären durch die Qualitätsstandards der Hochkultur kann es sich um eine Geste der Anerkennung des Populären handeln. Ersteres liegt einzig deshalb nahe, weil die Nähe zur Literatur, beziehungsweise sogar deren Substituierung, so sehr betont wird, dass die Eigenheiten des Mediums Fernsehen hier, selbst wo sie eigens beschworen werden, mindestens diffundieren.

Wenn Schröter schreibt: „Schon deswegen ist die im Feuilleton so gerne beschworene (und als Nobilitierung gedachte) Nähe von *The Wire* zur realistischen Literatur schief. Die Serie ist kein ‚Abbild von Welt [...]‘, sondern durch ihre Beobachtung von Medienpraktiken und ihre serielle, in Alltagsvollzüge eingebettete Rezeption verändert sie diese auch." (Schröter 2012, 88f.), so ist ihm nur sehr bedingt zuzustimmen: Auch die realistische Literatur schafft natürlich kein Abbild von Welt, sondern stellt diese her. Eine Serie wie *The Wire* tut dies aber eben anders, mit teilweise ganz anderen Mitteln als die Literatur, so dass beide Medien in ihrer Art, Welt herzustellen, voneinander differieren.

Schröter berührt damit aber *en passant* einen Punkt, der auch für diesen Band leitend ist: die performative wie auch symbolische Eigenständigkeit von Produkten der Populärkultur und – vor allem – die diesen eigene genuine Kompetenz, komplexe Sachverhalte und Problemlagen zu reflektieren und zu analysieren, mithin als selbständige Medienakteure zu erscheinen. Kultur verwirklicht, kommuniziert und distribuiert sich in Artefakten, von denen heute Medienartefakte mit Sicherheit die wichtigsten sind. Und unter diesen dürften Kino und Fernsehen, die mit Blick auf kulturelle und soziale Interaktionen wichtigste Formen darstellen. Die Beschäftigung mit einer Serie wie *The Wire* hat daher exemplarischen Charakter – und dies gerade, weil die Serie selbst fast ausnahmslos als exzeptionell betrachtet wird. An *The Wire* lässt sich nämlich ablesen, über welche Kompetenzen Populärkultur verfügt (oder verfügen kann; das wäre zu diskutieren), wenn es darum geht, die Parameter kultureller und gesellschaftlicher Wirklichkeit zu reflektieren, diese nicht lediglich abzubilden, sondern zu analysieren, zu dekonstruieren und sogar zentraler Bestandteil von deren Genese zu sein.

Seit einigen Jahren schon erfährt der gesamte Kontext der sogenannten Populärkultur, zeitgenössisch immer verbunden mit allen Aspekten der Mediengesellschaft, also beständig wachsende Aufmerksamkeit in den Kulturwissenschaften, aber auch in der öffentlichen Diskussion. Die Auseinandersetzung mit dem
Phänomen sowie den medialen Praktiken und Kulturtechniken der Populärkultur ist unterdessen in einer Weise als legitim und produktiv anerkannt, die mit
Blick auf den klassischen Habitus der Humanwissenschaften bemerkenswert
ist. Trotz Residuen wie Bernard Stieglers Warnung vor der Kolonisierung des
Bewusstseins durch die Zeitobjekte (Stiegler 1999) steht Populärkultur in dieser
Perspektive im Allgemeinen nicht länger unter dem Verdacht, bloßes Instrument
der „Kulturindustrie" (Adorno/Horkheimer 1997) zu sein. Hier lautete das Urteil
noch, populärkulturelle Artefakte ließen die „Vorstellungskraft und Spontanei-
tät des Kulturkonsumenten" verkümmern. (Adorno/Horkheimer 1997, 148) „Die
Produkte selber, allen voran das charakteristischste, der Tonfilm, lähmen ihrer
objektiven Beschaffenheit nach jene Fähigkeiten. Sie sind so angelegt, dass ihre
adäquate Auffassung [...] die denkende Aktivität des Betrachters geradezu ver-
bieten, wenn er nicht die vorbeihuschenden Fakten versäumen will." (Adorno/
Horkheimer 1997, 148) Diese extrem pejorative Perspektive auf die Populärkultur, denn als solche galt der Frankfurter Schule der Film noch, ist eigentlich schon
seit Benjamins Bemerkungen im Kunstwerkaufsatz antiquiert (Benjamin 1977)
und folgerichtig hat sich auch die gegenteilige Einsicht durchgesetzt, dass gerade die Populärkultur geeignet ist, die „denkende Aktivität des Betrachters" zu
aktivieren. Genauso wenig ist Populärkultur schlicht Agent einer „Gesellschaft
des Spektakels" (Debord 1996), worin die „erlebte Wirklichkeit durch die Kon-
templation des Spektakels materiell überschwemmt" wird. (Debord 1996, 16)
Hingegen scheint mittlerweile nunmehr wenig umstritten, dass eine medial ba-
sierte Populärkultur als Massenkultur integraler und vor allem auch konstitutiver
Bestandteil jener Wirklichkeit ist, die es ohne die populärkulturellen Artefakte
gar nicht geben würde. Und schließlich erscheint Populärkultur auch nicht länger
als bloßer Transmitter einer entfremdeten „Warenästhetik" (Haug 1971), deren
„Kapitalisierung der Warenproduktion" (Haug 1971, 23) auf den dieser eigentlich
entzogenen Kulturbereich durchgreift. Ohne indes diese Positionen völlig aufzugeben, hat sich vielmehr eine neue Perspektive auf die Objekte und Praktiken
zeitgenössischer Kultur durchgesetzt, die von deren distinktiven Charakter als
Akteur innerhalb des kulturellen Feldes ausgeht.

Voraussetzung für diese neuerliche Entwicklung ist zweierlei. Zum einen ist
es erforderlich, den Produkten der Massen- und Populärkultur einen epistemologischen Kern, eine epistemische Kompetenz zuzubilligen. Hierzu haben insbesondere die (britischen) Cultural Studies sowie die poststrukturalistische Kultur-

analyse beigetragen. Zum anderen ist ein Begriff von Populärkultur erforderlich, der diese nicht mehr – wie noch in der klassischen Debatte – in eine strikte Opposition zur ,Hochkultur' stellt und dabei homogenisiert, sondern der differenziert die unterschiedlichen reflexiven und performativen Potentiale massenhaft ,erfolgreicher' Medienprodukte (einschließlich ihrer Komplexitätsdifferenzen) zu erfassen in der Lage ist. Notwendig sind schließlich eine Modellierung der epistemischen Mittel (z.B. Serialität) einerseits und Limitierungen andererseits, die der Kulturdiagnostik populärer Medien gesetzt sind.

Für den hier vorgestellten Band fällt die Wahl mit der TV-Serie *The Wire* (USA 2002-2008) daher aus gutem Grund auf ein exemplarisches Material, das an der Schnittstelle zwischen sogenanntem Mainstream und Nobilitierungssegment verortet werden kann. Die Serie diskutiert am Beispiel Baltimores soziale und kulturelle Verschiebungen in der Struktur gegenwärtiger urbaner Räume: eine ,neue' gesellschaftliche (hier v. a. ethnische) Segregation des Städtischen, die Entvölkerung der Innenstädte, den wechselseitigen Anstieg von Kriminalität und Versicherheitlichung bzw. Überwachung, die Etablierung neuer kultureller Rollen an den Schnittstellen von Stadtraum, Einkommen, Geschlecht und Ethnie, die Möglichkeiten politischer und polizeilicher Steuerung etc. Die Serie interagiert – worauf eine schnell einsetzende akademische Rezeption hingewiesen hat – mit *urban geography*, *surveillance studies* und der kulturwissenschaftlichen Identitäts-/Alteritätsforschung, indem sie deren aktuelle Erkenntnisse einerseits bestätigt, andererseits ihnen einen spezifischen epistemischen Mehrwert hinzuzufügen scheint.

Allerdings gilt die Serie nicht nur als eines der weitsichtigsten Produkte der amerikanischen Serienkultur, wurde sie nicht nur für ihre innovative Ästhetik und komplexe Erzählstruktur gepriesen. Darüber hinaus richtet sich *The Wire* explizit als Teil der Populärkultur – und im Gegensatz etwa zum klassischen Autorenfilm – an ein breites Publikum und operiert mit gängigen massenkulturellen Verfahrensweisen (so arbeitet die Serie mit den gängigen Klischees bewährter Figurenkonstellationen und Charaktere sowie mit geläufigen Genre-Elementen aus Melodrama, Action und Crime Fiction). Insofern stellt *The Wire* ein hervorragendes Beispiel dafür dar, wie innerhalb des populärkulturellen Mainstreams komplexe und analytische Narrative entfaltet werden, die in keiner Weise dem hegemonialen Kontext ihrer Entstehung gegenüber affirmativ sein müssen. Fraglich wird, ob Gegenständen wie *The Wire* ein Zugang über eine Kategorie der Subversion noch angebracht ist. Sinnvoller wäre wohl, nach einer der „affirmativen Kultur" (Marcuse 1970) selbst innewohnenden, reflexiven und somit diese auch transzendierenden Kraft zu fragen. Die Affirmation der Kultur wäre demnach immer schon mit einem Riss versehen, der den Blick auf verdeckte Diskurse und Realitäten freilegt. Anhand von *The Wire* kann exemplarisch ermittelt werden, inwieweit insbesondere Populärkultur über eine Kompetenz zur Analyse komplexer zeitgenössischer gesellschaftlicher und kultureller Zusammenhänge verfügt und welche Verfahren ihr dabei zur Verfügung stehen.

Beachtenswert ist schließlich, dass die Serie trotz ihrer Thematisierung einer spezifisch amerikanischen Urbanität gerade nicht nur mit Blick auf die amerikanischen Gesellschaften der Gegenwart aussagekräftig ist. So werden Ästhetik, Fiktion, Dokumentation, Dramaturgie und Kritik in *The Wire* zu einem Bild der urbanen, neoliberalen bis postdemokratischen Realität der Gegenwart verwoben, dessen Signifikanz und Relevanz (der Globalisierung der Medien angemessen) auf „postmoderne Geographien" (Edward Soja) weltweit ausstrahlt. Das dokufiktionale Baltimore der Serie – mit seinem Drogenhandel, seiner polizeilichen und para-staatlichen Gewalt, seiner Armut, seiner politischen Ausweglosigkeit – entwirft *de facto* eine globalisierte Krisenrealität moderner Gesellschaften.

Der Band fragt in dieser Perspektive nach dem diagnostischen Potential der (zeitgenössischen) Populärkultur allgemein und nach den spezifischen Kompetenzen einer Serie wie *The Wire* im Besonderen. Er leitet damit eine Buchreihe ein, die aus einer breiten interdisziplinären Perspektive heraus spezifische kulturelle Phänomene in den Bedingungen ihrer Produktion und Genese untersucht. Insbesondere ist die Absicht, der Verflechtung von Sinnzusammenhängen und Praxisformen nachzugehen, indem kulturelle Artefakte nicht isoliert betrachtet, sondern in ihren gesellschaftlichen Situierungen, ihren produktionsästhetischen und politischen Implikationen analysiert werden. Das populärkulturelle Artefakt Fernsehserie wird in diesem Sinne verstanden als Ressource zur Herstellung und Kommunikation sozialen Sinns über den Rückgriff auf symbolische Formen, der Produktion gesellschaftlicher Realität generell und, nicht zuletzt, der Aushandlung gesellschaftlicher Machtpositionen. Innerhalb des Bandes wird dieser kulturreflexive Ansatz noch einmal aufgenommen und gespiegelt, da nicht lediglich verschiedene Beiträge zum Thema nacheinander aufgereiht werden, sondern die Texte aufeinander Bezug nehmen und sich so im Idealfall eine Diskurssituation innerhalb des Bandes ergeben kann. So fokussiert der Beitrag von Lars Koch die Serie als Artikulation und Reflexion gesellschaftlicher Selbstbeschreibung. Die dezidiert politische Implikation von *The Wire*, so seine Überlegung, resultiert aus der serienspezifischen Thematisierung der basalen medialen Bezugnahmen auf Welt und den auf der Inhalts- und Formseite im Modus der Störung problematisierten Darstellungskonventionen von ‚Normalität'. Die Überlegungen von Marcus Krause können hieran anknüpfen, indem sie danach fragen, welcher Begriff der Aufklärung der von David Simon formulierten Programmatik der Serie zugrunde liegt, wie demgegenüber kriminalistische, journalistische und televisionäre Aufklärung in der fünften Staffel konkret gestaltet wird und auf welche Weise die Serie derart die eigene Form und den eigenen politisch-investigativen Anspruch reflektiert. Der Beitrag von Jörn Ahrens diskutiert die Frage, inwieweit eine Serie wie *The Wire* exemplarisch dafür steht, dass mit Blick auf Prozesse der Vergesellschaftung fiktionale Szenarien an Stelle einer als authentisch etikettierten Erfahrung von Gesellschaft treten, da diese selbst viel zu abstrakt geworden ist, um eine Erfahrung ihrer selbst tatsächlich noch erlauben zu können. Philipp Schulte vergleicht den Weltabbildungsanspruch der Serie mit ganz ähnlichen Darstellungstendenzen im literatur- wie theaterhistorischen Projekt des Naturalismus, vor allem im Hinblick auf eine in beiden Fällen angestrebte Sozialkritik, die zugleich auf eine weitgehende Vermeidung fiktionsanzeigender Inszenierungsmomente angewiesen sei. Michael Cuntz schließlich interessiert sich vor allem für die Konstruktion eines erweiterten, auch aus nichtmenschlichen Akteuren bestehenden Sozialen mit Möglichkeitsspielräumen in *The Wire* als einer in bester realistischer Tradition stehenden Serie, die ihre Verfahrensweise im *detail* reflektiert.

Mit seinen fünf Beiträgen möchte das vorliegende Buch nicht als Sammelband mißverstanden werden. Vielmehr versteht es sich selbst als Autorenband, in dem fünf Personen in der Zusammenführung ihrer reflexiven Perspektiven auf *The Wire* eine möglichst dichte Gesamtanalyse der Serie vorzulegen beabsichtigen, die, bedingt durch die interdisziplinäre Organisation des Bandes, eine größtmögliche Breite an Themen und Fragestellungen zu erfassen sucht. Im Kern sieht sich dieser Band also, trotz seiner Zusammensetzung aus eigenständigen Aufsätzen, als eine zusammenhängende Studie zu *The Wire* und dem Problem der (kulturanalytischen) Kompetenzen der populären Kultur. Dies wird unterstrichen durch den Umstand, dass alle Texte mehrfach unter den Autoren zirkulieren konnten, was es ermöglicht hat, eine Art Gespräch der einzelnen Aufsätze untereinander herzustellen. Zitate innerhalb dieses Band werden in Klammern mit Autorenname und Seitenzahl angezeigt.

Hervorgegangen ist dieser Band aus einem Workshop zum kulturdiagnostischen Potential von *The Wire*, der, ausgerichtet von Jörn Ahrens und Kai Sicks, im Februar 2012 im Rahmen der Research Area 03, „Cultural Transformation and Performativity Studies", des Graduate Center for the Study of Culture (GCSC) an der Justus-Liebig-Universität Gießen stattfand. Als Autoren danken wir Kai Sicks für seinen kenntnisreichen analytischen Blick auf diese Serie und bedauern sehr, dass dieser Band nicht noch einen sechsten Beitrag erhalten hat. Herzlicher Dank geht auch an den Verlag Springer VS, insbesondere an unsere enorm engagierte Lektorin Cori Mackrodt; und natürlich an Melissa Graj und Alena Herpel, die sich wunderbar in der Endredaktion des Bandes verausgabt haben.

Populärkultur als Selbstbeschreibungsformel. Wie *The Wire* die Gesellschaft vorstellt

Lars Koch

Nachdem zunächst das Feuilleton in den USA und mit einiger Verspätung auch in Deutschland seine Begeisterung über *The Wire* hymnisch kundgetan hatte, ist die TV-Serie nunmehr in den Fokus der Wissenschaft gerückt. Die US-amerikanischen Cultural Studies haben in ihr einen Gegenstand entdeckt, an dem sich Fragen von „Race", „Class" und „Gender" in nuce durchspielen lassen (vgl. Kennedy/Shapito 2012). Und auch die deutschen Kultur- und Medienwissenschaften interessieren sich für den in die Serie inkorporierten Mediengebrauch (Schröter 2012), für die dort dargestellte Topografie des Urbanen (Seiler 2008) oder die Logiken und sozialen Effekte der die Serienhandlung heimlich dominierenden Institutionen (Eschkötter 2012). Trotz unterschiedlicher thematischer Ausrichtungen treffen sich diese kultur- und medienwissenschaftlichen Studien in der Annahme, dass die Serie *The Wire* anders ist als die übliche populärkulturelle Serienkost und in ihr aufgrund ihrer komplexen Erzählverfahren sowie ihrer quasi-ethnographischen Detailverliebtheit ein audiovisuelles Archiv des postindustriellen urbanen Amerika zu entdecken ist, welches ein hohes Maß an Welt- und Realitätshaltigkeit aufweist.

Ohne in den euphorischen, von einer Sehnsucht nach einer neuen Authentizität des Fernsehens motivierten Chor des Serienlobs uneingeschränkt einzustimmen, der – wie Marcus Krause aufzeigt – nicht zuletzt dem „Nobilitierungsdiskurs" (vgl. Krause in diesem Band, 61) des Serienmachers David Simon relativ unhinterfragt folgt, sollen die bislang vorliegenden feuilletonistischen und fernsehwissenschaftlichen Einschätzungen von *The Wire* nachfolgend aufgenommen und mit der Perspektive eines in Entstehung befindlichen kulturnarratologischen Forschungsprogramms zur Kategorie der „Störung" in Beziehung gesetzt werden (vgl. Koch 2013). Interessant scheint ein solches Vorgehen, weil es die Konzentration auf serienimmanente Momente der Störung ermöglicht, die Beobachtung der Serie durch Kritik und Wissenschaft selbst wiederum zu einem Beobachtungsgegenstand zu machen und dabei zu problematisieren, inwieweit das vielfache Lob des Realismus der Serie das Ergebnis einer nicht weiter thematisierten Duplizierung von Realitätsvorstellungen ist, die die Serienwelt mit dem politischen Weltmodell ihrer Beobachter kurzschließt und mit Wahrheitsanmutungen ausstattet (vgl. hierzu auch Kelleter 2012b, 40ff.). Die sich so einstellende Perspektive auf *The Wire* erlaubt es, die serienspezifische Reflexion über die meist nicht bedachte, voraussetzungsreiche Logik jeder Repräsentation von Welt, Realität oder Gesellschaft herauszuarbeiten, wobei der Störung als Moment des Problematisch-Werdens von zuvor Selbstverständlichem eine zentrale epistemische Funktion zukommt.

Eine so ausgerichtete „Störungs-Analyse", die die populärkulturelle Irritation gesellschaftlicher (Selbst-)Bilder zum Einsatzpunkt der Beobachtung der kommunikativen Verfertigung kollektiv geteilter Wirklichkeitsversionen macht, setzt sich ebenso klar von der klassischen Ideologiekritik an Produkten der Kulturindustrie ab, wie sie es vermeidet, vorschnell in die Artikulations- und Hegemonie-Falle der sich politisch positionierenden Cultural Studies zu tappen. Demgegenüber soll es hier vielmehr darum gehen, nach dem der Populärkultur innewohnenden, reflexiven Potential zu fragen. Dabei soll insbesondere jener Riss Berücksichtigung finden, der dem auf der Oberfläche scheinbar homogenen, aber im Untergrund von einer Vielzahl von diskursiven und sozialen Antagonismen permanent in Bewegung gehaltenen Wirklichkeitsverständnis immer schon zugrunde liegt und dessen Besichtigung dazu beiträgt, verdeckte Diskurs- und Realitätseffekte freizulegen (vgl. Laclau/Mouffe 2001). Eine solche Lektüre von *The Wire* resultiert aus einem Verfahren, das einerseits auf einer abstrakteren Ebene Niklas Luhmanns Begriff der „Selbstbeschreibung" (vgl. Luhmann 1996, 866-878) für die Beschäftigung mit Populärkultur fruchtbar macht und andererseits in einer konkreten Analyse der Serie zeigen will, dass eine Vielzahl der zentralen Serienthemen aus eben jener Frage nach den politischen Produktionsbedingungen und sozialen Imprägnierungen gesellschaftlicher Selbstbilder resultiert. Um dieser Spur zu folgen, ist es notwendig, einen zweiten Begriff einzuführen, der in Luhmanns Theoriegebäude nur am Rande vorkommt: den der „Störung" (vgl. zu diesem Konzept aus kommunikations- und medientheoretischer Perspektive im Anschluss an Shannon und Serres: Schüttpelz 2003). Störungen werden nachfolgend zunächst ganz allgemein verstanden als ereignis- oder prozesshafte Unterbrechungen von Kommunikationsroutinen, die zur sinngenerierenden Anschlusskommunikation nötigen. Im Moment der Störung – so der zentrale Gedanke – werden gesellschaftliche Selbstbeschreibungen auf ihre impliziten Voraussetzungen hin durchsichtig, kann also die selbstverständliche Evidenz ihrer Semantiken als Ergebnis spezifischer Signifikanzkonstitutionen problematisiert werden, die Politiken der Adressierung, des Sagbaren und der Sichtbarmachung dazu benutzen, um bestimmte Versionen von Gesellschaft und Wirklichkeit medial als allgemeinverbindlich erscheinen zu lassen.

Auch wenn Luhmanns These, dass die Gesellschaft im Zuge der Ausdifferenzierung des Mediensystems immer wieder „Möglichkeiten der Kommunikation über Inkommunikabilitäten und über latente Strukturen und Funktionen findet" (Luhmann 1984, 468), von *The Wire* auf interessante Weise bestätigt wird, geht es nachfolgend nicht um eine ausschließliche systemtheoretische Lektüre der Serie. Vielmehr soll zunächst der Versuch unternommen werden, einige methodische Überlegungen zum Verhältnis von Selbstbeschreibung, Evidenz und Störung anzustellen. Ziel ist es, den Störungsbegriff aus seiner medientheoretischen Vereinseitigung zu befreien und seine heuristische Valenz im kulturnarratologischen Umgang mit Populärkultur nachzuweisen.

In einem zweiten Schritt wird die Serie *The Wire* auf ihr implizites Verhältnis von gesellschaftlicher Selbstbeschreibung, Evidenz und Störung befragt. Dabei sollen mit den Charakteren Omar Little (Michael K. Williams) und Bubbles (Andre Royo) diegetisch lokalisierbare Figuren der Störung betrachtet werden, deren Existenz quer steht zum oft beschriebenen, pessimistisch-fatalistischen Grundton der Serie. Zugleich ist in einer genaueren Lektüre einzelner Szenen darzulegen, ob, und wenn ja, wie die Serie selbst zur Störung dominanter Selbstbeschreibungen werden kann, wie also die Irritation von Evidenz bzw. die Evidenz von Irritation von der Inhalts- auf die Formebene proliferiert. Dabei, so die Arbeitshypothese, wird als ein zentraler Subtext der Serie das Problem der medialen Bezugnahme auf die Welt beobachtbar: Der von vielen Kritikern beklagte, kolportagehafte Bruch der fünften Staffel mit den Darstellungsmitteln des Realismus, der die ersten vier Staffeln auszeichnete, ist keinesfalls als Qualitätsabfall zu verstehen. Vielmehr vollzieht die Serie hier eine Syntax der Störung, indem sie als ironische Kontrafaktur im Erzählen über ihre eigenen narrativen Bedingungen reflektiert und so ein kontextuelles Außen (der Fernsehkritik, der Wissenschaft etc.) in die eigene ästhetische Poiesis einspeist.

Populärkultur als Selbstbeschreibung der Gesellschaft

Ausgangspunkt der hier anzustellenden Überlegungen ist die Einsicht, dass fiktionale Erzählungen gesellschaftlich wirksame Vorstellungsinhalte produzieren, womit die gängige Unterscheidung von unpolitischer TV-Unterhaltung und politischem (Arthouse-)Film hinfällig wird. Populärkultur formuliert kulturelle Skripte, die präpolitische Vorstellungscluster organisieren und emotional gesättigte Rollenmuster kommunizieren, indem sie, so Jörn Ahrens, „Imaginationsräume" bereitstellen, die „soziale Komplexität und Abstraktion in Visualisierungen und Narrationen der Vergesellschaftung" übersetzen (vgl. Ahrens in diesem Band, 26; vgl. auch Ahrens 2012). Eine solche Überblendung des Politischen und des Populären ist insbesondere dort zu konstatieren, wo massenmedial kommunizierte Erzählungen der Gesellschaft ein Bild ihrer eigenen Existenz entwerfen, wo wir es also mit Selbstbeschreibungen der Gesellschaft zu tun haben, die „imaginäre Konstruktionen der Einheit des Systems" entwerfen und es so ermöglichen, „in der Gesellschaft zwar nicht mit der Gesellschaft, aber über die Gesellschaft zu kommunizieren" (Luhmann 1996, 867). Der Begriff „Selbstbeschreibung" verweist dementsprechend auf ein Wissen und Kultur verschränkendes und mit anderen Beschreibungsformeln um Plausibilität und Akzeptanz konkurrierendes Narrativ, welches – auf einem Ensemble aus Symbolkopplungen, Technologien und Praktiken aufbauend – das Verhältnis von Gesellschaften zu sich selbst, zu ihrer Geschichte und anderen Gesellschaftsformationen bestimmt. Gesellschaftliche Selbstbeschreibungen verknüpfen narrativ Vergangenheit, Gegenwart und Zukunft und markieren dabei Grenzen des Eigenen und Fremden, des Normalen und Unnormalen (Bal 2006). Selbstbeschreibungen werden nicht etwa durch einzelne Subjekte generiert, vielmehr stellen sie eine „in der Kommunikation praktizierte Zurechnungskonvention" (Luhmann 1990, 142) dar, wobei ihre Formelhaftigkeit garantiert, dass ihre semantischen Bestandteile im Bereich mittlerer Erwartbarkeit liegen und entsprechend unproblematisch in Anschlusskommunikationen eingebaut werden können. Nur weil sie eine mittlere Resonanzschwelle überschritten haben und von der Ebene der Spezialdiskurse in die populäre Kultur diffundiert sind, lassen Selbstbeschreibungen bestimmte Erwartungen als allgemeinverbindlich und plausibel erscheinen (Kieserling 2004). Selbstbeschreibungsformeln reduzieren Komplexität, indem sie eine bestimmte Version der Wirklichkeit als selbstverständlich, d.h. als evident, ausweisen und dabei – allerdings nur auf Zeit – suggerieren, dass das unlösbare Identitätsproblem moderner Gesellschaften doch zu lösen sei (vgl. Luhmann 1984).

Anders als Luhmann, der die Theoriefigur der Selbstbeschreibung weitestgehend für das Medium der Schriftsprache reserviert, soll hier dafür plädiert werden, den Begriff für die Analyse all jener fiktional-narrativen Medienformate fruchtbar zu machen, die eine Semantik des Sozialen ansprechen, die also in Form von imaginären Einheitskonstrukten davon erzählen, wie die Gesellschaft und die Welt, in der wir leben, vorzustellen ist. Nicht nur Literatur, sondern auch Kino und TV-Serie, so die von Ahrens geteilte These, liefern ein reiches Bildreservoir und plausible Narrationen für die Selbstrepräsentation von komplexen Gesellschaften (vgl. Ahrens in diesem Band). Sie kondensieren Kommunikation allgemeinverständlich in Form von Interdiskursen (Link 1990) und stellen durch die wertende Differenzierung von Handlungsrollen eingängige Arrangements des Verhaltens zu Verfügung.

Wichtig zu betonen ist, dass gerade die Populärkultur ein Gegenstand ist, dessen Analyse Einsichten in die politischen und soziokulturellen Implikationen gesellschaftlicher Integrationsprozesse liefern kann, weil hier jene „Kompakteindrücke" (Zorn 2007, 75) der Gegenwart hergestellt werden, mit Hilfe derer die Gesellschaft sich selbst zu reflektieren und Identitätsvorschläge zu formulieren in der Lage ist. Man muss nicht soweit gehen wie Slavoj Žižek, der den Hegel'schen Weltgeist mit der kulturellen Funktion der TV-Serie in Beziehung setzt (Žižek 2012), um festzustellen, dass mit dem populären Fassungen des gesellschaftlichen Imaginären (vgl. Castoriadis 1990) eine Zone zu besichtigen ist, die innerhalb kultureller Dynamiken eine nicht unwesentliche Rolle als Produktionsstätte gesellschaftlicher Selbstbeschreibungen spielt. Populäre Formate, so auch Frank Kelleter, sind mehr „als bloße Handlungsressourcen [...], nämlich kulturschaffende Handlungsträger" (Kelleter 2012a, 15).

Bedeutsam ist dabei die Einsicht, dass Selbstbeschreibungen eine begrenzte Halbwertszeit besitzen und immer nur für einen gewissen Zeitraum mehr oder weniger adäquate Repräsentationen der Welt liefern. Diese Vorläufigkeit macht ihre produktive Flexibilität aus, markiert aber zugleich ihren intrinsischen Mangel. Um ihre Deutungskompetenz zu konsolidieren, zielen Selbstbeschreibungen daher auf Evidenz, also darauf, den eigenen, letztlich kontingenten Konstruktionscharakter zu verbergen und ihn so in Bereiche jenseits der kollektiven Bewusstseinsschwelle zu verdrängen. Während Selbstbeschreibungsformeln einerseits das Selbstverständnis von Gesellschaften stabilisieren, indem sie ihr implizites Selbstbild symbolisch veräußern, modifizieren sie sich andererseits relational zu der sich verändernden Struktur von Gesellschaft und Wissen. Diesen Zusammenhang, den die Systemtheorie abstrakt als Variation/Selektion/Stabilisierung von semantischen Elementen beschreibt (Luhmann 1991), kann man nutzen, um Narrative der Störung in ihrem Changieren zwischen Evidenz und Latenz

zu beobachten und zu vergleichen (vgl. Koch 2011): Dort, wo eine Störung innerhalb der Selbstbeschreibung oder in der Anschlusskommunikation signalisiert,
dass Struktur und Beschreibungssemantik nicht mehr zueinander passen, gerät
der gemeinhin unter „Latenzschutz" (Luhmann 1984, 389) stehende Konstruktionscharakter gesellschaftlicher Selbstbeschreibung in den Blick (vgl. Ellrich/
Maye/Meteling 2008). Populärkultur, verstanden als das Kurzzeitgedächtnis der
Gesellschaft (vgl. Zorn 2007), wäre dann jener selbst wiederum mit differieren-
den Komplexitätsniveaus ausgestattete Ort, wo die Friktionen zwischen Sozialem
und Semantik seismografisch registriert und in Geschichten der Störung und Ent-
störung übersetzt werden.

Genau in dieser intra- und intermedialen Verhandlung adäquater Beschreibungen liegt der politische Informationswert aktueller TV-Serien, die sich gegenüber den eigenen Wirklichkeitseffekten deutlich ambivalenter verhalten, als
dies bei früheren Serienformaten der Fall war. Neuere TV-Serien, allen voran *The
Wire*, teilen mit ihren Zuschauern das komplexe Wissen um die nicht hintergehba-
re Störanfälligkeit ihrer Wirklichkeitsversionen, sie stellen Komplexität und Wi-
dersprüchlichkeit unserer Weltmodelle auf der Inhaltsebene aus und reflektieren
ihre eigene Medialität formal. Als zentraler Bestandteil der Populärkultur entwickeln Gegenwartsserien, die gerne mit dem Label „Quality-TV" belegt werden,
zudem „im Austausch mit ihren öffentlichen und wissenschaftlichen Themati-
sierungen ein hohes Maß an autoreferentieller Aufmerksamkeit, also: Selbstbe-
wusstsein" (Kelleter 2012a, 16). In diesem Sinne denken Serien „aktiv über die
eigenen Fortsetzungsmöglichkeiten nach, experimentieren mit unterschiedlichen
Formidentitäten und nutzen die Intentionen ihrer aktuellen menschlichen Akteure
[...] zur Selbsterneuerung" (ebd., 20).

Dort, wo nach klassischem Muster strukturierte Episodenformate, wie z.B.
Criminal Minds (CBS, seit 2005), *Person of Interest* (CBS, seit 2011) oder *Chuck*
(NBC, 2007-2012) einer seriellen Dramaturgie von eingetretener De- und an-
schließender Renormalisierung unterliegen, erzählen Story-Arc-Formate wie *24*
(Fox, 2001-2010) oder *Homeland* (Showtime, seit 2011) davon, dass die „Realität" unter den Bedingungen der globalisierten, postindustriellen Welt inkonsistent
geworden ist und das temporale Verhältnis von Erfahrung und Erwartung unter
Spannung steht. Die besondere Attraktivität, die für viele Zuschauer vom Quality-TV ausgeht, liegt demnach neben der hohen technischen Standards und den
sorgfältigen Figuren- und Sujetzeichnungen auch darin begründet, dass diffuse
Ängste und Komplexitätsüberforderungen narrativ verdichtet werden, ohne aber
das Wissen um die nur virtuelle Eindeutigkeit der Wirklichkeitsbeschreibung völlig aufzugeben. Ganz im Gegenteil könnte man vielleicht sogar von einer – auch
andere TV-Formate sowie die Kulturwissenschaften selbst betreffenden – Rück-

kehr des konstitutiv heterogenen Realen sprechen. Diese lässt sich innerdiegetisch nie ganz auflösen, zeigt sich aber in einem figuralen und genrespezifischen
Vertrautheitsverhältnis so, dass es möglich bleibt, einen spezifischen Genuss aus
ihrer Rezeption zu ziehen.

Bevor gleich näher auf *The Wire* eingegangen wird, soll zuvor ein weiterer
Gedanke eingeführt werden, der das Verhältnis von Selbstbeschreibung, Evidenz
und Störung noch einmal von einer mediologischen Seite aus weiterführt (vgl.
Bartz u.a. 2012). Um die kulturdiagnostische Konzeptualisierung der Störungs-
kategorie weiter zu profilieren, erscheint es hilfreich, eine Argumentationsfigur
aus Ludwig Jägers Transkriptionstheorie der Medien zu entlehnen. Wie Jäger definiert, soll

> Störung [...] jener Moment im Verlauf einer Kommunikation heißen, der bewirkt, dass ein Me-
> dium (operativ) seine Transparenz verliert und in seiner Materialität wahrgenommen wird und
> Transparenz jener Zustand, indem die Kommunikation nicht gestört ist, also das Medium als
> Medium nicht im Fokus der Aufmerksamkeit steht, etwa in dem Sinne, in dem Luhmann davon
> ausgeht, dass im interdependenten Verhältnis von Medium und Form die Form sichtbar ist und
> das Medium unsichtbar bleibt (Jäger 2012, 30).

In der Transkriptionstheorie, die ihrerseits ein Erklärungsmodell zur Verände-
rungsdynamik von Semantiken anstrebt, markieren „Störung und Transparenz
[...] zwei Modi der Sichtbarkeit, die in einem spannungsvollen Verhältnis zueinander stehen und die sich in der Regel wechselseitig ausschließen: die Sichtbarkeit des Mediums und die des Mediatisierten" (ebd.). Übertragen auf die hier zur
Debatte stehenden, verschiedenen massenmedialen Bezugnahmen auf die Welt,
die im Zustand der Transparenz als dominante Selbstbeschreibungen den epistemologischen Status eines unproblematisch-evidenten Wissens annehmen, kann
Jägers Ansatz dazu beitragen, einen Punkt zu finden, an dem der „ungestörte [...]
Realismus des Mediatisierten" (ebd., 31) aussetzt und die Beobachtung und Analyse der Konstruktionsbedingungen jeder Weltsicht einsetzen kann.

Selbstbeschreibungsformeln absorbieren also insbesondere dort, wo sie se-
riell reaktualisiert werden, Probleme im Umgang mit Komplexität und Kontingenz. Ihr evidenzstiftendes Potential entfalten sie dadurch, dass ihre Bilder den
kulturellen Rahmen des aktualisierten Sinns (Luhmann 2010) abstecken und
bestimmte Realitätskonstrukte plausibel und transparent erscheinen lassen. Für
die differenztheoretische Literatur- und Medienwissenschaft liegt in der Sichtbarmachung von solchen Ontologisierungspraktiken – in der Störung von Transparenz also – ein Spezifikum von Kunst begründet. Vermeintlich „Natürliches" als
Konstruktion vorzuführen, gehört seit den 1970er Jahren zum Arbeitsprogramm
ideologiekritischer und/oder dekonstruktivistischer Kunst- und Kulturtheorien
(vgl. u.a. Adorno 1997, Derrida 1976). Es wäre insofern naheliegend, die De-

konstruktion semantischer Evidenzen alleine an hochartifizielle Kunstformen zu binden und diese zum Gegenstand einer Störungsanalyse zu machen. Dies wäre aber nur eine Seite der Medaille: Nicht alleine die sogenannte „Hochkultur" – die Gedichte Celans etwa – arbeitet an der Störung und Neubildung von Selbstbeschreibungen, auch weniger avantgardistische, dafür aber umso resonanzreichere Kulturprodukte – die Serie *The Walking Dead* (AMC, seit 2010) etwa oder eben *The Wire* – tragen wesentlich zu Selbstauslegungen von Gesellschaft bei. Sie tun dies, indem sie – was die gängigere Variante darstellt – gesellschaftliche Irritations- und Denormalisierungsereignisse symbolisch bearbeiten oder gar – weitaus seltener – selbst zum Ereignis einer Irritation oder Unterbrechung von dominanten Kommunikationen und damit zum Startpunkt diskursiver Umbauten werden.

Wenn also das Moment der Störung als Instrument der Analyse von gesellschaftlichen Selbstbildern implementiert werden soll, greift ein Fokus auf vermeintliche Hochkultur zu kurz. Ganz im Gegenteil wird gerade solches Material interessant, das die störungssensible Adressierung sozialer Semantik auf der Grundlage relativ vertrauter Genre-Muster und nicht gänzlich neuer Plotstrukturen vollzieht und mit ästhetischen Mitteln (Rück-)Übertragungen zwischen diegetischer Welt und extradiegetischer Selbstbeschreibung von Gesellschaft ermöglicht. Indem ein solcher Ansatz die Aufmerksamkeit auf die populäre Poetik der Gesellschaft richtet, bricht er den klassischen kulturkritischen Kanon auf und eröffnet Möglichkeiten eines „rekursive[n] Beobachten[s] und Beschreiben[s] solcher Beschreibungen" (Luhmann 1996, 888), in denen die Gesellschaft Vorstellungen ihrer selbst entwirft.

Die Rede von einer populären Poetik der Gesellschaft erfordert eine weitere methodische Konkretisierung. So erscheint es hilfreich, Luhmanns Konzept der Selbstbeschreibungsformel im Hinblick auf eine „allgemeine Erzähltheorie" (vgl. Koschorke 2012) narratologisch zu erweitern und dementsprechend den Störungsbegriff als eine Perturbation von Bedeutungs- und Sichtbarkeitsordnungen zu konzeptualisieren, die „den gewöhnlichen Gang der Geschichte unterbricht" (Derrida 2003, 21). Demnach adressiert Störung innerhalb gegenwärtiger Medienkonfigurationen eine Infragestellung sozialer Semantik, die im Hinblick auf die Verhandlung verschiedener Raum- und Zeitmodelle, die Installierung von Exklusionsfiguren und die Legitimierung und Repräsentation soziopolitischer Ordnungen analysiert werden kann. Weil Selbstbeschreibungen auf kulturelle Kontexte und Wissensordnungen im Allgemeinen ebenso rekurrieren wie im Besonderen auf symbolische Formen, Metaphern und Plotstrukturen, denen eine wichtige „Forming Function" (Brunner 1991, 69) zukommt, muss ihre Analyse mit medien- und literaturwissenschaftlichem Instrumentarium erfolgen. Narrative Kunstformen, fokussiert als Beobachtungen zweiter oder dritter Ordnung, die im Medium von Sprache und anderen Zeichensystemen agieren und die basale Kulturtechnik des Erzählens als Verknüpfung eines Anfangs und eines Endes realisieren, wirken als welterzeugende, d.h. evidenzgenerierende Institutionen, die eine Orientierung im Chaos der Kontingenz ermöglichen (Hermann 2009). Solche Weltmodelle, die im Hinblick auf ihre Störanfälligkeit und ihre Entstörungsfähigkeit miteinander konkurrieren, können beobachtet und einer „Critique of Worldmaking" (Goodman 1978, 94), einer Analyse der von ihnen präsentierten „Aufteilung des Sinnlichen" (Rancière 2006) unterzogen werden. Erst wenn auf diese Weise die poetischen Implikationen der Selbstbeschreibung in den Blick geraten, kann geklärt werden, wie sich die durch Störungen forcierte De- und Reformation des gesellschaftlichen Selbstverständnisses im Detail vollzieht.

Figuren der Störung in *The Wire*

Wie dargestellt wird davon ausgegangen, dass sich aktuell wirkmächtige Selbstbeschreibungen der Gesellschaft vor allem im Kontext von Literatur, Spielfilm und TV-Serie beobachten lassen. Hier werden Bilder und Narrationen zu resonanzstarken „Ways of Worldmaking" (Goodman 1978) verdichtet. Leitend ist dabei die Hypothese, wonach gerade die narrativ-fiktionale Form die Anatomie sozialer Ordnungsbeziehungen zu erfassen vermag und solche strukturellen Muster gesellschaftlicher Organisation erschließt, die sich ansonsten jeder Anschaulichkeit weitgehend entziehen (Luhmann 1984, 191ff.). Es ist eine der großen Stärken der Serie *The Wire*, dass sie die komplexen Prozesse und institutionellen Verfahren – der Polizei, der Schule, des Containerhafens, der Presse etc. – in ihren Automatismen und Dysfunktionalitäten nachvollziehbar macht. Dramaturgisch kann dies nur gelöst werden, indem auf der diegetischen Ebene der institutionelle Gleichlauf unterbrochen und daraus ein Mehrwert erwirtschaftet wird, der wiederum in die Erzählbarkeit komplexer gesellschaftlicher Strukturen überführt werden kann. Im besten Falle wird damit die narrative Fiktion zu einer Störung der Bilderordnung der Wirklichkeit.

Dementsprechend ist also die Frage nach einer populären Poetik der Gesellschaft mit semiotischen und (film-)narratologischen Instrumentarien zu beantworten. Grundsätzlich sollte zudem von der Bezogenheit der Störung auf Muster der Ordnung ausgegangen werden. Jede Narration ist Ordnungsarbeit im Sinne Nelson Goodmans. Literatur, Spielfilm und TV-Serie arbeiten an einem Archiv von im Wandel begriffenen Störungstypologien und betreiben eine ästhetische Abschätzung von Nebenfolgen. Analytisch können Störungen zudem in ihrem Irritationsradius auf der Inhalts- wie auf der Formseite unterschieden werden.

D.h. Störungen lassen sich auf der Ebene der Narrative wie auch auf jener der Narrationen beobachten. Auf *The Wire* gewendet, sind gerade solche Figuren störungsrelevant, die die Transparenz der erzählten Welt in Frage stellen und es somit ermöglichen, die strukturelle Normalität auf der Ebene der Diegese in ihren komplexen Bedingungsverhältnissen zu beobachten.

In einer ersten Bestandsaufnahme präsentiert die Serie ein scharfes Porträt der postindustriellen und postdemokratischen Gegenwartsgesellschaft der USA – eine düstere Analyse ihrer institutionellen Logiken, ihrer Wahrheitspolitiken und ihrer Drogenkriminalität. In rund 60 Stunden Erzählzeit vermittelt *The Wire* in Form von detaillierten, dichten Beschreibungen der sozialen Interaktionscluster und politischen Netzwerke der schrumpfenden Stadt Baltimore Einsichten in die unterschiedlichen institutionellen Verfahrensweisen des Gesellschaftsapparats, in ihre Inhalte, Verflechtungen und Codierungen. Gegen die episodenhafte Serialität von Formaten wie *CSI* (CBS seit 2000), *King* (Showcase, seit 2011) oder *The Closer* (TNT 2005-2012) setzt *The Wire* einen am Reportage-Journalismus orientierten Narrationszusammenhang (Eschkötter 2012, 10), dessen „[p]olyzentrische Ästhetik" (Rothemund 2013, 226) eine hohe Aufmerksamkeit für Sprachen, Stile und den Alltag der Polizei, der Drogenbanden sowie der im jeweiligen Staffel-Fokus stehenden Institutionen entwickelt. Beim serieneigenen „Defilée der gesamtgesellschaftlichen Verhältnisse vor dem Auge des Zuschauers" (vgl. Ahrens in diesem Band, 148) ergänzen sich immer wieder makro- und mikrosoziologische Perspektiven zu einem „kommunalen Wahrnehmungsraum [...]" (Morsch 2010, 215), stehen Einzelstudien über Systemrationalitäten und deren Störfälle und Dysfunktionalitäten neben polyperspektivischen Nahbetrachtungen jener Menschen, die – einige Handlungs- und Ereignisketten („Wires") weiter unten oder oben in der gesellschaftlichen Hierarchie – mit den Problemen zu kämpfen haben, die so systemisch produziert wurden.

Als roter Faden, der die Serienzeit diachron und die Serientopologie synchron durchkreuzt, erweist sich Lester Freamons ethischer Imperativ „You should follow the money!" (Sequenz 1: Folge 1.9, 10:20-13:07). Dieses diegetische Aufklärungsprogramm verbindet das Bild des individuellen Tatorts in der allerersten Einstellung der Serie mit den Schlussbildern der letzten Staffel, die noch einmal die prominenten Aktionsräume der Handlung vor Augen führen und aufzeigen, dass sich aus der distanzierten Perspektive mittelfristiger Stadtentwicklung kaum etwas verändert.

Dazwischen liegt eine Beobachtungs- und Analysespirale, die sich sukzessive durch zentrale gesellschaftliche Schichten und Teilsysteme der USA bis hin zur Institution der Presse bewegt, deren eigentliche Aufgabe es war, eine neutrale

Kommentarfunktion gegenüber der Gesellschaft auszuüben und entsprechende Informationsangebote zu distribuieren, die zwischenzeitlich – so die Deutung der Serie – jedoch selbst zum interessengeleiteten Akteur im Geldspiel geworden ist. Vernachlässigt man den in Fan-Foren des Internets gepflegten Lokalpatriotismus, so fungiert Baltimore in erster Linie als Chiffre für die Totalisierung der postindustriellen Stadt-Topografie: In ihr gibt es weder ein wirkliches Außen noch ein soziales oder politisches Gegenprojekt, hier ist familiäre oder soziale Kohärenz angesichts ökonomischer Widrigkeiten erodiert und eine Mischung aus Pessimismus und Zynismus gibt den emotionalen Ton an. Im Serientext genannte Referenzpunkte (Annapolis, New York) sind nur Markierungen, die Baltimore andeutungsweise in ein noch größeres, überregionales Geldspiel einordnen oder eine gesteigerte *otherness* ins Spiel bringen, dort etwa, wo der intellektuelle Killer Brother Mouzone aus New York von der Barksdale-Gang angeheuert wird, um den nicht-integrierbaren Gangster-Outlaw Omar Little zu töten.

Im Hinblick auf die Beschreibung der Gesellschaft lässt sich bei *The Wire* zunächst also eine interessante Nähe zu dem in der systemtheoretischen Soziologie entwickelten und von Jürgen Habermas als inhuman und technokratisch kritisierten Modell der funktional differenzierten Gesellschaft registrieren. Wie in Luhmanns Theorie, so besteht auch in der Serie ein massiver Konflikt zwischen gesellschaftlichen Teilsystemen – Drogenhandel, Justiz, Politik, Schule, Medien – und den sie prozessierenden psychischen Systemen. Die Serie ist nicht zuletzt deshalb so ausgiebig von der Kritik gefeiert worden, weil sie in ihrem augenscheinlichen „Realismus" keine vorschnelle Vermittlung zulässt, sondern in unterschiedlichen Plotkonstellationen immer wieder ausbuchstabiert, wie Figuren an der „Verfahrensförmigkeit sozialen Handelns" (vgl. Krause in diesem Band, 54) scheitern und nicht selten zugrunde gehen. Auch wenn die Serie in der Figur des zeitweiligen Deputy Commissioner William Rawls einen nahezu perfekten Institutionenspieler vorführt, bleibt – wie Marcus Krause nachweist – insgesamt jedoch die Einsicht, dass sich die „sozialen Technologien" moderner Organisationsformen nicht unwesentlich dem Einfluss einzelner Akteure entziehen und ihre Funktionsweise von einer transpersonalen Macht bestimmt ist, die – so sind Luhmanns nachfolgende Überlegungen wohl auf *The Wire* zu applizieren – die Handlungsfähigkeit der an ihr partizipierenden Individuen begrenzt:

> „Die Macht in einem funktional differenzierten System ist nicht transitiv, sondern mit reziproken und zirkulären Strukturen durchsetzt, und sie bleibt auch nicht summenmäßig konstant. Wenn nämlich die Komplexität des Systems, also die Zahl der Möglichkeiten, die zur Wahl stehen, und die Interdependenzen im System wachsen, nimmt auch die Macht des Systems zu. Alle Teilsysteme können dann, entsprechende Organisation vorausgesetzt, mehr Macht aufbieten, um den Selektionsbereich anderer einzuschränken, und werden häufig, um dies sinnvoll tun zu können, mehr Machteinwirkungen akzeptieren müssen [...]" (Luhmann 2012, 73).

Eine weitere Analogie zu Luhmanns Systemtheorie besteht in der Rolle, die die Serie dem Geld als zentralem, symbolisch generalisiertem Medium der Konnektivität der Gesamtgesellschaft zuweist. So lässt sich die Aufklärung der jeweiligen Partizipation am allgemeinen Geldfluss als gemeinsamem Nenner der weitverzweigten Plotlinien ausmachen, die, wie Krause argumentiert (vgl. Krause in diesem Band, 68), extradiegetisch gerade deshalb funktioniert, weil sie innerdiegetisch die Gründe für das Scheitern der Ermittlergruppe im Kampf gegen Drogenkriminalität und Korruption sichtbar macht. „To follow the money" ist nicht alleine der Auftrag der um die Figuren McNulty, Freamon und Daniels gebildeten Spezialeinheit der Baltimore Police, sondern markiert auch den aufklärerischen Versuch der Serie, die Komplexität der Gesellschaft als Decoding eines aufs Ganze abzielenden Mastercodes zu erzählen. Hierbei wird z.b. die in der Figur des griechischen Drogenlieferanten personifizierte Makrophysik des Marktes in der Mikrophysik der Teilinstitutionen dupliziert. Neben der Netzwerk-Recherche in den rhizomatischen Schaubildern der Ermittler-Gruppe, die zugleich die kognitive Kartierung des Rezeptionsprozesses der Serie symbolisiert, findet die allgemeine Gelddynamik in den einzelnen Staffeln eine Übersetzung in systemspezifische Zweit-Codes: In Staffel zwei sind es die sinkenden Auslastungszahlen des Hafens, in Staffel drei die Verbrechensrate und politischen Umfrageergebnisse, in Staffel vier die Ergebnisse der landesweiten Schultests, in Staffel fünf die Verkaufszahlen der Baltimore Sun. Hierzu analog variiert die Serie staffelspezifisch ihre Akteurskonstellation, wobei die in einem bloß vermeintlich heterotopischen Spiegelverhältnis angeordnete Relation von Drogengang und Polizei den tragenden Grundkonflikt ausbildet, dessen Konfrontationsachse dann jeweils um eine weitere Institution zu einem triangulären Handlungsdreieck erweitert wird. Die jeweils fokussierten Institutionen wiederum werden vor dem Hintergrund von allgemeinen Globalisierungsentwicklungen, steigenden Kosten und sozialen Veränderungsdynamiken in ihrer Leistungsfähigkeit evaluiert – mit verheerenden Ergebnissen: Der einstmals Baltimores Prosperität garantierende Hafen, ein Hoffnungsort par excellence, ist im Niedergang begriffen. Das zu seiner Erneuerung notwendige Geld gibt Bürgermeister Carcetti lieber für das prestigeträchtige Projekt „New Westport" aus, das Stadtaufwertung als simulakrenartige Verschönerung im Medium teurer Prestigearchitektur betreiben soll. Insgesamt beschreibt *The Wire* das politische System als eine zynische Zirkulation von Macht und Geld ohne wirkliches Interesse am Gemeinwesen. Da das in Staffel vier porträtierte Schulsystem, politisch unter Druck stehend und unterfinanziert, nicht in der Lage ist, die erzieherischen Grundlagen eines funktionierenden Gemeinwesens zu legen, wie auch Staffel fünf den in einer strukturellen Krise befangenen Printmedien die Fähigkeit abspricht, einen den Veränderungsnotwendigkeiten entsprechenden Meinungsbildungsprozess zu organisieren, kann es nicht überraschen, dass Rezensenten immer wieder die Verfallsdiagnose der Serie hervorheben (vgl. Potter/Marshall 2009).

Auffällig ist, dass in der Handlungsentwicklung der Serie diesem Niedergangsszenario eine gegenläufige, nicht zuletzt medientechnisch implementierte Professionalisierung der institutionellen Abläufe entspricht, die beide Seiten in ein reziprokes Verhältnis setzt: So ist es in Staffel zwei die Einführung von Logistiksoftware, die die Hafenarbeit bedroht, während in den Staffeln drei und vier Statistik- und Effizienzevaluationen paradoxe Gegenläufigkeiten produzieren, die zwar einerseits bürokratische Handlungsketten scheinbar effizient organisieren, andererseits aber aufgrund der Implementierung falscher Anreize Dysfunktionalitäten begründen. Am deutlichsten lässt sich die Transformationsdynamik des ökonomischen Prinzips am Drogenhandel selbst rekonstruieren: Dieser ist zu einer Schattenwirtschaft geworden, gerade weil die Automatisierung der industriellen Produktion zur Verringerung von Arbeitsplätzen geführt hat (vgl. Schröter 2012a, 94f.). Parallel zu den Hafenarbeitern in Staffel zwei, die mit Angst in die Zukunft blicken, sind es auf Seiten der Drogengangs Figuren wie der Boxer Cutty oder der blinde Barkeeper Butchie, die eine Referenz auf die „guten alten Zeiten" implementieren. Demgegenüber markiert insbesondere der dem Abriss der als Drogenumschlagplatz dienenden Hochhaussiedlung nachfolgende Machtwechsel von der Barksdale- zur Stanfield-Gang eine diachrone Zäsur, die sich als Orientierung am Effizienzprinzip lesen lässt. Während Barksdale und seine Jungs das Geschäft aus der Kontrolle des Raums – der Corners – entwickelten, fußt das Geschäftsmodell des Stanfield-Clans auf einer deterritorialisierten Kontrolle des Produkts.

Als Grenzgänger zwischen beiden Paradigmen fungiert der Adam-Smith-Leser Stringer Bell (Idris Elba), der Kurse der Betriebswirtschaftslehre am Baltimore-College besucht, der als erster die besondere Relevanz der Produktqualität erkannt hat und der eine gewinnsteigernde, allerdings labile Allianz der konkurrierenden Drogen-Gangs ins Leben ruft. In der dritten Staffel muss Stringer Bell aber lernen, dass die Grenzen des eigenen Milieus trotz Geld- bzw. „Lebensstilwäsche" in Form eines durchgestylten Lofts in Downtown nicht ohne weiteres zu überschreiten sind. Auch wenn er erkannt hat, dass sein illegales Geld in Form von Immobilienfinanzierungen am profitabelsten zu investieren wäre, unterschätzt er doch die parasitäre Macht von Senator Clay Davis (Isiah Whitlock Jr.), der Bells Kapitalanlage in immer neuen Korruptionsschleifen veruntreuen kann, eben weil der Drogendealer die feinen sozialen Unterschiede von legaler und illegaler Ökonomie nicht durchschaut und es nicht versteht, diese andere Mikrophysik der Macht für die eigenen Interessen zu nutzen. Stringer Bells Versuch eines Wechsels von der Seite illegaler Warenökonomie auf die (schein-)legale Seite der Finanzökonomie zerbricht an den impliziten Verfahrensanforderungen einer politischen Hierarchie der Stadt Baltimore, die auf einer sozialen Ghettoisierung der schwarzen Unterschicht beruht. Kapitalismus als Versprechen eines „Wealth of Nations", so der Eindruck, steht als Option nur den Menschen mit bürgerlichen Bildungsbiografien und entsprechenden finanziellen Ressourcen und Macht-Netzwerken zu Verfügung. Allen anderen bleibt nichts anders übrig, als sich von den Versprechungen des „American Way of Life" zu verabschieden oder aber einen solchen Weg vom Tellerwäscher zum Millionär zu beschreiten, der durch die lokalen Dunkelzonen der Drogenkriminalität führt und an den Einflusszonen verfeindeter Gangs oder der Polizei ein abruptes Ende findet.

Und doch sind es gerade potenzielle „Grenzverletzer" (vgl. Bröckling/Kaufmann/Horn 2002) wie Stringer Bell, die die Prozessierung bzw. die Stabilität der Systemcodes stören, damit die Dynamik der Handlung garantieren und als Helden zugleich Reflexions- und Veränderungspotenziale generieren. Neben Stringer Bell, der bezeichnenderweise von Omar Little und Brother Mouzone (Michael Potts) – zwei Figuren also, die eine nicht völlig durch die Drogenökonomie determinierte afroamerikanische Agency ins Spiel bringen – während der Besichtigung einer mit Drogengeld gebauten Immobilie getötet wird, gehört der durch politische bzw. institutionelle Rationalitäten in seiner handwerklichen Polizeiarbeit nicht korrumpierbare McNulty in dieses illustre Ensemble von ambivalenten Störenfrieden. Hinzu kommen Major Colvin (Robert Wisdom), der in Staffel drei in einem Bezirk den Drogenverkauf legalisiert und später dem Schüler Namond (Julito McCullum) den Weg weist, wie auch Frank Sobotka (Chris Bauer), der sich aus Pflichtbewusstsein im Drogenhandel engagiert, um seine Gewerkschaftsmitglieder über die Runden zu bringen. Diese Figuren, die aufgrund einer moralischen Handlungsorientierung quer zu den praktischen Alltagsanforderungen der Institutionen stehen, werden von anderen Sehnsüchten angetrieben als die übrigen „Player in the Game". Paradigmatisch kommt der Widerstand gegen das Prinzip der Ökonomisierung in der Figur des mit einem sprechenden Namen versehenen Police Officer Lester Freamon (Clarke Peters) zum Ausdruck, der als passionierter Bastler von Puppenhausmöbeln das Prinzip der Handarbeit in einer sich digitalisierenden Welt verkörpert und zudem als die eigentlich treibende Kraft in der Rekonstruktion des Geldflusses auftritt. Überdeutlich wird seine Negativierung des Geldprinzips in der fünften Staffel, als er den windigen Senator Davis erpresst, nicht etwa um des Geldes oder karrieristischer Aufstiegsoptionen willen, sondern um Informationen über die Wechselwirkungen und Agenten des Baltimore umspannenden Korruptionsnetzes zu erhalten.

Die Figur der Störung schlechthin ist natürlich Omar Little, der zumindest in den Staffeln eins bis vier konsequent quer zu allen Regeln steht, nach denen das Spiel der Geldzirkulation gespielt wird. Er ist eine Figur des Dritten im umfassenden Sinne, ein barocker Pícaro der Westside, der parasitär im Zwischenraum zwischen Polizei und Drogengangs agiert, dabei die Homophobie beider Seiten mit seinem Schwulsein provoziert und für sich aus dem Drogenkrieg das moralische Credo der Unterscheidung von Kombattant und Nicht-Kombattant abgeleitet hat: „I ain't never put my gun on no citizen." (Folge 2.6, 13:30) Er jagt Drogengelder weniger aus Geldgier, denn aus Rache für die Ermordung seines Liebhabers. Nicht zuletzt stellt die phantasievoll-karnevaleske Inszenierung seines Guerilla-Kriegs für ihn einen Lustgewinn dar. Als Schwellenfigur ist Omar auf der Grenze zwischen Innen und Außen angesiedelt, er gehört nirgends dazu und macht gerade dadurch, dass er parasitär an der Zirkulation des Geldes partizipiert, die Regeln des „Game" beobachtbar. Als figurale Abweichung von der „priority of enviroment over character" (Kelleter 2012b, 37) bewegt er sich neben dem vom Drogenhandel induzierten System kommunikativer und ökonomischer Beziehungen, er ist – zumindest bevor ihm die Tötung von Marlo (Jamie Hector) zu einer fixen Idee wird – ein Trickster im Sinne Elias Canettis, eine Art Joker, der listig in verschiedene Rollen zu schlüpfen vermag, der wechselnde Koalitionen bildet und so die Gewalt der sozialen und habituellen Grenzziehungen zu brechen vermag: „[W]ie von keiner anderen Figur, die man kennt, lässt sich von ihm das Wesen der Freiheit ablesen. [...] Er belustigt [... die Leute], indem er ihnen alles durch Umkehrung verdeutlicht" (Canetti 2011, 192f.; vgl. hierzu auch Schüttpelz 2010).

Neben seinem inversen Parasiten-Doppelgänger Bubbles, der nach Jahren auf der Straße zu einem bürgerlichen Leben als Reginald zurückfindet, und ganz im Gegenteil zu Marlo, dessen Bestreben, den eigenen Namen als mit einem Souveränitätsanspruch verbundene Marke in der Drogenwelt zu etablieren, immer prekär bleibt, ist er der einzige Akteur, der einen übercodierten Namen hat: Sein voller Name, Omar Little, verweist metaleptisch auf Malcolm X, der mit bürgerlichem Namen Malcolm Little hieß. Damit bringt Omar ein historisches Gedächtnis in die Serie ein und stellt die seriendominante Kopplung von afro-amerikanischer Herkunft und Drogenkarriere in Form einer anderen Möglichkeit der sozialen Partizipation kaum merklich in Frage. Wie sein zeitweiliger Gegenspieler und späterer Koalitionspartner Brother Mouzone, der aufgrund seiner starken physiognomischen Ähnlichkeit zum historischen Wortführer der „Nation of Islam" ebenfalls als späte Figuration der schwarzen Bürgerrechtsbewegung lesbar ist – u.a. trägt er das gleiche Brillengestell (= Wahrnehmungsmodell) wie Malcom X –, fungiert Omar als anachronistische Verweigerung des von David Simon und der Fernsehkritik unermüdlich beschworenen tragischen Grundtons

der Serie (vgl. etwa Love 2010). Deutlich wird Omars Ausnahmestellung, wenn
er durch die Straßen zieht und die sonst um Männlichkeitsgesten bemühten Kids
in einer Reminiszenz an den bürgerlichen Mittelstands-Übervater Santa Claus
ehrfürchtig-ängstlich ausrufen: „Omar's coming, yo!" (z.B. Folge 1.9).

Immer wieder erzählt *The Wire* davon, wie Omar sich im blinden Fleck des
Systems „Drogenhandel" eingenistet hat (und deshalb nahezu unauffindbar ist)
und von dort aus die Kommunikation beeinflusst (durch die Weitergabe von Informationen an die Polizei, durch den Diebstahl von Drogen und Geld). Die vergebliche Anstrengung der beiden Drogenkönige Avon Barksdale (Wood Harris)
und Marlo Stanfield, Omar zu töten, lässt sich übersetzen als der zum Scheitern
verurteilte Versuch, ihn als Störfaktor aus der materiellen Kommunikation des
Drogenhandels auszuschließen. Als hätte Michel Serres' „Theorie des Parasiten"
die Drehbuchautoren von *The Wire* inspiriert, macht Omar als figuratives „Sein
der Relation" (Serres 1987, 120) deutlich, dass Kommunikation immer notwendig dreiwertig ist, die Interdependenzen zwischen Polizei und Drogengangs in
beide Richtungen verlaufen und die Handlungsdynamik der Serie aus einer wechselseitigen „Missbrauchsökonomie" (Gehring 2010, 185) der beteiligten Akteure
aus Politik, Polizei, Verwaltung und Verbrechen entspringt. Als Ausgeschlosse-
ner ist Omar immer auf der Durchreise, auf der Flucht, versteckt an prekären
Orten der Vorläufigkeit, in denen er sich nie dauerhaft einrichten kann oder will
(vgl. Serres 1987, 269). Zugleich ist er es, der aus den reziproken und protopara-
noiden Beobachtungszirkeln von Polizei und Drogengangs ausbricht und dieses
Beobachtungsspiel selbst zum Gegenstand seiner Beobachtung macht. Im übertragenen Sinne artikuliert sich hier wiederum das Selbstverständnis der Serie, die
nicht nur zu beobachten versucht, wie die von ihr thematisierten Institutionen ihre
Umwelt beobachten, sondern die auch darum weiß, nach welchen Rationalitäten
die Agenturen einer Beobachtung zweiter Ordnung – die Massenmedien und die
Populärkultur also – ihrerseits gemeinhin über den „Urban Decay" erzählen.

Geliebt wird Omar Little in Fan-Kreisen insbesondere für zwei Szenen. Die
eine erzählt von der vermeintlich finalen Konfrontation mit dem Auftragskiller
Brother Mouzone, der von Barksdale und Stringer Bell angeheuert wurde, um
Omar zu töten. Beide treffen in einer dunklen Straßenflucht aufeinander, von der
Kamera im Modus von Schuss und Gegenschuss als eine Duell-Szene inszeniert,
die die im Western-Genre übliche Gewaltlösung nur aufruft, um ihre Darstel-
lungsregeln in Form einer anachronistischen Konversation ironisch zu brechen.
Dabei unterwirft *The Wire* den virilen Showdown einem doppelten Permutations-
verfahren. Nicht nur stehen sich mit Omar und Mouzone zwei Akteure afroame-
rikanischer Herkunft gegenüber, die metaleptisch auf eine andere, nicht-weiße
Genealogie der amerikanischen Nation und das uneingelöste Erbe der schwarzen

Bürgerrechtsbewegung der 1960er Jahre verweisen, auch bricht die Szene mit der nur scheinbar notwendigen Logik eskalierender Gewalt: Anstatt einander zu töten, beschließen Omar und Mouzone eine Allianz gegen den Barksdale-Clan:

„Mouzone: ‚That's far enough. Drop your laundry and turn slowly.'

Omar: ‚So you gonna rob me now? I need to remind you who I am?'

Mouzone: ‚Omar, isn't it? Pull it slowly. Then toss it.'

[...]

Mouzone: ‚I see you favor a 45.'

Omar: ‚Tonight I do. And I keeps one in the chamber 'case you ponderin'. Nice showpiece ya got there.'

Mouzone: ‚Walther PPK. 380. Double action.'

[...]

Mouzone: ‚I suppose we could stand here all night.'

Omar: ‚Suppose we could. Or settle this once and forever.'

Mouzone: ‚I want to ask you something, brother.'

Omar: ‚Omar listenin'.'" (Sequenz 2: Folge 3.11, 0:00-02:40)

Als Kontrastfolie der Szene dienen, dies lässt die ästhetische Stilisierung vermuten, die Western der klassischen Studio-Phase, etwa Fred Zinnemanns *High Noon* (USA 1952). Während im klassischen Western aber der Kern aller dort versammelten Narrative darauf verweist, „dass der Bodensatz von Kulturalisation und Zivilisation die bloße Gewalt ist und deshalb in Situationen eines gesellschaftlichen Ausnahmezustands der Rückgriff auf diese Gewalt mehr als gerechtfertigt [...] ist, um die Gesellschaft gerade nicht der Gewalt zu überlassen" (Ahrens 2012, 40), bricht *The Wire* ironisch mit den „red blooded principles" des Frontier-Ideals (Slotkin 1998, 393; vgl. auch Weindinger 2006, 78f.), also der Betonung von Männlichkeit, Charakter und Ehre, die zur gewalttätigen Konfrontation im Showdown anleitet. Ähnlich wie *High Noon* erzählt auch *The Wire* vom drohenden Zusammenbruch der Zivilgesellschaft angesichts verbrecherischer Gang-Gewalt. Anders als im Kinofilm bringt die Serie aber augenzwinkernd – und gebunden an zwei Figuren, denen man dies eigentlich nicht zutraut – die Möglichkeiten von Verständigung und Kooperation als zivilgesellschaftliche Möglichkeiten der Konfliktlösung ein, die den hochkomplexen Bedingungen der spätmodernen Gesellschaft besser zu entsprechen scheinen.

Die zweite Fan-Szene präsentiert Omar in Staffel fünf im wörtlichen Sinne als einen die Faktizität der Handlung transzendierenden Super-Hero: Bei einem Hinterhalt der Stanfield-Gang überlebt er einen Sprung aus dem vierten Stock eines Wohnblocks und schafft so die Flucht aus einer vermeintlich ausweglosen Situation. Marlos Kommentar, „That don't seem possible. That's some Spider-Man-Shit there" (Sequenz 3: Folge 5.8, 02:00-03:00), verweist auf das Wissen der Serie darum, wie sie selbst (mittlerweile) von der Kritik beobachtet und kommentiert wurde: als Meisterwerk eines zeitgenössischen Realismus. Indem *The Wire* der feuilletonistischen Realismusemphase die für einen Moment die Wahrscheinlichkeit der Empirie transzendierende Figur Omar entgegenstellt, wird sie selbst zu einem Parasiten der Fernsehkritik, der die Sinnproduktion dominanter Beschreibungsformen unterbricht und zumindest potenziell neue Anschlüsse möglich macht.

Dass dieser temporäre Superheld in Staffel fünf einen prosaischen Ghetto-Tod stirbt, passt genau in die hier vorgeschlagene Störungslektüre, die die verschiedenen Realitätssysteme des Phantastischen und des Realistischen (vgl. Todorov 1992; Durst 2008) gegeneinander ausspielt und so die Transparenzeffekte des „Worldmaking" ausflaggt. Omar, der aufgrund der von Marlo befohlenen Ermordung seines alten Freundes Butchie (S. Robert Morgan) zu einem Rachefeldzug gegen die Stanfield-Gang aufgebrochen ist, zieht unruhestiftend von Corner zu Corner und versucht so, Marlo zu einem Showdown auf die Straßen der Westside zu locken. Seine Wut zwingt ihm eine zweiwertige Logik absoluter Feindschaft auf, die allerdings nicht zu dem gewünschten Ergebnis führt: Anstelle der Genugtuung eines Showdowns mit Marlo kommt Omars Ende, als er in einem Laden hinterrücks von einem kleinen Jungen erschossen wird (Sequenz 4: Folge 5.8, 17:06-17:55). Dessen angststarre Augen verweisen darauf, dass der Mord nicht die Folge einer durchdachten Handlung war, sondern im Ergebnis die zufällige Nebenfolge einer gefährlichen Kombination omnipräsenter Schusswaffen mit der Zirkulation adoleszenter Männlichkeitsmodelle gewesen ist. Dieses realistische Ende fungiert als katastrophaler Einbruch der Kontingenz, der den vermeintlichen Superhelden-Status Omars auf prosaisches Normalmaß zurückstutzt und auch hier wieder vor Augen führt, dass die Dinge, die eben noch unumstößlich schienen, ganz anders aussehen, wenn der symbolische Schein der Evidenz durchschlagen ist.

Bevor die Betrachtung der Serie abschließend von der Ebene der *histoire* auf die des *discours* wechseln wird, um nach der Serie als Störung zu fragen, sei vorab noch eine weitere Gruppe von Figuren fokussiert, die zwar nicht intentional gegen die Regeln des Geldspiels verstoßen, dieses aber unbeabsichtigt transzendieren. Im Anschluss an die Argumentation von Frederic Jameson könnte man diese Figuren, deren charakterliche Zeichnung gegen die realistische Grundprämisse durchaus ästhetische Anleihen beim Melodrama nimmt, vielleicht als Figurationen eines utopischen Gegenprojekts zur Düsternis der Serie begreifen (vgl. Jameson 2010) – wobei entscheidend ist, dass auch durch ihre Existenz die autonomiebeschneidende Dialektik zwischen individueller Aspiration und Systemdynamik nicht völlig aufgehoben wird. Ganz im Gegenteil ist der Status dieser utopisch codierten Figuren immer prekär, immer gefährdet. Ungeachtet dessen zeigen Akteure wie z.b. der Boxer Cutty (Chad Coleman), die Schüler Namond und Michael (Tristan Wilds) und nicht zuletzt der Obdachlose Bubbles, dass es neben der gewalttätigen Omnipotenz der Institutionen die Möglichkeit und Offenheit der eigenen Entscheidung gibt, die nicht aus einer grundlegenden Autonomie resultiert, wohl aber die Möglichkeit bietet, sich zu den Dingen und Strukturen aus eigener Überzeugung zu verhalten. Angesichts der Einsicht, dass Intelligenz, Einsatzbereitschaft und Tatkraft keine Garantie dafür sind, erfolgreich zu sein – oder nur zu überleben –, markieren diese Figuren eine Philosophie des Trotzdem, die die Serie auf der diegetischen Ebene davor bewahrt, ganz in einen Fatalismus des Verfalls und die damit einhergehende Langeweile abzurutschen. Gegen eine solche Zwangsläufigkeit – dies wird insbesondere am Schicksal von Bubbles in der fünften Staffel deutlich – setzt die Serie die Kraft der Erzählung als Praxis des Erzählens (vgl. Kraus 1996). Bubbles, der lange Jahre als drogensüchtiger Obdachloser auf der Straße verbracht hat, findet, nachdem ihn der Tod eines engen Freundes fast gänzlich aus der Bahn warf, sukzessive zurück in ein besseres Leben ohne Drogen. Wichtigstes Medium hierfür ist das Erzählen der eigenen Geschichte, zunächst in der Selbsthilfegruppe, später dann in einem Zeitungsporträt.

Symbolisch übersetzt wird diese Schwundstufe eines Bildungsromans einerseits dadurch, dass sich Bubbles gegen Ende der Serie seinen regulären Namen, Reginald, zurückerobert und damit wieder als handlungsfähiges Subjekt in die soziale Gemeinschaft eintritt. Andererseits vollzieht sich seine Transformation räumlich: In einem ersten Schritt wechselt er von der Straße in den Keller der Wohnung seiner Schwester, im zweiten Schritt darf er, nachdem er deren Vertrauen zurück gewonnen hat, schließlich die Wohnung selbst betreten. Nimmt man das utopische Moment dieses Weges von draußen nach drinnen und von unten nach oben ernst und verknüpft es mit den zuvor formulierten Beobachtungen zur wirklichkeitskonstituierenden Kraft von Selbstbeschreibungen, dann erweist sich das Geschichten-Erzählen – eigentlich ein sehr alter Gedanke, den *The Wire* autoreferentiell bestätigt – als vielleicht wirkungsvollstes Instrument im Kampf gegen die vermeintliche Zwangsläufigkeit eines „Determinismus des Sozialen" (Eschkötter 2012, 69). Bubbles wird zu Reginald, weil er seine eigene Geschichte, seine Version der Wirklichkeit erzählt, und auf diese Weise zugleich an Handlungs- wie an Distanzierungsfähigkeit zurückgewinnt. Da es beim Erzählen nicht nur darauf ankommt, was erzählt wird, sondern auch wie, liegt es auf der Hand, den Blick von der Störung der Narration auf die Narration als Störung zu wechseln.

Die Serie als Störung: Realität als Repräsentation

In der Folge „Old Cases" der ersten Staffel sind die beiden Detectives Jim Mc-Nulty (Dominic West) und Bunk Moreland (Wendell Pierce) dabei zu sehen, wie sie die Küche einer leerstehenden Wohnung betreten (Sequenz 5: Folge 1.4, 45:58-50:40). Das Licht ist hell, keine Geräusche sind zu hören, alles ist friedlich. Erst als die Kamera den Inhalt der Bilder zeigt, die Moreland in der Hand hält, wird klar, dass es sich bei der freundlichen Wohnung um einen Tatort handelt, an dem vor Kurzem eine junge Frau ermordet wurde. Ohne auf die Verwicklungen dieses Mordfalls en détail eingehen zu wollen, ist die so genannte „Fuck-Scene" (so tituliert, weil Komposita und Variationen des Begriffs „Fuck" die einzigen verbalen Kommunikate der Szene sind) relevant, weil hier in paradigmatischer Weise deutlich wird, welch immens tiefgehendes, selbstreflexives Bilderwissen *The Wire* besitzt: Es sind die Bilder der nackten jungen Frauenleiche, die als Index wirken und die anonyme, geschichtslose Küche in Form einer raumzeitlichen Montage als Tatort signifizieren (vgl. hierzu auch Regener 2000). Erst durch ihre sequenzielle Anordnung im Raum, mit der die Ermittler den Hergang der Tat virtuell rekonstruieren, entsteht eine zeitliche Abfolge, die eine *story* erzählt und die als „White Box" fungierende Küche in einem Akt retroaktiver Performativität zum Schauplatz einer *history* werden lässt. Die These, dass die wahrnehmungs- und zugleich wirklichkeitskonstituierende Kraft von Bildern eines der zentralen Themen der Serie ist, wird in der „Fuck-Scene" zudem durch den Umstand unterstützt, dass der die Detectives begleitende Hausmeister den offenen Kochbereich zunächst nicht betritt, sondern als Beobachter zweiter Ordnung semi-voyeuristisch dem Treiben der Ermittler vom Wohnzimmer aus zusieht.

Indem es so zu einer Kopplung von Evidenz und Evidence kommt, ergibt sich die Frage nach dem Sehen, nach den Ordnungen der Sichtbarkeit und den Ausschließungsregeln des Nicht-Sichtbaren als erzählerischen Elementen und als Reflexionsgegenstand der Serie. Während „Evidenz" im Deutschen in einem alltagssprachlichen Kontext als Terminus für eine intuitive, selbstverständliche Einsicht mit besonderem Wahrheitsanspruch fungiert, ist „Evidence" im Amerikanischen im Kontext der polizeilichen Aufklärungsarbeit der Begriff für „Beweis". Die Rekonstruktion des Mordablaufs führt nun vor, dass die Beweissicherung abhängig ist von der Medialität und Materialität der Spurensicherung, von spezifischen Aufschreibesystemen, von der Montage der einzelnen Hinweise und nicht zuletzt von der Intuition und Erfahrung der Ermittler.

Auch wenn ein Lehrbuch für die Tatortarbeit medientheoretisch relativ uninformiert fordern kann, dass die „Tatortbefundaufnahme" ein „objektives, vollständiges und fehlerfreies Bild über die am Ereignisort vorgefundene Situation liefern" soll (Leonhardt u.a. 1995, 20), wird in der „Fuck-Scene" doch schnell klar, dass das, was am Schluss der Untersuchung als Wahrheit des Tatablaufs dokumentiert wird, alles andere als selbstverständlich ist. Vielmehr ist es das Ergebnis eines Verfahrens, bei dem Fehler passieren können und in dem nur solches Material zur Wahrheitsermittlung herangezogen werden kann, das zuvor schon innerhalb eines spezifischen Referenzrahmens den Status einer prinzipiellen Signifikanz-Fähigkeit inne hatte und in der konkreten Situation nur darum sicht- bzw. bemerkbar werden konnte. Verbindet man diese Überlegung zur Divergenz von evidentem Wahrheitsanspruch und Ermittlungspraxis mit dem übergeordneten Serienthema – der Frage nach den Modi der Repräsentation von Realität –, dann wird klar, dass *The Wire* nicht nur eine realistische Polizei-Serie ist, sondern zugleich darüber nachdenkt, wie überhaupt ein Bild der Gesellschaft gezeichnet werden kann.

Noch deutlicher wird die Selbstreflexivität der Serie, wenn man ihr ästhetisches Formenbewusstsein betrachtet. Dies betrifft zunächst natürlich den ästhetischen Realismus der ersten vier Staffeln, der in der fiktionalen Zuspitzung von Realität eine Wahrhaftigkeit der Darstellung behauptet und sich mittels eines forcierten Authentizitätsgestus, der allenfalls bei den TV-Produktionen *The Shield* (FX, 2002-2008) und *Southland* (NBC, 2009-2013) in Ansätzen aktuelle Entsprechungen gefunden hat, bewusst vom Stil anderer Polizeiserien unterscheidet. So erzählt *The Wire* in einer bislang nicht gekannten epischen Breite und realisiert dabei – so Ahrens – „eine [...] dokumentierende[...] Totalitätsgeste von Narrativ und Bildpolitik im filmischen Medium" (vgl. Ahrens in diesem Band, 122). Die für Episodenformate typische Handlungsmacht des Protagonisten ist auf eine Vielzahl von Figuren verteilt, darüber hinaus reduziert die Serie klassische melodramatische Mittel der *suture* wie etwa den Einsatz von nicht-diegetischer Musik, Flashbacks, Voice-Over etc. auf ein Minimum. Anstelle dessen verwendet die Serie quasi-ethnografische „Techniques of the Real", u.a. etwa den Einsatz von vielen Außensettings, die Beibehaltung der Slang-Sprache und die Zurschaustellung des Gang-Habitus, wie auch den Einsatz von Laiendarstellern, die eine eigene Authentizitätsanmutung ins Spiel bringen. Wie Philipp Schulte herausarbeitet, ist es gerade die an den literarischen Naturalismus erinnernde Mimesis gruppen- und schichtspezifischer Sprachformen, die den Eindruck vermittelt, einer direkten Abbildung von Realität beizuwohnen, wobei die Erzeugung des Authentischen mit dem Preis der partiellen Unmöglichkeit einer Decodierung der diegetisch zirkulierenden Sprachelemente korreliert: „Nie zuvor in der Geschichte des Fernsehens", so Schulte, „wurde dermaßen darauf geachtet, unverfälscht und somit für ein breites Publikum mitunter auch einfach unverständlich auf die Verwendung von Slang und Idiolekt zu setzen" (vgl. Schulte in diesem Band, 87). Wichtig ist trotz allem – worauf Schulte zurecht hinweist (vgl. Schulte in diesem Band, 88) –, dass der Import ‚originaler Sprache' als „performatives Element" eine Komplexitätssteigerung der Rezeptionssituation des Serientextes induziert, gleichwohl aber der „dokumentarische Eindruck von Unverfälschtheit" im Rahmen einer medialen Repräsentation verbleibt bzw. verbleiben muss, was aber – und hierin wäre Schultes These von einem mangelnden formalen Bewusstsein der Serie zu widersprechen (vgl. Schulte in diesem Band, 93f.) – *The Wire* selbst weiß und immer wieder reflexiv einholt.

Der Umstand, dass den einzelnen Staffelfolgen ebenso wie den Staffeln insgesamt eine typische dramaturgische Teleologie fehlt, unterstützt die Differenzqualität der Serie, indem eine spezifische „Incompleteness" des Handlungsbogens, die von keiner finalen Lösung aufgefüllt wird, den Fokus von der Frage nach einer illusorischen Individualverantwortlichkeit der Gangster auf den prozeduralen Charakter der Systemlogik verschiebt. Neben den Detailbeobachtungen zur Ermittlungspraxis der Polizei und dem Leben auf der Straße finden sich daher unzählige nicht-narrative Einstellungen, die die Stadt in der Totalen zeigen und so den Anspruch der Serie symbolisch verdichtet artikulieren, eine umfassende Sichtbarkeit der Verhältnisse herzustellen.

Im Hinblick auf die serienspezifische Politik der Form ist die weitestgehend durchgehaltene, realistische Machart als ein konzeptioneller Störungsvorgang zu deuten, weil er in der Produktion einer haptischen Relation von Serienbild und Betrachter gängige Genre-Konventionen ignoriert. Diese Störung fordert den Zuschauern insbesondere in Form des von Marcus Krause skizzierten „medias in verba"-Verfahrens (vgl. Krause in diesem Band, 64) eine Konzentrationsleistung ab, die so nicht üblich ist. Anders als in Serien wie *CSI Miami* (CBS, 2002-2012) oder *Dexter* (Showtime, 2006 - 2013) mangelt es *The Wire* aufgrund einer verhalteneren Kameraarbeit an ‚schönen' Bildern. Wenn eine sozialpsychologische Funktion audiovisueller Serialität darin besteht, in den wiederkehrenden visuellen Strukturen, Handlungsabläufen, und Figurenensembles konsolidierende Momente der Beständigkeit und Sicherheit in die Lebenswelt der „flüchtigen Moderne" (Bauman 2003) einzutragen, dann erzeugt *The Wire* zunächst auf einer Beobachterebene zweiter Ordnung eine Unterbrechung, die aus dem impliziten Nachweis der Artifizialität anderer Fernsehformate eine spezifische Aufmerksamkeitsressource gewinnt und die eigene Selbstbeschreibung mit kaum hintergehbarer Evidenz ausstattet. Genau auf diese Weise wurde die Serie in den amerikanischen und deutschen Feuilletons besprochen: als ein authentischer Blick in die urbane Wirklichkeit Amerikas.

Eine solche Verortung der ästhetischen und politischen Valenz von *The Wire* bleibt allerdings auf halbem Wege stecken. Weiter voran kommt man mit einer für Bildpolitiken sensibilisierten Einordnung von Staffel fünf, die erneut die Erwartungshaltungen des Publikums und der Fernsehkritik stört, indem sie mit dem mühsam etablierten Realismus bricht und so auf einer Beobachterebene dritter Ordnung die realistische Repräsentationsordnung selbst als normatives Aussagesystem demaskiert. Damit kommt *The Wire* dem Anspruch nahe, den Maria Muhle im Anschluss an Jacques Rancière für einen ästhetischen Realismus formuliert,

> „insofern dessen Strategien nicht nur die gängigen Darstellungskonventionen durchbrechen, sondern gleichsam als Konsequenz daraus die Darstellungsrelation als solche hinterfragen. Dies geschieht, indem sie die Trennung zwischen der dargestellten Wirklichkeit und der wirklichen Wirklichkeit suspendieren, d.h. diese Relation unbestimmt oder in der Schwebe halten. Dieses In-der-Schwebe-halten ermöglicht eine Reflexion auf die allgemeinen Bedingungen, unter denen Realität überhaupt erst erscheinen und zugänglich sein kann, d.h. auf die Bedingungen des Erscheinens von etwas als etwas" (Muhle 2010, 180).

In Korrespondenz mit Muhle und Jäger fragt *The Wire* somit nach den Bedingungen der Möglichkeit von gesellschaftlicher Evidenz und zeigt auf, wie die Verzahnung von Institutionenlogik, ökonomischen Interessen und postindustrieller Erosion zu einem spezifischen Wahrnehmungsdispositiv geführt hat, das die herrschenden Verhältnisse für nahezu alle inkludierten Akteure als naturgesetzlich und einer vermeintlich realistischen Einschätzung nach als alternativlos erscheinen lässt. Die politische Dimension der Serie resultiert genau aus dieser Problematisierung von naivem Realismus und Schicksalsergebenheit, insofern sie – gerade in der Konfrontation der Stile der Staffeln eins bis vier und fünf und dem jeweils betriebenen „Spiel mit Erwartungen" (Rancière 1999, 28) – die „Kontingenz der gegebenen Aufteilung unterstreicht und auf deren Umverteilbarkeit verweist" (Muhle 2010, 183). Jenseits der Frage nach der mimetischen

Qualität der Serie besteht deren eigentliche politische Leistung also darin, die Konstitutionsbedingungen des evidenzstiftenden „Worldmaking" aufzuweisen und so auf die – wie Ahrens es in diesem Band nennt – „paradoxe Verfasstheit der Moderne" aufmerksam zu machen, die darin besteht, „dass sie auf der einen Seite die uns geläufige Unterscheidung zwischen Faktizität und Fiktion überhaupt erst erfindet und durchsetzt [...], zugleich aber angesichts grassierender sozialer und vor allem technologischer Komplexitätssteigerungen die Einholung gesellschaftlicher Faktizität nur über Instrumente der Fiktionalisierung möglich ist" (vgl. Ahrens in diesem Band, 127). Ahrens Feststellung, dass „die Serie überhaupt erst den Boden für eine Vorstellung von der Gesellschaft als Beziehungsgeflecht divergenter Vergesellschaftungspraktiken" bereite (vgl. Ahrens in diesem Band, 137), kann mit Rancière weiter politisiert werden. Während der spannungsreichen Überblendung verschiedener Evidenzregister ereignet sich eine ästhetische „Ent-Identifizierung" festgelegter gesellschaftlicher Positionen, also ein „Losreißen von einem natürlichen Platz, die Eröffnung eines Subjektraums, in dem sich jeder dazu zählen kann, da es ein Raum einer Zählung der Ungezählten, eines In-Bezug-Setzens eines Anteils und der Abwesenheit eines Anteils ist" (Rancière 2002, 48).

Schon die Eingangsszene der fünften Staffel (Sequenz 6: Folge 5.1, 00:08-03:39) macht ein Forminteresse für starke Bilder deutlich, zumal sie zeigt, wie Detective Moreland zwei die Aussage verweigernde Verdächtige gegeneinander ausspielt, indem er eine evidente Situation qua Montage visueller Suggestionen inszeniert: Während er den einen Dealer namens Frederics mit Gefängnis bedroht und von der fiktiven Mitarbeit des anderen Dealers schwärmt, führt ein Kollege den ebenfalls unkooperativen zweiten Verdächtigen mit einer McDonalds-Tüte und freundlichen Worten an der offenen Tür des Verhörraums vorbei. Gänzlich gebrochen wird die so schon destabilisierte Verweigerungshaltung Frederics' durch eine weitere ironische Überdrehung des Evidenz-Spiels. Nachdem Moreland den mutmaßlichen Täter an einen zum Lügendetektor umfunktionierten Kopierer angeschlossen hat, wirft das Gerät als Reaktion auf Frederics Leugnung der Beteiligung an der Ermordung eines Gangmitglieds einen Ausdruck mit dem Wort „False" aus. Morelands Kommentar des anschließenden Geständnisses ist zugleich das Motto der gesamten fünften Staffel: „The bigger the lie, the more they believe."

Will man die These weiter verfolgen, dass *The Wire* nicht nur eine „realistische" Polizeiserie ist, sondern in der Ausstellung der „Kontingenz der Formbildung" (Luhmann 1997, 168) zugleich auch ihre eigenen Entstehungsbedingungen und politischen Potentiale reflektiert, ist ein kurzer Rekurs auf die Fernseh-Theorie Stanley Cavells hilfreich. Laut Cavell ist das Fernsehen ein Medium des affirmativen „Monitoring", das die Welt als ereignislose, unwandelbare Folie erscheinen lässt, die im Bilderstrom immer wieder aufs Neue in unterschiedlichen Schwenks auf differierende Schauplätze erscheint (vgl. Cavell 1982). „Das Schalten des Bildes und seines Stroms korrespondiert also dem Walten der Welt da draußen" (Engell 2012b, 19). Genau hier entsteht die von Schulte im Anschluss an Überlegungen des Medienwissenschaftlers Erlend Lavik eingeforderte narrative Selbstreflexion der Serie (vgl. Schulte in diesem Band, 92f.): Ästhetisch setzt sie sich mit dem „Monitoring" auseinander, indem sie dieses Prinzip zur eigenen formalen Strategie erhebt. Zugleich markiert sie im Modus der Störung die voraussetzungsvolle Evidenz unserer Wirklichkeitsmodelle als durch Bilder konstituiert. Schon die für alle fünf Staffeln beibehaltene Sequenz des Vorspanns, die einen von unten heranfliegenden Stein zeigt, der die Linse der Überwachungskamera zerspringen lässt, verweist auf die Kritisierbarkeit der saturierten Perspektive durch Effekte des politischen Realen. Diese Effekte können – möglicherweise – in Form alternativer Selbstbeschreibungen aus dem Untergrund der Latenz aufsteigen und die scheinbare Stabilität zwischen dem Draußen der waltenden Welt und dem Drinnen des heimeligen Wohnzimmervergnügens in Frage stellen. Anders als Lorenz Engell im Anschluss an Cavell und Hartmut Winkler en passant behauptet, schließt *The Wire* demnach gegenläufig zur strukturellen Funktion des Fernsehens die Unwirtlichkeit und Unbewohnbarkeit des urbanen Raums nicht gänzlich aus, sondern adressiert sie politisch. Dies geschieht dadurch, dass sie in Form vielfältiger narrativer und formaler „Re-entries" auf jene „Mystifikationen" aufmerksam macht, die dafür sorgen, dass „man nicht sieht, daß man nicht sieht, was man nicht sieht" (Luhmann 1998, 1110).

Im Anschluss an diese Beobachtung ist Kelleter strikt zu widersprechen, der feststellt: „The Wire's own claims to realism are strongly tied to the notion of accurate translation, the show has no interest in treating the media, and hence itself, as actively shaping the things they represent" (Kelleter 2012a, 47). Gerade im die Bildpolitik bestimmenden „Monitoring" unterschiedlicher sozialer Wirklichkeiten zeigt sich das Medien- und Medialitätsbewusstsein der Serie. In Sinne Rancières, der einmal feststellte, dass das „Reale [erst zur] Dichtung werden [muss], damit es gedacht werden kann" (Rancière 2006, 61), zielt *The Wire* auf die „Konstitution eines gemeinsamen Wahrnehmungsraums [ab], in dem das Exkludierte sich aus den Schichten der Unsichtbarkeit und der Unhörbarkeit sensuell frei sprengt" (Lie 2007, 94).

Die Beobachtung Daniel Eschkötters, dass die systemische Montage der Bilderfolge des Vorspanns eine Art Meta-Kommentar zum jeweiligen Staffel-spezifischen Thema formuliert, lässt sich entsprechend weiter denken. Als Verantwortliche einer „Montage-Serie" (Eschkötter 2012, 31) wissen die Macher von *The*

Wire darum, dass Weltmodelle das Ergebnis von Produktionsprozessen sind, die man mit Goodman analytisch anhand von Kriterien wie „De-/Composition", „Ordering" und „Reshaping" (Goodman 1991, 7-17) unterteilen könnte. Goodmans Ansatz, Welt immer als Ergebnis einer symbolischen Welterzeugung zu fokussieren, die innerhalb eines gegebenen Referenzrahmens bestimmten Bauplänen und Konstruktionsmechanismen folgt, ist für den hier diskutierten Zusammenhang fruchtbar, weil sich daraus das Programm einer „Critique of Worldmaking" ableiten lässt, wie es *The Wire* selbst schon vorführt. So übernimmt die fünfte Staffel für die Serie die analoge Kritik-Funktion, die die Staffeln eins bis vier für die jeweils unterschiedlichen Institutionslogiken und deren Dysfunktionalitäten zu leisten versuchen: einer Störung, die die Mechanismen der Wirklichkeits- und Selbstbeschreibungsproduktion selbst beobachtbar macht. Dort, wo „Geld an sich" in den Staffeln eins bis vier das narrative Prinzip war, auf Grundlage dessen die Figuren zusammengeführt und die Handlung organisiert wurden, ist es in Staffel fünf die Beobachtung der Zeitungs-Fabrikation einer scheinbar realistischen – und innerdiegetisch mit dem Pulitzer-Preis honorierten – Wirklichkeitsversion des harten Lebens auf der Straße, die in ihrer emotionalen Appellstruktur und ihrem ökonomischen Potenzial ausgestellt und in ihrem Repräsentationsanspruch zugleich problematisiert wird.

Der „Dickensian Aspect", der emotionale Stil also, mit dem die Baltimore Sun innerdiegetisch versucht, ihre sinkenden Verkaufszahlen zu konsolidieren, verweist – so Krause – extradiegetisch „auf all das, was die Serie nicht ist oder nicht sein will und dient entsprechend nicht nur der Kritik an den sensationalistischen Praktiken des zeitgenössischen Journalismus, sondern auch zur Selbstverständigung über die eigene Darstellungsweise" (vgl. Krause in diesem Band, 66). Wie Goodman argumentiert, wird Realismus „durch das Repräsentationssystem festgelegt, das für eine gegebene Kultur oder Person zu einer gegebenen Zeit die Norm ist [...]" (Goodman 1998, 45). Hieran kann die Lektüre von *The Wire* anschließen: Den Machern der Serie gelingt die Überführung des Realismus von einer Darstellungsweise in ein Reflexionsobjekt, indem sie den ob der Streichung von Finanzmitteln für die Polizei verzweifelnden McNulty einen Serienkiller erfinden und fingieren lassen (vgl. La Berge 2010). Dieses Killer-Phantom ermordet angeblich Obdachlose und kann so, durch die richtige Mixtur von anschlussfähigen Themen, zu einem Medienereignis gemacht werden, das aufgrund des allgemeinen öffentlichen Interesses Geldmittel für die Ermittlungsarbeit generiert – ironischer Weise aber nicht aus zusätzlichen Töpfen, sondern bloß durch Umverteilung innerhalb der für die unterfinanzierte Polizei vorgesehenen Finanzressourcen. Die besondere Pointe von Staffel fünf, die Michael Cuntz (vgl. Cuntz in diesem Band, 183) aufgrund der theoretischen Prämissen seiner ANT-geschulten

Lektüre entgeht, besteht eben darin, den eigenen, externen Produktcharakter durch die interne Narration eines Serienkillers zu problematisieren, der als Genre-Figur mit eigenen Narrationsregeln ausgestattet ist. Dadurch, dass die Faszinationskraft des popkulturellen Phantasmas des Serienkillers der serientypischen Gang-Gewalt gegenüber gestellt wird, dekonstruiert die Serie die ideologische Imprägnierung der ‚realistischen' Sichtweise auf die Ghetto-Morde als einen kaum zu beeinflussenden Nebeneffekt der Drogenkriminalität: Während das popkulturell gesättigte Serienkiller-Narrativ einen weißen Individualtäter impliziert und diesem eine sexuelle Pathologie attribuiert (vgl. Wünsch 2010), wird die in den Staffeln drei und vier unter dem Regime einer realistischen Ästhetik dargestellte Gang-Gewalt des Massenmörders Marlo als sozial vermittelt und ökonomisch bedingt repräsentiert und auf diesem Weg – dies ist entscheidend – versehentlich im Sinne eines flexiblen Normalismus entdramatisiert (vgl. Link 2006). Gegen Gang-Gewalt – dieser fatalistische und an neoliberale Gesellschaftsbeschreibungen koppelbare Fehlschluss wird in den vorherigen Staffeln als mögliche Konsequenz nicht ausgeschlossen – ist nichts zu machen, sie ist eine ungewollte, aber auch unabänderliche Nebenfolge der schwierigen ökonomischen Lage, in der sich die postindustriellen Städte Amerikas befinden. Der ästhetische Bruch, den die fünfte Staffel vollzieht, lässt nun die „mediale Relativität des Realen und damit das symbolische Repräsentationssystem selbst als Weise der Welterzeugung wieder sichtbar werden" (Jäger 2012, 31). Die hier vorgenommene, konfrontative Verknüpfung von serieller Gang-Gewalt, fiktivem Serienmörder und massenmedialer Ereignisproduktion macht nun einerseits klar, dass es sich auch bei der realistischen Präsentation der Gang-Gewalt bloß um eine unter vielen möglichen Repräsentationsweisen handelt. Andererseits wird deutlich, dass der Realismus selbst eine konservative, ökonomisch imprägnierte Wirklichkeitsversion ist, die unter Verweis auf Sachzwänge und Alternativlosigkeit auf eine Ontologisierung des Status quo als unabänderlicher Notwendigkeit aus ist. Genau diese Form des Realismus, verstanden als Selbstbeschreibung mit hoher Integrationsleistung im Sinne Luhmanns, ist es letztendlich, die die ökonomischen und politischen Bedingungen für jenen „Urban Decay" schafft, den wiederum *The Wire* zum Sujet und kritisierbaren Gegenstand seiner realistischen Erzählweise macht. Cuntz' zu pauschaler Vorwurf, die Betonung des medialen Formbewusstseins der Serie sei „ein kostenfreie[s] Ritual" (vgl. Cuntz in diesem Band, 184), läuft hier demnach ins Leere: Anders als er suggeriert, geht es dabei nicht um eine naive kulturwissenschaftliche Fetischisierung von Selbstreflexivität oder um eine besserwisserische Entlarvungsgeste. Vielmehr führt die Argumentation den Nachweis einer im Serientext implizierten Kritik im Foucault'schen Sinne, verstanden als Frage nach dem „System der Bewertung selbst" (Butler 2001, o.S.; vgl. auch Foucault

1982), unter dem eine Aussage über die Welt als Welt einen Wahrheitsanspruch erhebt. Wenn Cuntz fordert, dass sich die kulturanalytische Auseinandersetzung mit *The Wire* nicht zuletzt an der Frage abzuarbeiten habe, welche Gründe die Serie für die Veränderungs- und Reformwiderständigkeit der Institutionen anführt (vgl. Cuntz in diesem Band, 168ff.), kann er hier fündig werden: Es ist eine von ökonomischen Interessen motivierte Perpetuierung einer bestimmten – als realistisch – deklinierten Sicht auf die Welt, die von vorneherein Alternativen diskreditiert. Genau in dieser Form prinzipieller Aufklärungsarbeit erweist sich das epistemische Potenzial der Serie *The Wire*, die als narrativ-formaler Störfall die wirkmächtige Fiktionalität von welterzeugenden Selbstbeschreibungen offen legt und die damit verbundene Unterscheidungskompetenz in den öffentlichen Diskurs einspeist.

Ein weiterer, hieran anknüpfender Aspekt ergänzt die Rekonstruktion des kritischen Potenzials von *The Wire*, wenn man Frederic Jamesons Überlegungen zum narrativen Status des Melodramas unter den Bedingungen der postindustriellen Gesellschaft in die Argumentation mit einbezieht. Jameson zufolge sind Plotstrukturen, die einen individuellen Fokus auf innerpsychische Probleme des Protagonisten einnehmen, in die Krise geraten, weil solche Erzählweisen nicht zur verdinglichten Eindimensionalität und der damit einhergehenden Reduktion von Individualität passen. Mit der Omnipotenz des Geldes, das alles austauschbar werden lässt und einen Verlust des epistemologischen, politischen und ethischen Zentrums bewirkt, geht eine Unfähigkeit zur moralischen Unterscheidung und damit eine korrelierte Banalisierung des Bösen einher. Überspitzt gesagt: Kaum etwas schockiert noch, schon gar nicht 20 tote Afroamerikaner, die, „realistisch" betrachtet, sogleich in die Matrix der Drogengewalt eingetragen werden können. Dass in einer solchen, ökonomisch-realistisch kodierten Selbstbeschreibung das Utopische genauso wenig einen Platz findet wie die Moral oder das Böse, wissen die Autoren der Serie nur zu gut. Aus diesem Grund installieren sie die Fiktion eines Serienkillers, der neben der Zwitter-Figur des Terroristen/Amokläufers zu den letzten verbliebenen Angst-Figuren der westlichen Gesellschaft gehört. Diese drei Figurationen machen Angst, eben weil sie sich nicht kalkulieren lassen und ihre Gewalt nicht versicherbar ist. Obwohl diese Refigurationen der Angst die Populärkultur in unterschiedlichen Individualisierungsgraden bevölkern, eint sie, dass mit ihnen ein individuelles Moment ins Spiel kommt, das die gesellschaftssystemischen Prozessionslogiken stört. Damit ist der fiktive, von McNulty und Freamon mit dem Ziel einer Veränderung des Status Quo ins Leben gerufene Serienkiller letztlich ein Wiedergänger jener Figuren der Hoffnung, von denen zuvor die Rede war. Wie Omar Little ist er eine ironische Figur des Dritten, der sich aufgrund seiner entkörperlichten Fiktionalität zwischen den Ordnungen der Repräsentation bewegt, auf der Ebene des erzählten Inhalts gerade aufgrund seiner faktischen Unbestimmtheit als Evidenzmaschine fungieren kann und so die Frage der Form – auf der Ebene der Serienhandlung verstanden als Arrangement einer Zeitungsnachricht, auf einer abstrakten Ebene im Sinne wiederkehrender „feedback loops of production and reception" (Kelleter 2012b, 39) – ins Spiel bringt. Dass die unterschiedlichen Akteure der fünften Staffel die von ihm markierte Leerstelle zwar mit unterschiedlichen Intentionen, aber immer unter Verweis auf einen dringlichen Handlungsnotstand zu besetzen versuchen, macht den fiktiven Serienmörder de facto extradiegetisch wirklich zu einem Mörder. Zu einem augenzwinkernden Killer, dessen Opfer die Evidenz der realistischen Serie ist, die er, mit einem roten Schleifchen und Bissspuren versehen, um die Ecke bringt.

„An amorphous series detailing society's ills". Probleme der Aufklärung im Zeitalter des *premium cable television*

Marcus Krause

Der Begriff der Aufklärung spielt in *The Wire* in mehrfacher Weise eine zentrale Rolle. Da es sich bei dem Genre, dem sich *The Wire* in der ersten Staffel zunächst zuzuordnen scheint, um eine *cop show* bzw. ein *police procedural* handelt, fällt allererst die semantische Dimension ins Auge, die sich mit der Aufklärung von Verbrechen verbindet. Dass es um diese Aufklärung ziemlich schlecht bestellt ist, wird bereits in der ersten Staffel nur allzu deutlich – zumindest dann, wenn man zur Verbrechensaufklärung auch die strafrechtliche Verfolgung der Delinquenten zählt. Zwar gelingt es der im Verlauf von *Season One* gebildeten Spezialeinheit durch den Einsatz der titelgebenden Überwachungs- oder eben Aufklärungstechnologie die verschiedenen Ebenen der von Avon Barksdale und Stringer Bell geführten Verbrechensorganisation zu identifizieren und diesen Ebenen die entsprechenden Handlungsträger zuzuweisen, in dem Moment aber, in dem die Verbindung des als Wirtschaftsunternehmen in Szene gesetzten Syndikats zum politischen System aufgedeckt wird, wird die Operation auf Befehl des *Deputy Commissioners* beendet. In dem Moment, in dem die Verbrechensaufklärung hinsichtlich ihres Beobachtungsobjekts einen Systemwechsel vornehmen müsste, um die korrupten Verbindungen zwischen Gangsterboss Barksdale und Senator Davis, also die strukturelle Kopplung von Wirtschaft und Politik, in den Blick nehmen zu können, wird die Spezialeinheit genötigt, von Beobachten auf Handeln, von Aufklärung auf Krieg umzustellen. Dieser Umstellung fällt dann nicht nur Detective Kima, sondern auch alle weitere Aufklärung zum Opfer, womit auch vorgeführt ist, dass der *war on drugs* mehr Medienspektakel als Verbrechensbekämpfung ist und den von ihm Betroffenen mehr schadet als nützt. Während Avon Barksdale durch einen Deal zu einem für ihn außerordentlich günstigen Urteil kommt, übernimmt sein Neffe die Rolle des Sündenbocks und Stringer Bell die Leitung des Syndikats, so dass als einzige Veränderung, welche der Drogenhandel in West Baltimore erfährt, seine taktische Anpassung an die Überwachungstechnologien der Polizei zu nennen bleibt. Der Abschluss der ersten Staffel inszeniert diesen globalen Stillstand in Parallelmontage zu den lokalen Veränderungen, denen sich das Personal der Serie ausgesetzt sieht, und findet im Rückgriff auf die Sichtbarkeitsmetaphorik der Aufklärung zugleich ein Bild für das Scheitern der investigativen Bemühungen. Detective Prez, der von einer Tafel die letzten Fotografien, mit deren Hilfe das im Verlauf der Ermittlungen erworbene Wissen um das Netzwerk der Barksdale-Organisation für Ermittler wie Fernsehzuschauer repräsentiert wurde, abhängt, und das Licht im immer schon dunklen Kellerraum der Spezialeinheit endgültig löscht, symbolisiert das Versagen einer Aufklärung, die allerdings gleichzeitig, indem sie über die Gründe für ihr Versagen, für die erneute Verdunklung ihrer ans Tageslicht gebrachten Verbindungen aufklärt, gelingt.[1]

Die Figur, die sich in diesem Bild andeutet, verweist auf die zweite Dimension des Begriffs der Aufklärung, deren Verhältnis zu *The Wire* ich im Folgenden ausführlicher behandeln möchte. Exakt das Scheitern der Aufklärungsversuche, die von den verschiedenen Personen und Institutionen innerhalb der Handlungsstränge der Fernsehserie vorgenommen werden, erweist sich nämlich als das Scharnier, an dem sich die Aufklärung des Fernsehpublikums über die politischen und soziologischen Verhältnisse Baltimores aufhängt. Anders formuliert wird der Systemwechsel, an dem beispielsweise die polizeiliche Untersuchung in der ersten Staffel scheitert, auf einer höheren Ebene zum Prinzip der Serie: Zum einen, indem *The Wire* in jeder Staffel einen anderen Funktionszusammenhang postindustrieller Urbanität in den Mittelpunkt des Interesses stellt; zum anderen, indem die Serie die Diskrepanzen zwischen psychischen und sozialen Systemen bzw. – in weniger wirklichkeitsferner Diktion – die Konflikte zwischen Subjekten und Institutionen als Fokalisierungspunkte für ihre Aufklärungsbemühungen wählt. Diese Bemühungen werde ich in zwei Schritten zu charakterisieren versuchen. *Erstens* werde ich die explizite Programmatik von *The Wire*, die in Form einiger

---

1   Anders als im Deutschen gibt es im Englischen keine vergleichbare Polysemie des Begriffs ‚Aufklärung‘, mittels welcher die verschiedenen semantischen Dimensionen der Verbrechensaufklärung, der Aufklärung eines Fernsehpublikums sowie der Epoche der Aufklärung aufeinander bezogen werden könnten. Zumindest lässt sich aber auch im Englischen ein vergleichbarer Bezug auf das metaphorische Feld des Lichts hinsichtlich der Verbrechensaufklärung („clear up") und der Aufklärung als Epoche bzw. der Aufklärung einer Öffentlichkeit („Enlightenment" bzw. „enlighten") feststellen.

Selbstbeschreibungsversuche der Serie in Interviews und Texten ihres Hauptautors David Simon vorliegt, hinsichtlich ihres Verhältnisses zum Problem der Aufklärung befragen. *Zweitens* wird dieselbe Frage an die implizite Programmatik gerichtet, die in der fünften Staffel durch die Thematisierung des problematischen Verhältnisses der *Baltimore Sun* zur Beschreibung der sie umgebenden urbanen Realität entworfen wird. Sowohl die Betrachtung der expliziten als auch die der impliziten Programmatik werden zudem die Möglichkeit bieten, die (Selbst)Beobachtung des Fernsehens als populärem Massenmedium zu adressieren, da sich die televisuelle Identität von *The Wire* in beiden Fällen als bzw. durch eine Mediendifferenz – zum einen zur Literatur und zum anderen zur journalistischen Presse – zu bestimmen sucht.

Was ist Aufklärung?

Zunächst sei aber ein kurzer Blick auf jenes epochale Verständnis der Aufklärung geworfen, von dem hier als zweite Dimension des Aufklärungsbegriffs die Rede ist und für das Kant 1784 in seiner „Beantwortung der Frage: Was ist Aufklärung?" die berühmte Wendung des „Sapere aude!" geprägt hat. Nun hat das Konzept der Aufklärung nicht nur die Kritik als philosophisches Vehikel ihrer Durchführung hervorgebracht, sondern in den 230 Jahren, die zwischen Kants Schrift und *The Wire* liegen, bekanntlich selbst einige Kritik und dialektische Verwerfungen erfahren, die den Fortschritt- und Vernunftoptimismus des 18. Jahrhunderts alles andere als unbeschadet hinterlassen haben. In anderen Worten: Kants Schlachtruf „Habe Mut, dich deines *eigenen* Verstandes zu bedienen!" hat sich bei *The Wire*-Autor und Produzent David Simon verändert zu: „Think again, motherfuckers." (Hornby/Simon 2009, 396) Dass es sich bei dem „Think again, motherfuckers" tatsächlich um eine Reaktualisierung des aufklärerischen Programms im Zeitalter des *premium cable television* handelt, wird deutlich, wenn man die Stelle aus einem Interview Nick Hornbys mit David Simon, dem die Wendung entnommen ist, vollständiger zitiert:

> „We're after this: [...] Bringing those pieces of America that are obscured or ignored or otherwise segregated from the ordinary and effectively arguing their relevance and existence to ordinary Americans. Saying, in effect, this is part of the country you have made. This too is who we are and what we have built. Think again, motherfuckers." Ebd.

Der Dreiklang von ,obscured, ignored, segragated' verweist nicht nur auf das Wissensgefälle, das David Simon zwischen seinem Autorenteam und dem gewöhnlichen Amerikaner ausmacht, sondern eben auch auf die Aufklärung: Die Enthüllung des Obskuren knüpft an die Lichtmetaphorik des *Enlightenment* an, die unterstellte Ignoranz deutet auf den bereits bei Kant geforderten richtigen Gebrauch der Vernunft und die Segregation des ‚anderen Amerikas' spielt auf den politischen, den emanzipatorischen Impetus an, der sich mit der Bereitstellung neuen Wissens verbindet.[2] Im „Think again, motherfuckers." klingt allerdings eine Reflexivität des Noch-einmal-Denkens an, die auf eine Verschiebung mit Blick auf die klassischen Forderungen der Aufklärung verweist, von der ich einige Aspekte andeuten möchte, mittels derer sich die aufklärerische Vorgehensweise von *The Wire* besonders gut charakterisieren lässt. Am augenfälligsten ist wohl der Umstand, dass sich die Serie Kants Diagnose der ‚selbst verschuldeten Unmündigkeit', aus der die Aufklärung einen ‚Ausgang' böte, nahezu vollständig verweigert. An die Stelle unmündiger Subjekte, welche die Bildungs- und Gesellschaftsromane des 19. Jahrhunderts bevölkern und entweder selbst durch ihren Gang durch die verschiedenen gesellschaftlichen Institutionen aufgeklärt werden oder durch ihr Scheitern ihre Leserinnen aufklären, treten in *The Wire* Protagonisten auf, die immer schon aufgeklärt sind, die den sie umgebenden Institutionen und gesellschaftlichen Verhältnissen alles andere als naiv gegenübertreten. Anders als im Realismus des 19. Jahrhunderts ist eine solche Aufgeklärtheit aber keineswegs gleichbedeutend mit einem Zuwachs an Autonomie oder gar politischer Macht. Das Wissen um die Funktionsweise von Machttechnologien bedeutet nicht, dass man diese beherrschen oder sich diesen entziehen kann. Die Figuren in *The Wire* sehen sich in gesteigerten Maße mit Problemen konfrontiert, die bereits Kant als durch die Aufklärung zu überwindende Ursache für die Unmündigkeit bürgerlicher Subjekte ausgemacht hat und die er folgendermaßen benennt: „Satzungen und Formeln, diese mechanischen Werkzeuge eines vernünftigen Gebrauchs oder vielmehr Mißbrauchs [der] Naturgaben [des Menschen], sind die Fußschellen einer immerwährenden Unmündigkeit." (Kant 1977, 54) Mit „Satzungen und Formeln" sind exakt jene Verfahren und die mit ihnen zusammenhängenden Institutionen benannt, an denen – wie eingangs angedeutet – die Aufklärung erster Ordnung in *The Wire* regelmäßig scheitert, um in diesem Scheitern über die Verfahrensförmigkeit sozialen Handelns aufzuklären. Die „Satzungen und Formeln", deren „Fußschellen" laut Kant „durch eigene Bearbeitung [des] Geistes" von aufgeklärten Individuen abgelegt werden sollen und können, erweisen sich in *The Wire* in doppeltem Sinne als aufklärungsresistent. Erstens zeigen sich die Verfahren, die eingeleitet werden müssen, um auf Ermitt-

---

2   Allerdings werden eben ‚ordinary Americans' und nicht die Segregierten selbst in dem Zitat und wohl auch – bedenkt man das Zielpublikum von HBO – mit der Fernsehserie adressiert, so dass der ‚Ausgang aus der selbst verschuldeten Unmündigkeit', mit der Kant die Aufklärung verbindet, zunächst keine Überwindung politischer Benachteiligung meinen kann, sondern lediglich die Beobachtung solcher Benachteiligungen von einem Publikum, welches selbst nicht unter solchen Benachteiligungen leidet.

lungsresourcen zugreifen, öffentliche Ämter besetzen, Verdächtige verurteilen oder Finanzmittel generieren zu können, in der Regel als zu träge, zu pervertiert oder zu sehr von sachfremden Interessenlagen beeinflusst, um die Bedürfnisse der jeweiligen Handlungsträger befriedigen bzw. die adressierte soziale Problemlage beseitigen zu können. Damit zusammenhängend führt *The Wire* zweitens vor, dass sich legislative, administrative und judikative Verfahren nicht an Wahrheiten orientieren oder auf Wirklichkeiten reagieren, sondern dass sie vorranging dazu dienen, durch die Herbeiführung von Entscheidungen Komplexität zu reduzieren und Anschlussoperationen zu ermöglichen (vgl. zu der Darstellung der verschiedenen Institutionen Baltimores auch die entsprechenden Analysen in Potter/Marshall 2009). In anderen Worten: Die Verfahren, mittels derer sich moderne Gesellschaften regieren bzw. prozessieren, erhalten ihre Legitimität nicht dadurch, dass sie sich auf intersubjektiv akzeptierte Einsichten beziehen, sondern eben dadurch, dass sie Legitimität produzieren.

Wie sich in der Diktion dieser Beschreibung bereits andeutet, argumentiert *The Wire* mit dieser Analyse der Funktionsweise sozialer Institutionen auf derselben Linie wie Niklas Luhmann in seinem Frühwerk *Legitimation als Verfahren* und setzt sich damit in Differenz zu einer Vielzahl anderer Fernsehserien, die ebenfalls Verfahrensformen moderner Gesellschaften in den Mittelpunkt ihres Interesses stellen. Anders als diese produziert *The Wire* nämlich, wie der Beitrag von Jörn Ahrens in diesem Band vorführt, einen nur im Modus einer dokumentarischen Fiktionalität, die sich als imaginäres Artefakt scheinbar außerhalb der von ihr beschriebenen Gesellschaft situiert, möglichen Überblick über verschiedene soziale Institutionen und Systeme. Zwar produziert eine solche Sichtweise Widersprüche wie diejenige zwischen einer „anti-gouvernementalen Analyse", die sich eines „gouvernementalen Blick[s]" (Ahrens 122) bedient, oder diejenige einer „fiktionalen Repräsentation", die zwischen sich und der abgebildeten „sozialen Realität" „keine Differenz mehr zuzulassen" (Ahrens 126) scheint, sich dann aber fragen lassen muss, wie ohne eine solche Differenz eine kritische Perspektive auf gesellschaftliche Verhältnisse überhaupt möglich sein soll, Widersprüche, welche die Fernsehserie selbst nur sehr bedingt auflösen kann. Betrachtet man aber wie Ahrens *The Wire* als „Gedankenexperiment [...] der Erfassung einer Gesamtheit gesellschaftlicher Konstellationen" (Ahrens 145), das zwar seinen eigenen Ort innerhalb der Gesellschaft als mediale Kulturtechnik nur sehr indirekt (eben z. B. über die Beobachtung des Massenmediums der *Baltimore Sun* in der fünften Staffel) reflektiert, dennoch aber zumindest „den Boden für die Vorstellung von der Gesellschaft als Beziehungsgeflecht divergenter Vergesellschaftungspraktiken" (Ahrens 137) bereitet und somit „Handlungsmächtigkeit erschließt" (Ahrens 146), wird deutlich, dass sie diese Handlungsmächtigkeit wenn überhaupt, dann nur deswegen in Aussicht stellen kann, weil *The Wire* anders als Serien wie beispielsweise *CSI, House, M.D.* oder die Vielzahl erfolgreicher *legal dramas* dem ‚Beziehungsgeflecht' verschiedener Institutionen auch mit Blick auf soziale Verfahren Rechnung trägt. Während letztere nämlich Verfahren isoliert als Instrumente zur investigativen, diagnostischen oder moralischen Wahrheitsfindung betrachten, die von den sie benutzenden Subjekten ingeniös beherrscht werden, lässt *The Wire* solche Instrumente als soziale Technologien erkennbar werden, die sich der Beherrschung einzelner Nutzer entziehen, wenn sie sich ihnen nicht sogar entgegenstellen. Die Gleichung, die Kants Beantwortung der Frage nach der Aufklärung aufstellt und die besagt, dass die Freiheit des Gebrauchs der Vernunft im öffentlichen Raum auf die „Sinnesart des Volkes" und schließlich auf die „Grundsätze der Regierung" zurückwirkt (Kant 1977, 61), findet sich derart als aufklärerisches Phantasma entlarvt. Die Trennung zwischen privatem und öffentlichem Gebrauch der Vernunft, also der Freiheit des Vernunftgebrauchs „vor dem ganzen Publikum der Lesewelt" und ihrer Einschränkung im „bürgerlichen Posten, oder Amte" (ebd., 55), mit der Kant sowohl den Fortschritt von Aufklärung und Freiheit als auch den reibungslosen Ablauf der Staats- und Verwaltungsgeschäfte gewährleistet sehen wollte, ist zum unauflösbaren Dilemma geworden, dem die Protagonisten in *The Wire* meist nur durch den Schritt in die Illegalität etwas entgegensetzen zu können scheinen.

Die Serie konfrontiert auf diese Weise die aufgeklärten oder kritischen Beobachtungen ihrer Handlungsträger mit der Verstrickung ihres Handelns in Verfahren und Machtbeziehungen, die eine Übereinkunft von Beobachten und Handeln nahezu unmöglich machen. Sie fragt nach dem Verhältnis der

> „Rationalitätsformen, die die Weisen des Tuns organisieren (das, was man ihren technologischen Aspekt nennen könnte), und [der] Freiheit, mit der die [Menschen] in diesen praktischen Systemen handeln und dabei auf das reagieren, was die anderen tun, und bis zu einem gewissen Punkt die Regeln des Spiels modifizieren (das, was man die strategische Seite dieser Praktiken nennen könnte)" (Foucault 2005b, 705).

Damit folgt sie einem Programm, welches zweihundert Jahre nach Kant ebenfalls mit der Frage „Was ist Aufklärung?" überschrieben ist und aus der Feder Michel Foucaults stammt. Davon, dass das Verhältnis von Rationalitätsformen und Freiheit, von Spielregeln und ihrer aufgeklärten Veränderung nicht gerade zugunsten von Freiheit und Veränderung ausfällt, zeugt bereits der Kommentar, mit dem die bereits zitierte Montage am Ende der ersten Staffel von Omar Little abgeschlossen wird: „It's all the game, yo. All in the game."

Das kann und soll nicht bedeuten, dass man die Regeln des Spiels nicht verändern könnte. *The Wire* interessiert sich aber in erster Linie dafür, warum dies trotz all der offenkundigen und häufig beklagten Missstände sowie entgegen des guten Willens, den eine großer Zahl der Spieler in der Serie bekunden, nicht geschieht. Wie insbesondere der Beitrag von Michael Cuntz (ebenfalls in diesem Band) vorführt, inszeniert *The Wire* zwar eine Vielzahl von Spielern, die sich parasitär zu den Verfahren der verschiedenen Institutionen verhalten, also die Regeln des Spiels missachten, biegen sowie zu ihren Gunsten interpretieren und einsetzen, ohne dass ihr Verhalten die Regeln verändern würde. Hierauf spielt auch die im nächsten Abschnitt ausführlicher behandelte Identifikation der Institutionen mit ‚olympischen Kräften' an, die David Simon in einem Interview vornimmt. Cuntz kritisiert aus der theoretischen Perspektive der ANT zu Recht, dass eine solche Beschwörung von sozialen Institutionen und Systemen als ‚höheren Mächten' die Handlungsmacht der in ihnen lebenden und arbeitenden Akteure unterschätzt. Dabei scheinen seine Überlegungen aber selbst diese Handlungsmacht zu überschätzen, wenn es beispielsweise heißt: „Der Egoismus der Einzelnen hat also offenbar sehr wohl eine Auswirkung auf die Institutionen, und es ist nicht so sehr die Machtlosigkeit der Individuen, die hier vorgeführt wird, sondern ihre Teilnahmslosigkeit, das Versäumnis, den Institutionen zu dienen, die offenbar nicht ganz von alleine, ohne Mitwirkung und Mitdenken der Einzelnen funktionieren" (Cuntz 156). Mit dieser Kennzeichnung ist nämlich nur ein geringer Teil der handelnden Protagonisten beschrieben, gerade aber diejenigen Figuren, die der Serie zur Fokalisierung der Handlung dienen und die durchaus mit bestem Willen, nicht nur ihrer Karriere, sondern ‚den Institutionen zu dienen' versuchen, um positive Veränderungen herbeizuführen, werden ausgeblendet. Diese Figuren werden aber tatsächlich als weitgehend machtlos inszeniert, sie stehen den Institutionen tatsächlich ohnmächtig gegenüber.

Diese Machtlosigkeit ist sicher teilweise durch den „Karrierismus" (Cuntz 156) anderer Akteure bedingt, teilweise auch dadurch, dass die Komplexität der Verhältnisse, die Handlungsmöglichkeiten einzelner Protagonisten schlicht übersteigt, zu großen Teil aber eben auch dadurch, dass die autopoietische Operationsweise sozialer Systeme und Institutionen unterschätzt wird. Dass dem so ist, bedeutet keineswegs, dass sie „ganz von selbst" (Cuntz 159) operieren, wohl aber, dass Input, der aus ihrer Umwelt stammt, immer erst in ihre Eigenlogik, in systeminterne Kommunikationsformen übersetzt wird. Ein solche autopoietische Operationsweise kann keineswegs als ‚Solipsismus' verstanden werden, vielmehr vermag es nur eine Analyse, welche die jeweiligen eigenständigen Systemlogiken zur Kenntnis nimmt, nicht nur die Stabilität und das Beharrungsvermögen sozialer Systeme zu erklären, sondern auch, warum Institutionen in *The Wire* als hochgradig resistent gegen Reformen und Veränderungen dargestellt werden, obwohl kaum jemand bezweifelt, dass sie den ihnen eigentlich zugewiesenen Aufgaben nicht oder nicht mehr adäquat gerecht werden. Ob eine Institution funktional ist oder nicht, lässt sich nur mit Blick auf die vom System selbst durchgeführten autopoietischen Operationen entscheiden und nicht in einem Vergleich seiner Operationsweise mit einer von außen an es herangetragenen Semantik. Ein soziales System funktioniert eben dann, wenn es ausreichend Anschlussoperationen erzeugen kann, und wenn es dies nicht leisten kann, hört es zu existieren auf. Eine solche, der Eigenlogik des Systems äußerliche Semantik wird aber beispielsweise bemüht, wenn man folgendermaßen formuliert: „So ist das Schulsystem in der Krise, weil es nicht abgekoppelt von der sozialen Umwelt existieren kann, in der die Schüler leben und keine Möglichkeiten findet, neue Formen zu erfinden, die sich nicht einfach an das Milieu adaptieren, sondern in denen es zu einer Transformation des Schulsystems wie der sozialen Umwelt kommt: Die Lehrmethoden und -inhalte der Schule entsprechen so nicht mehr den sozialen Wirklichkeiten, die Institution wird dysfunktional, weil sie auf diese nicht reagieren kann." (Cuntz 163) Dem wäre entgegenzuhalten, dass ‚die Lehrmethoden und -inhalte' des in *The Wire* porträtierten Schulsystems den sozialen Wirklichkeiten noch nie oder zumindest seit Jahrzehnten nicht entsprochen haben, dass dieses Schulsystem aber dennoch bestehen bleibt, dennoch ‚funktioniert', weil es zwar nicht ‚abgekoppelt von der sozialen Umwelt existieren kann', seine Operationen aber eben nicht gemäß der Vorgabe, Bildung zu vermitteln oder soziale Aufstiegschancen bereitzustellen, sondern gemäß seiner Eigenlogik durchführt. Zu dieser Eigenlogik gehört dann beispielsweise die statistische Auswertung von Testergebnissen, die selbstverständlich nicht mit der sozialen Umwelt und der eigentlich formulierten Aufgabe des Schulsystems zusammenhängen, gemäß der aber der Erfolg der Institution gemessen und entsprechend weiterverfahren wird. Dass selbst der Nachweis, dass solche Statistiken im von *The Wire* so oft zitierten *number game* gefälscht werden, zwar zur Aufregung vieler Personen, aber zu keinen strukturellen Veränderungen führt, bestätigt nur die Persistenz systemintern funktionierender Verfahrensweisen.

Dass bedeutet weder, dass der Status quo des Schulsystems nicht zu beklagen und zu verändern wäre, noch, dass die Institution der Schule nicht in Interdependenz zu anderen sozialen Systemen stünde. Selbstverständlich ist das politische System durch Gesetzesänderungen und Verwaltungsvorschriften in der Lage, die Umwelt der Institution Schule so zu ändern, dass es auch ihre systeminternen Operationen umstellen muss. Allerdings macht *The Wire* klar, dass die strukturellen Kopplungen zwischen den beiden Systemen eben in beide Richtungen führen, und solche Veränderungen zum einen zur Voraussetzung hätten, den katastrophalen Zustand des Schulsystems erst einmal einzugestehen (mit all den Folgen, die ein solches Eingeständnis für die Reputation und die weiteren Handlungsoptionen der PolitikerInnen nach sich ziehen würde), sowie zum anderen, dass solche

Veränderungen Geld benötigen, das entsprechend aus anderen Institutionen abge-
zogen werden müsste. Mit der Darstellung solcher Zusammenhänge ‚widerlegt'
The Wire „die These von der Organisation von Gesellschaft in [...] Teilsystemen"
(Cuntz 164) aber keineswegs, sondern bestätigt diese vielmehr, indem dargestellt
wird, dass und wie sich die in einem System artikulierten Probleme in einem
anderen System notwendig anders, gemäß deren eigenen Verfahrensweisen nie-
derschlagen, dass die Organisation der Gesellschaft in Teilsystemen also nicht nur
zur einer hohen Eigenkomplexität und Stabilität dieser Teilsysteme führt, sondern
notwendig auch zu massiven Übersetzungsverlusten und ›Missverständnissen‹
zwischen verschiedenen sozialen Systemen (sowie selbstverständlich auch zwischen ihnen und den in ihnen agierenden Personen).

Aufklärung in *The Wire* – Selbstbeschreibungsversuche

In dieser Einsicht in das Beharrungsvermögen von Institutionen gegenüber den
Interventionen einzelner Individuen sieht David Simon einen der wichtigsten Unterschiede von *The Wire* zu anderen Fernsehserien, die entweder von „providing
catharsis and redemption and the triumph of character" handeln oder sich wie *The
Sopranos* und *Deadwood* „on the angst and machinations of the central characters" fokussieren und die Simon in der Tradition der „Shakespearean discovery of
the modern mind" verortet. Das eigene Produkt bezieht Simon wie bereits angedeutet auf eine andere Tradition:

> „We're stealing instead from an earlier, less-traveled construct – the Greeks – lifting our themat-
> ic stance wholesale from Aeschylus, Sophocles, Euripides to create doomed and fated protago-
> nists who confront a rigged game and their own mortality. [...] The Wire is a Greek tragedy in
> which the postmodern institutions are the Olympian forces. [...] In this drama, the institutions
> always prove larger, and those characters with hubris enough to challenge the postmodern con-
> struct of American empire are invariably mocked, marginalized, or crushed." (Hornby/Simon
> 2009, 384)

In dem vorliegenden Zusammenhang interessiert nun weniger, ob sich die Zuordnung *The Wires* zur antiken Tragödie angesichts der zwei Jahrtausende umfassenden kulturhistorischen Differenz sinnvoll begründen lässt oder ob sie nicht
vielmehr dem politischen Taschenspielertrick gleicht, in dem Senator Clay Davis
mit einer Ausgabe von Aischylos *Gefesseltem Prometheus* in der Hand der auf
den Stufen des Gerichts wartenden Presse gegenübertritt, um sich selbst mit dem
feuerbringenden Titanen als antiker Figur der Aufklärung zu vergleichen.

Sinnvoll wäre wohl eher ein Vergleich mit modernen Dramen, die ein ver-
gleichbares gesellschaftsanalytisches Interesse verfolgen wie *The Wire*. Wie
Philipp Schulte in seinem Beitrag zu zeigen vermag, lassen sich beispielsweise

durchaus Parallelen zwischen der Darstellungspolitik *The Wires* und derjenigen bestimmter naturalistischer Dramen feststellen, die nicht nur darin bestehen, die eigenen ästhetischen Mittel möglichst vollständig in den Dienst der Repräsentation sozialer Verhältnisse zu stellen, sondern auch darin, dass sowohl *The Wire* als auch das naturalistische Drama solche Repräsentation vor allem als Konflikt zwischen Individuen bzw. kleineren Gruppen von Individuen mit gesellschaftlichen Strukturen entfaltet, deren Übermacht die Individuen – von wenigen Ausnahmen abgesehen – hilflos gegenüberstehen. Aber auch in einem solchen naheliegenderen Vergleich wird deutlich, dass sich nicht nur die gesellschaftlichen Verhältnisse von der Moderne bis zur Gegenwartsdiagnostik *The Wires* massiv gewandelt haben, sondern sich auch die kritische Fiktionalisierung dieser Verhältnisse nicht mehr wie im Naturalismus als eine begreifen mag, die aus einer Vogelperspektive ihre Figuren und ihren Kampf gegen kapitalistische Verwerfungen beobachtet, aus der heraus sich einfache Alternativen zur bestehenden Ordnung benennen ließen.

Der Anschluss an die antike Tragödie ist aber dennoch zumindest in zwei Hinsichten aufschlussreich. Zum einen verweist sie auf den Versuch, einer psychologisierenden und melodramatisierenden Inszenierung von Subjektivität und Menschlichkeit zu entgehen, wie sie die fünfte Staffel unter dem Stichwort „The Dickensian Aspect" diskutiert und die Foucault in seiner postmodernen Aufklärungsschrift mit der Warnung vor „allzu leichtfertigen Verwechslungen zwischen Humanismus und *Aufklärung*" (Foucault 2005b, 700) als Gefahr für das kritische Ethos der aufklärerischen Reflexion benennt. Zum anderen ist sie typisch für eine Funktionalisierung von Literatur, mit der sowohl David Simon als auch die Fernsehkritik *The Wire* immer wieder in ein kritisches Verhältnis zu seinem medialen Habitat, dem Fernsehen, zu bringen versuchen. In dieser Funktionalisierung wird das Literarische konsequent als das Andere des Televisuellen in Stellung gebracht. Simon beschreibt *The Wire* nämlich nicht nur als „Visual novel" (Simon 2009, 23), sondern setzt diese unterstellte Literarizität der eigenen Serie in Opposition zu den Gesetzmäßigkeiten televisueller Serialität im allgemeinen: „The Wire […] is violating a good many of the conventions and tropes of episodic television. It isn't really structured as episodic television and it instead pursues the form of the modern, multi-POV novel." (Hornby/Simon 2009, 383) Mit dieser Entgegensetzung, die in erstaunlicher Selbstverständlichkeit die generellen Auflösungserscheinungen der Differenz von Episoden- und Fortsetzungsserie im Ausklang des Neo-Fernsehens ignoriert,[3] verbindet sich eine weitere Spielart der Aufklärung.

---

3   Zu den Eigenarten des Neofernsehens vgl. die Übersicht in Engell 2012b, 44-49.

Diese Spielart zielt nicht mehr auf die thematische Aufklärung über gesellschaftliche Verhältnisse, sondern auf die Form dieser Aufklärung. Sie zielt auf
den Fernsehzuschauer, der als Mediennutzer laut David Simon zunächst über den
korrekten Gebrauch des Massenmediums unterrichtet werden muss: „The first
thing we had to do was teach folks to watch television in a different way, to slow
themselves down and pay attention, to immerse themselves in a way that the
medium had long ago ceased to demand" (Simon 2009, 3). Der aufklärerische
Blick, den Simon auf das Medium Fernsehen richtet, bedient sich der üblichen
Verdächtigen der kulturkritischen Topik: die Postulierung einer Epoche ‚long
ago‘, in der alles oder einiges besser war; die Geschwindigkeit neuer Medien
steht der Langsamkeit entgegen, die für eine aufmerksame Lektüre erforderlich
ist; die Oberflächlichkeit des Populären wird gegen eine Tiefe ausgespielt, in die
der Zuschauer ‚eintauchen‘ muss, um *The Wire* gerecht werden zu können. David
Simon präsentiert seine Serie mit dem Bezug auf die Literatur einerseits und mit
der Diffamierung des Fernsehens andererseits als Insel der Avantgarde im massenmedialen Meer kulturindustrieller Blödigkeit:

> „Most smart people cannot watch most TV, because it has generally been a condescending
> medium, explaining everything, immediately, offering no ambiguities, and using dialogue that
> simplifies and mitigates against the idiosyncratic ways in which people in different worlds ac-
> tually communicate." (Hornby/Simon 2009, 383)

Eigentümlich an dem Nobilitierungsdiskurs, den David Simon führt, ist, dass er
sich auf zwei scheinbar diametral entgegengesetzte Felder beziehen lässt. Einerseits bildet dieser Diskurs nämlich exakt die Marketingstrategie ab, mit welcher
der Premiumkabelsender HBO Abonnenten zu generieren hofft. Der Slogan „It's
not TV. It's HBO." ließe sich problemlos in ein „It's no television series. It's
The Wire.", das David Simon offenkundig vorschwebt, übersetzen. Andererseits
erinnert die – nach den in und um die Postmoderne und die Cultural Studies geführten Diskussionen – doch etwas plump anmutende Aggressivität, mit der in
den zitierten Stellen über *das* Fernsehen gesprochen wird, an jene Erörterung der
Aufklärung, welche die Erzeugnisse populärer Massenmedien immer schon als
Massenbetrug ausgemacht hat. So verfolgen das Ressentiment gegenüber dem
Fernsehen und die Nobilitierung der eigenen Serie durch den Anspruch, Ambigu-
ität, Komplexität und Wahrhaftigkeit der Darstellung miteinander zu verbinden,
dieselbe Stoßrichtung wie folgende Zitate aus Adorno/Horkheimers *Dialektik der
Aufklärung*: „Kennerschaft und Sachverständnis verfallen der Acht als Anmaßung
dessen, der sich besser dünkt als die anderen, wo doch die Kultur so demokratisch
ihr Privileg an alle verteilt" (Adorno/Horkheimer 1997, 155). „Der Zuschauer

soll keiner eigenen Gedanken bedürfen: das Produkt zeichnet jede Reaktion vor: nicht durch seinen sachlichen Zusammenhang – dieser zerfällt, soweit er Denken beansprucht – sondern durch Signale" (ebd., 159).

Dass sich das Programm, wie es David Simon von *The Wire* entwirft, mit gleichem Recht auf die Selbstwerbung eines Fernsehsenders wie auf die Massenkulturkritik Adorno/Horkheimers beziehen lässt, verdeutlicht, dass die kritische Theorie der *Dialektik der Aufklärung* längst selbst zum Bestandteil des sozialen Prozesses einer Dialektik der Aufklärung geworden ist. Im Zeitalter des *premium cable television* und seiner Diversifizierung und Vervielfältigung von Kanälen, Programminhalten und Distributionswegen kann vom Fernsehen als Medium der Massenkultur nicht mehr ohne entscheidende Einschränkungen die Rede sein. In einer Phase des Fernsehens, in der sich das Publikum und seine Konsumgewohnheiten so ausdifferenziert haben, dass die narrative Komplexität von Fernsehserien ihre *rewatchability* und damit den Verkauf von DVDs erhöht, und in der Zuschauer mit akademischem Abschluss die gesuchteste Zielgruppe für Kabelabonnements und (nach Jugendlichen) auch für Fernsehwerbung bilden, kann die Unterscheidung von Massen-, Pop- und Hochkultur noch nicht einmal mehr heuristische Plausibilität für sich beanspruchen. Die Kunstförmigkeit der Produktionen in populären Medien muss nicht mehr poptheoretisch durch die Reflexion und Infragestellung von Differenzen wie Oberfläche/Tiefe oder Affirmation/Kritik begründet werden, sondern kann ihren eigenen Anspruch als Quality oder sogar Art TV vor sich hertragen und damit Geld verdienen. Es gibt ein richtiges Fernsehen im Falschen. Dass sich die Einsicht in diese Veränderungen – auch durch den überwältigenden Erfolg von *The Wire* bei der Fernsehkritik – zumindest bei den Fernsehschaffenden inzwischen durchgesetzt hat, lässt sich vielleicht auch daran ablesen, dass HBO den ersten Teil seines Slogans „It's not TV." im Jahr 2009 fallengelassen hat und inzwischen meist nur noch mit „It's HBO." für sich wirbt.

Der Beitrag von Lars Koch beschreibt ausführlicher, inwiefern und wie populärkulturelle Produkte „Einsichten in die politischen und soziokulturellen Implikationen gesellschaftlicher Integrationsprozesse liefern" (Koch 25) und somit „Selbstbeschreibungsformeln" von Gesellschaft anbieten, die traditionellerweise eher der Hochkultur zugetraut werden. Das kritische Moment, der aufklärerische Impuls solcher Selbstbeschreibung lässt sich dann als Störung der durch solche Formeln erzeugten Ordnung beschreiben, die sich entweder „auf der Ebene der Narrative" oder „jener der Narrationen" beobachten lässt (Koch 30). So ‚stört' die Gesellschaftsdarstellung in *The Wire* auf der Ebene des Narrativs die Evidenz anderer, gemeinhin ‚naturalisierter' Beschreibungen von Gesellschaft, z. B. solche, die davon ausgehen, dass soziale Institutionen wie Polizei, Justiz, Schule,

Presse etc. primär die ihnen ursprünglich zugewiesenen Aufgaben wie Verbrechensbekämpfung, Herstellung von Recht, Bildung, Information etc. erfüllen und nicht von anderen – ihnen zumindest hinsichtlich ihrer offiziellen Rhetorik fremden – finanziellen und Machtinteressen dominiert werden, oder solche, die eine systembedingte Benachteiligung einzelner Bevölkerungsgruppen ausschließen zu können meinen, um an der Ideologie des *American Dream* festhalten zu können. Störungen auf der Ebene der Narration sind demgegenüber solche, welche Fragen der Darstellung und der Darstellbarkeit selbst berühren, also mit Blick auf die Repräsentation sozialer Prozesse „nach den Bedingungen der Möglichkeit gesellschaftlicher Evidenz" (Koch 43) fragen. Die fünfte Staffel *The Wires*, in der in Form der *Baltimore Sun* ein Massenmedium[4] den Fokus der Handlungsstränge bildet und die im Folgenden den Fokus der Analyse darstellen wird, zeichnet sich dadurch aus, dass sie die beiden genannten Störungsmomente miteinander verbindet, also zum einen den Pressejournalismus als gesellschaftliche Institution beschreibt, während dieser Beschreibung zum anderen aber auch beobachtet, wie eine solche Beschreibung funktioniert, wie Gesellschaft also medial beobachtet, beschrieben und hergestellt wird. Damit geht zum dritten eine Reflexion auf die von *The Wire* selbst vorgenommenen Gesellschaftsbeschreibungen einher, mithin also eine Beobachtung der eigenen Ästhetik und Darstellungsleistung, die sich implizit als Gegenentwurf zum beobachteten Journalismus begreift.

Medien in Medien – Season Five

Dies deutet bereits die Charakterisierung der letzten Staffel an, deren Ziel laut David Simon „a depiction of what remains of our media culture, a critique that makes plain why no one is left to do the hard work of explaining the precise nature of our national problems" (Simon 2009, 12) sei. Die beiden wichtigsten Verfahren, mittels derer diese ‚depiction' geleistet wird, sind dieselben, die auch in den anderen Staffeln eingesetzt werden. Diese sind zum einen eine multidimensionale Fokalisierung des Plots aus den Perspektiven der verschiedenen Figuren und den Institutionen, denen sie angehören und zum anderen der quasidokumentarische Stil der Serie. Dieser Stil wiederum zeichnet sich durch eine visuelle Präsentationsform aus, die weitestgehend auf ästhetisierende Blenden-, Einstellungs- und Beleuchtungstechniken verzichtet, Handheld-Kameras einsetzt und in der Montage konsequent von der Gestaltung der Übergänge zwischen Szenen

---

4   Auf einer grundlegenderen, nicht nur die ‚klassischen' Verbreitungsmedien ansprechenden Ebene sind Medien natürlich immer schon Thema in jeder Staffel *The Wires*. Vgl. hierzu Schröter 2012b.

absieht. Eine solche Reduktion der visuellen Darstellungsmöglichkeiten lenkt die Aufmerksamkeit umso mehr auf das Gesprochene, auf die Dialoge der Figuren und damit auf eine narrative Technik, die ich als medias in verba-Verfahren bezeichnen möchte. Die Erzählweise *The Wires* lässt sich deswegen als *medias in verba* kennzeichnen, weil sie – erneut in den Worten David Simons – *erstens* auf eine „verisimilitude [...] in terms of dialogue, vernacular, description, tone" (Hornby/Simon 2009, 394) zielt, also die Idiomatik und den Jargon sozialer und funktionaler Gemeinschaften realistisch zu repräsentieren versucht. Mit diesem dokumentarischen Anspruch verbindet sich *zweitens* nicht nur die wohl umfangreichste Darstellung des Bedeutungsspektrums des Universalsignifikanten „fuck" in der Geschichte des amerikanischen Fernsehens (vgl. zu dieser Szene Burdeau/Vieillescazes 2011, 11-22), sondern vor allem der Verzicht auf jede Form rezeptionserleichternder Explikation von gruppen-, fach- und institutionenspezifischen Begriffen, Wendungen oder Abkürzungen. *Drittens* verweigert das *medias in verba*-Verfahren direkte Formen der Exposition von Handlungselementen und Charakteren und verbirgt darüber hinaus *viertens* häufig wichtige Informationen für den weiteren Verlauf der Narration in Nebensätzen der Protagonisten, deren Verständnis zudem oft weder durch visuelle noch verbale Redundanz unterstützt wird. Die Technik des *medias in verba* verstößt somit eklatant gegen so ziemlich jede Hollywood-Konvention der Informationsvergabe und stellt den aufgeklärten Figuren der Serie die Hoffnung auf aufgeklärte bzw. aufklärungswillige Rezipienten an die Seite. Die Einführung der *Baltimore Sun* und ihres Personals in der ersten Folge der fünften Staffel bietet ein gutes Beispiel für diese Hoffnung und das beschriebene Verfahren.

Die Szene nähert sich der Institution der Zeitung, die immerhin das Gravitationszentrum des Plots der fünften Staffel bildet, nicht nur erst, nachdem bereits beinahe die Hälfte der ersten Folge gelaufen ist, sondern wählt mit der Personaleingangstreppe des Gebäudes der *Baltimore Sun* als Location auch einen scheinbaren Nebenschauplatz. Dieser zeitlichen und räumlichen Nachordnung entspricht mit der Zigarettenpause eine denkbar alltägliche Situation, die es erlaubt, City Desk Editor Augustus Haynes sowie die Reporter Roger Twigg und Bill Zorzi bei einem Gespräch zu belauschen, das – der semi-privaten Konstellation entsprechend – offener und ungedeckter geführt wird, als es im Newsroom oder sogar dem Konferenzraum der Zeitung möglich wäre. Dieser triadischen Topographie von Pausenort, Newsroom und Konferenzraum entspricht im Übrigen im weiteren Verlauf der Staffel die Etablierung dreier Diskursebenen, die es durch ihren unterschiedlichen offiziellen Status erlauben, das auf der einen Ebene Besprochene auf einer anderen Ebene zu kommentieren und zu reflektieren. Trotz der scheinbaren Kontingenz der gezeigten Diskussion benennt die Pausenszene mit der Diskussion über bevorstehende Schließungen der „foreign bureaus" und über eine weitere Runde von „layoffs" oder „buyouts" bereits den so schlichten wie entscheidenden Grund für die mangelhafte Berichterstattung der Zeitung. Der ökonomische Druck, den die Medienkonglomerate auf die Zeitungen, die sie besitzen, ausüben, lässt durch die Stellenstreichungen, die mit ihm einhergehen, bereits auf der Ebene der Informationserfassung eine adäquate Behandlung der Probleme einer Stadt wie Baltimore unmöglich werden. Lange bevor über die inhaltliche Ausrichtung, die Auswahl von Themen sowie das Verhältnis von Befriedigung des Publikumsgeschmacks und journalistischem Anspruch überhaupt diskutiert werden könnte, verhindern die immer mangelhafteren Ressourcen und Recherchebedingungen der *Baltimore Sun*, dass auf Inhalte und Themen überhaupt zugegriffen werden kann. In dem Pausengespräch wird dieser Sachverhalt dadurch ironisch antizipiert, dass es Haynes als unwahrscheinlich kommentiert, was tatsächlich passieren wird, nämlich dass Roger Twigg zum Opfer eines Buyouts werden und die *Baltimore Sun* mit ihm ihre Kontakte zum Police Department verlieren wird.

Im Anschluss an diese Beobachtung des privaten Alltags folgt die Kamera Haynes als Reflektor auf seinem Weg in und durch den Newsroom, um derart den Redaktionsalltag zur Darstellung zu bringen und den fachfremden Zuschauer durch den verwendeten Jargon der Zeitungsmacher, der Begriffe umfasst wie „lead", „a-matter", „e-dot deadline", „double dot", „AP", „state desk", „budget lines", „city desk", „art", in einigen Fällen vor Aufklärungsprobleme zu stellen. Haynes' Gang durch den Newsroom platziert darüber hinaus *erstens* in denkbar beiläufigster Weise das Obdachlosenproblem, welches durch McNultys Inszenierung der Serienmorde bald ins Zentrum des Geschehens rücken wird, zunächst aber im Licht des politischen Desinteresses an ihm erscheint, findet *zweitens* in denkbar plakativer Weise mit dem Brand in der Stadt, der distanziert aus der Ferne betrachtet wird, ohne dass er bei seinen beiden Zuschauern einen Handlungs- bzw. Berichterstattungsdrang provoziert, ein Symbol für das Thema der fünften Staffel und antizipiert *drittens* mit dem Ausspruch „find me some news somewhere" das prekäre Verhältnis zwischen dem Finden und dem Erfinden von Nachrichten, der Pflicht zu dokumentieren und dem Zwang, Zeitungen zu verkaufen, ein Verhältnis, das im weiteren Handlungsverlauf unter der Formel „Dickensian Aspect" verhandelt wird.

Der Begriff „Dickensian Aspect" beschreibt in erster Linie eine Darstellungsweise, die es erlaubt, ein beliebiges Thema so zu präsentieren, dass es den Rezipienten vor allem emotional adressiert. Mit dem Verweis auf Dickens wird, wie sich im weiteren Handlungsverlauf vor allem an den Artikeln Scott Templetons zeigt, eine Ästhetik aufgerufen, die als melodramatisch, monokausal, moralisierend und sentimental gekennzeichnet werden kann, eine Ästhetik, die auf sozialkritische Stereotype setzt, in denen ein schwaches, hilfloses Opfer als Identifikationsfigur eingesetzt wird, deren Kampf gegen die widrigen sozialen Umstände von der Hoffnung auf den Triumph des Individuums gegenüber seinem Schicksal getragen ist und somit die Produktion von allerlei kathartischen Effekten erlaubt, eine Ästhetik schließlich, mit der sich eine Form der Serialität verbindet, die mit Spannungsbögen, schicksalhaften Wendungen, Cliffhangern, effektvollen narrativen Schließungen etc. operiert und die Dickens als Pionier der Soap Opera in seinen Romanen, die ja zunächst nicht in ihrer vollständigen und geschlossenen Form, sondern als wöchentliche bzw. monatliche Fortsetzungsgeschichten veröffentlich wurden, perfektioniert hat. Der „Dickensian Aspect" bezeichnet somit das Andere, das Negativ von *The Wire* (vgl. zum kritischen Umgang der Serie mit melodramatischen Elementen Klein 2009). Er verweist auf all das, was die Serie nicht ist oder nicht sein will und dient entsprechend nicht nur der Kritik an den sensationalistischen Praktiken des zeitgenössischen Journalismus, sondern auch zur Selbstverständigung über die eigene Darstellungsweise. In diesem Sinne begreift sich *The Wire* genau als jene „amorphous series detailing society's ills", die von Executive Editor James Whiting als Schreckgespenst für jeden Zeitungsleser und die Auflagenzahl der *Baltimore Sun* ins Feld geführt wird. In diesem Sinne ist die Rede vom „Dickensian Aspect", der wohl nicht zufällig mit Blick auf das Schulsystem, also auf ein Thema eingeführt wird, welches den Fokus der vorangehenden vierten Staffel gebildet hat, ebenso ein ironischer Kommentar zu der Vielzahl von Rezensionen, die *The Wire* in die Tradition des gesellschaftskritischen Romans des 19. Jahrhunderts gestellt haben. In diesem Sinne wäre aber auch festzustellen, dass *The Wire* erstaunlicherweise ausgerechnet bei der Beschreibung des Zeitungswesens als jenem Funktionsbereich, in dem David Simon selbst gearbeitet hat, hinter die eigenen Ansprüche zurückfällt, indem sie auf die dichotomische Konfrontation von Gut und Böse, die in den anderen Staffeln erfolgreich vermieden wurde, zurückgreift. Wie anders als „Dickensian" nämlich wäre die Gegenüberstellung des Trios, das aus Executive Editor James Whiting als etwas dümmlichem Repräsentanten des arroganten WASP in Führungsposition, Managing Editor Thomas Klebanow als neoliberalem Arbeitsplatzvernichter und Scott Templeton als so ehrgeizigem wie amoralischem Blender besteht, mit dem so einsamen wie aussichtslosen Kampf Augustus Haynes' gegen den Verlust moralischer und journalistischer Standards zu bezeichnen?

Die Verdrängung der Artikel-Serie über das Schulsystem durch die sensationellen Lügengeschichten über den „Red Ribbon Killer" macht unmissverständlich deutlich, dass mit dem „Dickensian Aspect" eine Form der Berichterstattung gebrandmarkt wird, die sich in keiner Weise mehr für ihre Inhalte interessiert und somit dem immer noch imaginierten Auftrag einer gesellschaftlichen Aufklärung nicht gerecht werden kann. Die Zeitung interessiert sich nicht für die Bedingungen, denen ihre Konstruktion der Realität unterliegt, sondern ausschließlich für die Realität ihrer Konstruktionen. Und diese Realität stellt sich für die Besitzer der Zeitung und die von ihnen angestellten Manager in erster Linie als betriebswirtschaftlich dar, also in der Form des Strebens nach Profitabilität und Gewinnmaximierung, sowie in zweiter Linie als Frage nach der Auflagenzahl bzw. den Themen und Darstellungsformen, mittels derer sich die Auflagenzahl erhöhen lässt. Die Zeitung beobachtet also ausschließlich im Modus der Selbstreferenz, wie die eigenen Operationen systemintern wahrgenommen werden, eine Logik, die in *The Wire* durch die monomanische Jagd auf den Pulitzer-Preis symbolisiert wird, den Scott Templeton in der Schlussmontage der Serie auch tatsächlich in seinen Händen halten wird. Dieser Logik ist nicht nur geschuldet, dass anstelle der wirklichen Probleme des öffentlichen Schulsystems der erfundene „Red Ribbon Killer" den öffentlichen Diskurs bestimmt, sondern auch, dass die Nachricht über die brutale Ermordung von Junebug und seiner Familie und mit ihr die Berichterstattung über den ‚wahren' Serienkiller Marlo Stanfield „under the fold" verschwindet und dass vom Tod der *urban legend* Omar Little überhaupt nicht berichtet wird.

Televisionäre Aufklärung

Die Öffentlichkeit, die von der *Baltimore Sun* repräsentiert wird, ist auf diese Weise nicht in der Lage, ihrer Funktion nachzukommen, die sich mit Luhmann als „Reflexion jeder gesellschaftsinternen Systemgrenze, oder anders: als gesellschaftsinterne Umwelt der gesellschaftlichen Teilsysteme, also aller Interaktionen und Organisationen" (Luhmann 2009, 126) definieren lässt. Genau eine solche Reflexion stellt allerdings *The Wire* bereit, indem die Serie verfolgt, welche Konsequenzen McNultys und Templetons *scam* in den verschiedenen Institutionen zeitigt, und somit ein intrikates Spiel inszeniert, in dem die Differenzen von Wahrheit und Lüge, Dokumentation und Fiktion sowie Wirklichkeit und Illusion in prekäre Wechselverhältnisse zueinander geraten. *The Wire* beobachtet anhand dieses *scams* also vor allem, inwiefern und warum die Beobachtungen, welche die Zeitung selbst anstellt, scheitern (vgl. zu diesem für die Serie typischen Modus der Beobachtung zweiter Ordnung auch Eschkötter 2012, 35). Dabei fällt zunächst ins Auge, dass die Serie McNulty und Templeton als *partners in crime* inszeniert, sie aber auch in ein geradezu spiegelbildliches Verhältnis zueinander bringt. Gemeinsam ist beiden zunächst, dass sie zur Erreichung ihrer Ziele hemmungslos lügen, dass die erste Lüge zu einer sich immer weiter fortführenden Verkettung von Lügen führt und dass beide schließlich auf die Täuschung des jeweils anderen angewiesen sind, um den Betrug aufrecht erhalten zu können. Die psychologische Motivationen, welche die Serie den analogen Handlungen Mc-Nultys und Templetons zugrunde legt, werden dagegen als geradezu gegensätzlich in Szene gesetzt: Während McNulty vor allem aus Frustration darüber, dass die erforderlichen Mittel, um Drogen-Kingpin Marlo Stanfield zu überführen, institutionell nicht zur Verfügung gestellt werden, zum Lügner wird, sein Betrug also (zumindest oberflächlich betrachtet) keine egoistischen Vorteile, sondern ein seinen persönlichen Interessen übergeordnetes Gut verfolgt, könnten Scott Templetons Interessen kaum als egoistischer gekennzeichnet werden, da die Lügen des Journalisten ausschließlich dazu dienen, die eigene Karriere voranzubringen.[5]

Auf einer extradiegetischen Ebene kommen die Vortäuschungen der beiden jedoch wiederum darin überein, dass ihre Lügen die ‚Wahrheit' über die Funktionsweise der jeweiligen Institution, in der sie arbeiten, ans Licht bringen. Was die vorgetäuschten Serienmorde nämlich (wieder einmal) verdeutlichen, ist, dass die Verteilung von Ressourcen sowohl bei der Polizei als auch bei der Zeitung einer Ökonomie der Aufmerksamkeit folgt (vgl. hierzu Franck 1998), die nicht durch die offiziell ausgegebenen Sachinteressen der Institutionen sondern durch die Logik des Spektakels und des „Dickensian Aspect" bestimmt wird. Sowohl kriminalistisch als auch journalistisch verfolgt werden in erster Linie eben nicht die Verbrechen bzw. Themen, die gesellschaftlich den größten Schaden anrichten, sondern diejenigen, welche das Interesse eines Massenpublikums am intensivsten und längsten auf sich zu ziehen vermögen. Dass McNulty einen Serienkiller wählt, um die für die Ermittlungen gegen Marlo Stanfield erforderlichen Ressourcen zu erhalten, ist dabei nahezu zwangsläufig, kann der Serienmord doch als *das* Emblem einer solchen medialen Aufmerksamkeitsökonomie gelten. Diese Ökonomie der Kriminalberichterstattung lässt sich vor allem dadurch kennzeichnen,

---

5   Diese Asymmetrie wird noch dadurch unterstützt, dass McNultys psychologische ‚Entwicklung' über fünf Staffeln verfolgt wird, während Templetons Verhalten während der einen Staffel, in der er präsent ist, von seiner ersten eigenständig bearbeiteten Story (über den *Opening Day* der Baseball-Saison bei den *Baltimore Orioles*) an bei jedem Thema, das er bearbeitet, demselben Muster folgt. Dieses Muster besteht darin, dass er seine Geschichte entweder vollständig erfindet (wie diejenige über eine 13-jähriges schwarzes Waisenkind, das aufgrund einer Schießerei im Rollstuhl sitzt (!) und keine Karte für das Baseballspiel bekommen hat) oder zumindest so ausschmückt, dass sie seinem Sinn für das Spektakuläre genügt. Templetons Verhalten ist somit zugleich symptomatisch für eine Ökonomisierung der Presse, die (aus der Sicht von *The Wire*) zunehmend zur Produktion von „Unconfirmed Reports" (so der Titel der zweiten Folge der fünften Staffel) führt, da die für die klassische journalistische Verfahrensweise, eine Information durch zumindest zwei Quellen bestätigen zu lassen, notwendigen Ressourcen nicht mehr zur Verfügung gestellt werden und somit das Wort eines Reporters wie Scott Templeton genügen muss.

dass sie darauf ausgelegt ist, das Spektakuläre auf Dauer zu stellen bzw.– anders formuliert – darauf, einerseits die absolute Außergewöhnlichkeit eines dargestellten Ereignisses herauszustellen, andererseits von solchen Singularitäten aber von Ausgabe zu Ausgabe der Zeitung/des Fernsehformats immer wieder berichten zu können. Diesem strukturellen Paradox einer beliebigen Wiederholbarkeit des eigentlich Einzigartigen gesellt sich häufig ein analoges inhaltliches Paradox hinzu, das sich in einem immer wiederkehrenden Interesse an dem Verhältnis des Monströsen und des Normalen artikuliert.[6] Hinsichtlich thematischer Auswahlkriterien lässt sich weiterhin ein ausgeprägtes Interesse an solchen Verbrechen feststellen, die nicht nur gewalttätig sind, sondern darüber hinaus auch auf eine sexuelle Motivation schließen lassen. In ihrer ausgeprägtesten Form lassen sich all diese Merkmale wohl in der Berichterstattung der Boulevardpresse bzw. der amerikanischen *tabloids* und *yellow press* finden. Entsprechend dieser Muster hat sich in den kritischen Diskursen, welche die Funktionsweise von Massenmedien beobachten, das Schlagwort der *tabloidization* etabliert für eine seit den 1980er Jahren immer weiter fortschreitende Ausdehnung der genannten Merkmale des *tabloid journalism* auf mediale Formate, die gemäß ihres journalistisches Selbstverständnisses den *tabloids* eigentlich diametral entgegenstehen sollten (vgl. hierzu Krajicek 1998).

Das von den Herausgebern der *Baltimore Sun* eingebrachte Schlagwort des „Dickensian Aspect" erscheint vor diesem Hintergrund als Nobilitierungsversuch eines Journalismus, der immer weniger den Ansprüchen des investigativen Journalismus, dessen Werte in der Serie noch von Augustus Haynes vertreten werden, genügt und sich immer mehr dem Sensationalismus der *tabloids* annähert. Die Ironie, welche den „Dickensian Aspect" als das Gegenteil zu der Poetologie der Fernsehserie *The Wire* vorführt und zudem als Phrase bloßstellt, die ihn in die Nähe der ebenfalls von den Herausgebern ausgegebenen Losung „more with less" stellt,[7] verdankt sich zum einen – wie bereits angedeutet – dem Umstand, dass sowohl der Sensationalismus als auch der fiktive Status, welche die Reportagen Scott Templetons als *tabloid journalism* diskreditieren, im Verweis auf Dickens, dessen Name diese Reportagen eigentlich nobilitieren soll, bereits

---

6   Dieses Verhältnis entfaltet sich in der Berichterstattung über Verbrechen meistens in der Kombination einer Opferperspektive, die auf der Figur des Einbruchs des Monströsen in die alltägliche Normalität fußt, mit einer Täterperspektive, welche die scheinbare Normalität des Verbrechers betont und somit die ‚Banaliät des Bösen‹' wie auch seine zumindest vorstellbare Allgegenwart herausstellt.

7   Die Phrase ‚more with less' verweist auch auf den Zusammenhang zwischen dem ökonomischen Druck, der auf die Tagespresse ausgeübt wird und ihre *tabloidization*, da durch diese eben deutlich weniger Ressourcen aufgewendet werden müssen als für den klassischen investigativen Journalismus, sie aber dennoch höhere Verkaufszahlen generiert.

deutlich anklingen (zum Sensationalismus bei Dickens vgl. beispielsweise Litvak 1992). Zum anderen vertieft oder verdoppelt sich diese Ironie aber in dem Moment, in dem der Sensationsjournalismus Templetons auf die ‚Wirklichkeit' des Red-Ribbon-Killers trifft, der in seinem Namen durch den Anklang auf den *red herring* – also die falsche Fährte – bereits auf den eigene Konstruiertheit anspielt. Über diese Anspielung hinaus wird nämlich die Konstruktion des Serienmörderfalls selbst zum Bestandteil des Plots der Serie gemacht und diese Konstruktion richtet sich zudem explizit an den Bedürfnissen der Aufmerksamkeitsökonomie des Sensationsjournalismus aus.

Die televisionäre Reflexion des Verhältnisses zwischen dem journalistischen und dem kriminalistischen Umgang mit Aufmerksamkeit und der aus diesem Umgang resultierenden Fabrikation von ‚Fakten' und Fällen erfolgt allerdings nicht einfach dadurch, dass die jeweiligen – einerseits die *homicide unit*, andererseits den *newsroom* fokalisierenden – Handlungsstränge unabhängig voneinander in Parallelmontage gezeigt werden. Vielmehr markiert die Serie diese Verbindung von Beginn recht offensiv, indem in den beiden Bereichen dieselben Themen (wie Ressourcenknappheit und Aufmerksamkeitssteuerung) auf eine Weise verhandelt werden, dass (aus einer extradiegetischen Perspektive) eine Vielzahl von Dialogpassagen aus dem Kreis der Journalisten auch aus dem Kreis der Polizisten stammen könnte und umgekehrt, so dass sich eine oszillierende Kommentierung des einen Bereichs durch den jeweils anderen ergibt, die mit jedem Schnitt zum andern Schauplatz weiter vorangetrieben wird. Noch deutlicher wird dieser Bezug allerdings dadurch hergestellt, dass auch intradiegetisch, also auf der Ebene des Plots, dieser Bezug durch Koinzidenzen ausgestellt wird, die dermaßen unwahrscheinlich sind, dass sie zugleich auch die Fiktionalität und Aufmerksamkeitslenkung von *The Wire* selbst in den Blick rücken, in einem gewissen Sinne also auch die eigene Fabrikationsleistung ausstellen. Wie dies funktioniert, lässt sich gut anhand der dritten Folge der fünften Staffel „Not for Attribution" illustrieren.

Bereits der Titel, der – wie die meisten der Episodentitel der Serie – ein Zitat aus der Episode selbst ist, ist ein gutes Beispiel für eine Redewendung, die sich mit gleichem Recht auf die verschiedenen dargestellten Plots innerhalb der Folge beziehen lässt und auf diese Weise eine Beziehung zwischen den verschiedenen gesellschaftlichen Bereichen herstellt, innerhalb derer die Plots angesiedelt sind. Zunächst handelt es sich bei der Formulierung „not for attribution" um einen Begriff aus der journalistischen Fachsprache, mit dem eine Information gekennzeichnet wird, die ‚nicht zugeschrieben' wird, deren Ursprung also geheim gehalten wird, um die Informationsquelle des Reporters zu schützen. Im konkreten Verwendungszusammenhang innerhalb der Episode benutzt Scott Templeton die Phrase mit Blick auf ein Zitat, welches er angeblich von Nerese Campbell, Vorsitzende des Baltimore City Council, erhalten hat, dessen Quelle aber eben nicht namentlich in der Zeitung genannt werden soll. Allerdings kann die Verwendung der Phrase „not for attribution" (vom Zuschauer) kaum anders als ironisch verstanden werden, da das Zitat nicht nur nicht zugeschrieben werden *soll*, um eine Quelle im Stadtrat zu schützen, sondern tatsächlich nicht zugeschrieben werden *kann*, da Scott Templeton das Zitat schlicht erfunden hat. Dass die *story*, auf die sich das Zitat bezieht, nämlich die bevorstehende Entlassung des Police Commissioners Scott Burrell, aber überhaupt berichtet werden kann, verdankt sich dagegen tatsächlich einer Quelle, die im engeren Wortsinn „not for attribution" ist. Die Information stammt nämlich von Norman Wilson, der rechten Hand des Bürgermeisters, der sie an die Zeitung unter der Bedingung, anonym zu bleiben, weitergegeben hat, um mögliche Widerstände gegen die Entlassung aus den Reaktionen auf den Zeitungsbericht ablesen zu können. In diesem Zusammenhang verweist das „not for attribution" auf das politische Kalkül Carcettis und seines Beraters, welches das Instrument der Presse zu ihren Zwecken instrumentalisiert, um auszutesten, mit welchen Widerständen zu rechnen sein wird, wenn sie sich die Entlassung Burrells tatsächlich „zuschreiben". Verknüpft die derart erzeugte Mehrdeutigkeit des „not for attribution" die Handlungsbereiche des politischen Systems und der *Baltimore Sun* miteinander, lässt sich die Phrase weiterhin auch auf den Handlungsbereich West Baltimores und den Plot, der von der Drogenorganisation Marlo Stanfields erzählt, beziehen. In diesem Kontext verweist die Formulierung des „not for attribution" auf die Information, welche Calvin ‚Cheese' Wagstaff, Neffe von Proposition Joe, Marlos *second-in-command* Chris Partlow über die freundschaftliche Verbindung des Barbesitzers Butchie zu Omar Little gibt, obwohl Cheese von seinem Onkel explizit darauf hingewiesen worden ist, dass dieser keine entsprechende Informationen weitergeben wird, da er Omar in keinem Fall zu einer Rückkehr nach Baltimore provozieren möchte. Entsprechend verlangt Cheese von Partlow, dass sein Onkel nicht erfährt, dass die Information über Butchie von ihm stammt.[8] Schließlich – und für den vorliegenden Zusammenhang am wichtigsten – verknüpft das „not for attribution" den Handlungsraum der *Baltimore Sun* mit Detective McNultys Fabrikation des Red-Ribbon-Killers. Als McNulty mit seinem Kollegen Bunk über seinen Betrug

---

8 Zynisch aufgegriffen wird das „not for attribution" wiederum in den Handlungen, die sich als Konsequenz aus der Weitergabe der Information über Butchie ergeben. Da dieser sich, obwohl er gefoltert wird, weigert, Informationen über Omars Aufenthaltsort weiterzugeben, bringen Chris Partlow und Felicia ‚Snoop' Pearson ihn um. Im Gegensatz zu Cheese, der eben nicht möchte, dass ihm der Verrat an Butchie zugeschrieben wird, legen Partlow und Snoop allerdings großen Wert darauf, dass ihre Tat attribuiert werden kann und geben einem Barangestellten sogar den Auftrag, Omar über ihren Mord zu informieren, um diesem einen Grund zu geben, sich rächen zu wollen und nach Baltimore zurückzukehren.

diskutiert, kommentiert er die Vielzahl der nicht abgeschlossenen Mordfälle, die Obdachlose zu ihren Opfern haben, folgendermaßen: „We don't do so well with homeless killings. Transient locales, no nearest, no dearest. No one gives a fuck. Cases stay open forever."[9] „Not for attribution" sind also auch obdachlose Opfer von Gewaltverbrechen, weil sie weder die Aufmerksamkeit der Polizei noch des journalistischen oder politischen Systems erregen. Gerade aber dass sich niemand für sie interessiert, macht sie zum idealen Objekt für McNultys *scam*, der zunächst vor allem darin besteht, dass McNulty verschiedene obdachlose Tote mit einem *red ribbon*, also einer Attribution versieht, welche sie einem gemeinsamen fiktiven Täter, dem späteren Red-Ribbon-Killer, zuschreibt. Dass sich nahezu alle Handlungsstränge der fünften Staffel auf diese Weise in einer und durch eine solche Äußerung wie „not for attribution" miteinander verknüpfen lassen und die Formulierung derart entsprechend symbolisch aufgeladen wird, macht – dem *medias-in-verba*-Verfahren vergleichbar – erneut deutlich, welchen zentralen Stellenwert die Sprache und ihre verschiedenen Verwendungsweisen für die Poetologie von *The Wire* einnimmt. Aus einer solchen übergeordneten Perspektive auf die Poetologie der gesamten Serie ließe sich das „not for attribution" auch – wie die voranstehende Vielzahl an Namensnennungen, die erforderlich ist, um nur die Verknüpfungsleistung eines einzelnen Zitats nachvollziehbar zu machen, bereits andeutet – auf die Schwierigkeit beziehen, in dem personellen und institutionellen Netzwerk, welches *The Wire* in Szene setzt, Verantwortlichkeiten zuzuschreiben. Sobald nämlich der Bereich der direkten kausalen Zuweisung einer physischen Tat überschritten wird und die Frage nach einer darüber hinausgehenden moralischen, politischen oder auch juristischen Verantwortung gestellt wird, zeigt sich schnell, dass diese nicht wenigen einzelnen Personen zugeschrieben werden kann, sondern sich über weite Teile des dargestellten sozialen Netzwerks verteilt.

Während die Wendung „not for attribution" beinahe alle Handlungsstränge miteinander verknüpft, konzentriert sich das zweite Verknüpfungsmittel, das in der dritten Folge eingesetzt wird und intradiegetische Beziehungen herstellt,

---

9   Diese Aussage stellt zudem einen weiteren Bezug zum Thema der massenmedialen Berichterstattung her. Sie ist nämlich eine Variation des Epigraphs oder Mottos der Folge „Not for Attribution", welches „They're dead where it doesn't count." lautet. Diesen Satz äußert der Journalist Mike Flechter als Antwort auf die Klage von Alma Gutierrez, dass ihre Geschichte über den dreifachen Mord an Junebug und zwei seiner Verwandten weder im ersten Teil der Zeitung noch *above the fold* (also auf der zuerst sichtbaren Seite einer Zeitung über dem Knick) noch in voller Länge abgedruckt wurde. Er ist selbst wiederum eine Variation des von Bunk geäußerten Epigraphs der zweiten Folge der fünften Staffel „This ain't Aruba, Bitch." Beide Motti beziehen sich auf den Umstand, dass Verbrechen, die an Afro-Amerikanern verübt werden, mit weitaus geringerem medialem und politischem Interesse verfolgt werde als solche, denen Weiße zum Opfer fallen. Dieses Phänomen hat inzwischen als *Missing white woman syndrome* einen eigenen Namen erhalten. Vgl. hierzu Wanzo 2008.

auf die beiden in der fünften Staffel zentralen gesetzten Handlungsstränge, die von den wirtschaftlichen und journalistischen Problemen bei der *Batimore Sun* einerseits und McNultys Inszenierung der Serienmorde andererseits berichten. Während in der symbolischen Aufladung von einzelnen Begriffen und Wendungen die Fabrikationsleistung, also der fiktionale Status, der Serie selbst verhandelt werden kann, ohne dass die Kohärenz der gezeigten fiktiven Welt gefährdet wäre, stellt sich dies bei einer Thematisierung innerhalb dieser fiktiven Welt naturgemäß anders dar. Entsprechend erstaunlich erscheint es bei dem dokumentarischen Anspruch, den *The Wire* sowohl durch die eigene Ästhetik als auch die entsprechenden Autorenkommentare erhebt, dass eine Verbindung zwischen den Protagonisten der *Baltimore Sun* und McNultys *scam* durch Koinzidenzen hergestellt wird, die so unwahrscheinlich sind, dass sie fast nur als metafiktionaler Kommentar verstanden werden können. So befindet sich zu exakt demselben Zeitpunkt (um ungefähr 5:30h), während dessen McNulty in einem Supermarkt das rote Band einkauft, mit dem er die Obdachlosen als Opfer seines Serienkillers kennzeichnen möchte, auch Alma Gutierrez in dem Supermarkt, um eine Ausgabe der *Baltimore Sun* zu kaufen, in der sie ihren ersten alleine verfassten Artikel auf der Frontseite vermutet. Da beide sich noch nicht kennen, erkennen sie sich allerdings auch nicht.

Wird auf diese Weise eine grundsätzliche Verbindung zwischen Polizei und *Baltimore Sun* evoziert, konkretisiert sich zum anderen diese Verbindung in einer zweiten Szene, deren Narrativ von einer unwahrscheinlichen Koinzidenz getragen wird. Der *establishing shot* dieser Szene zeigt Gutierrez, wie sie McNultys Anruf entgegennimmt, in dem er ein Treffen mit ihr vereinbart, um durch einen Zeitungsbericht endlich die Aufmerksamkeit (und die entsprechenden Gelder) für die ‚Aufklärung' seines Serienmörder-Falls zu erhalten, die ihm von der Institution der Polizei (besonders in Gestalt von Sergeant Jay Landsman) trotz verschiedener Versuche konsequent verweigert worden ist. Die Kamera fährt nach dem *establishing shot* sogleich zurück, um zunächst den neben Alma Gutierrez sitzenden Scott Templeton gemeinsam mit dieser zu zeigen. Dieser scheint auch telefonieren zu wollen, legt den Hörer aber wieder ab, um auf seinem Computer zu schreiben. Bildet dieser bereits in dieser Einstellung den Fluchtpunkt der Kamera, so dass Gutierrez im Hintergrund sitzt, wird er im Folgenden in Nahaufnahme gezeigt, während weiterhin zu hören ist, wie Gutierrez sich mit McNulty verabredet. Die Szene endet mit Templeton, der Augustus Haynes mit den Worten „Good react quote from me in Metro Write" adressiert. Während die erste beschriebene Szene überhaupt erstmals eine räumliche Nähe zwischen McNulty und den Journalisten der *Baltimore Sun* herstellt, bevor er den direkten Kontakt sucht und sich mit Alma Gutierrez trifft, um Informationen über den Serienkiller weiterzugeben, lädt die zweite Szene diese Verbindung symbolisch auf. In dieser Szene ist McNulty zwar nicht physisch präsent, seine Stimme ist aber durch das Telefongespräch mit Gutierrez als abwesende (da nicht hörbare) anwesend.[10] Auf diese Weise wird der Entschluss McNultys, seinen *scam* an die Öffentlichkeit zu bringen, da er systemintern bei der Polizei nicht die nötige Aufmerksamkeit erfahren hat, mit dem im Vordergrund der Szene dargestellten Entschluss Templetons verknüpft, einen ‚good react quote' einfach zu erfinden. Während McNulty den Hörer abhebt, legt Templeton ihn nieder, ohne auch nur zu versuchen, jemanden aus dem Bereich der städtischen Administration zu befragen, und erfindet einfach ein entsprechendes Zitat. Ironisch aufgegriffen wird dieser Umgang mit Informationsquellen, der eben auf Fabrikation und nicht auf die sich im Telefonhörer symbolisierende Kommunikation mit möglichen Informanten setzt, in der siebten Folge, wenn McNulty Templeton – mit verstellter Stimme den fiktiven Serienkiller simulierend – anruft. Mit diesem Anruf verleiht McNulty nämlich einer weiteren Fabrikation Templetons, der zwei Folgen zuvor wie in der beschriebenen Szene einen Anruf seitens des Serienmörders erfindet, Realität, die aber natürlich nur aus der Sicht Templetons tatsächlich wirklich erscheint, die aus der Sicht McNultys (und des Zuschauers) aber die Lüge Templetons lediglich verdoppelt und somit als Illustration des Mottos der ersten Folge (und wohl auch der gesamten Staffel) „The bigger the lie, the more they believe" lesbar ist.[11] Die Ironie, dass die Verdopplung bzw. Vertiefung der Lüge nicht zu ihrer Aufdeckung, sondern vielmehr zu noch größeren Realitätseffekten führt, wird aber vor allem dadurch vertieft, dass es nicht die Bemühungen McNultys sind, die dazu führen, dass die für die Aufklärung des Serienmords zur Verfügung gestellten Gelder zur Beobachtung und schließlich auch Überführung der Stanfield-Organisation verwendet werden können, sondern dass erst die Lüge Templetons dies ermöglicht. Erst der von dem Journalisten fingierte Anruf des Serienmörders ermöglicht es nämlich, ein *wiretap* einzurichten, mit welchem das Kommunikationsverhalten der Stanfield-Organisation wahrnehmbar wird.

---

10   Dies wird zudem durch die Verknüpfung der Szene mit der vorangehenden Szene, die im Polizeirevier spielt, expliziert. McNulty bringt in Erfahrung, wer bei der Zeitung für die Berichterstattung über seinen Fall zuständig ist, und greift nach dem Hörer. Nach einem Schnitt nimmt Alma Gutierrez den Hörer auf.

11   Mit der Frustration darüber, dass die tatsächlich in Baltimore verübten Verbrechen nicht zu den erforderlichen (bzw. zu gar keinen) Maßnahmen führen und der Vermutung, dass eine entsprechend inszenierte Lügengeschichte mehr Aufmerksamkeit als die Realität erzeugen könnte, begründet McNulty seine Serienkiller-Inszenierung bereits am Ende der ersten Folge: „Upstairs wouldn't jump on a real serial killer – fuckin' Marlo, who's got bodies all over him. Well, maybe they need the make-believe."

Ob sich der Umstand, dass durch die Übercodierung bestimmter Phrasen wie „not for attribution" und die beiden vorgestellten intradiegetischen Koinzidenzen die Frage nach den Kriterien, denen die Produktion von Aufmerksamkeit innerhalb bestimmter Institutionen institutioneller bzw. der Öffentlichkeit unterliegt, auch mit Blick auf *The Wire* selbst stellen lässt, ebenso ironisch deuten lässt, ob also die Zurschaustellung der eigenen Fabrikationsleistung und mithin der Fiktionalität der Serie,[12] einen reflexiven Mehrwert abwirft oder ob *The Wire* mit einer solch überpointierten Aufklärung unter dem eigenen dokumentarischen Anspruch zurückbleibt, sei dahingestellt. Eher scheint es dagegen der Serienmörder-Plot zu sein, mit dem *The Wire* ein Gegenmodell zu der eigenen Verfahrensweise in die von der Serie entworfene fiktive Welt integriert. Dass die Serialität, der McNultys *scam* unterliegt, anderen Kriterien gehorcht, als die Serialität von *The Wire* selbst, wird mehrfach deutlich, insbesondere am Ende der Folge „Not for Attribution", wenn Lester Freamon von McNultys Serienmörder erfährt und die bisherige Erfolglosigkeit, die McNultys Bemühungen um Aufmerksamkeit kennzeichnen, folgendermaßen kommentiert: „I mean, if you want to do it right, a straight-up strangle's not enough. Not if it's some vagrant. Sensationalize it. Give the killer some fucked-up fantasy, something bad, real bad. It's got to grip the hearts and minds, give the people what they want from a serial killer."

Was das Publikum von einem Serienkiller will, ist ziemlich genau das, dem sich die Serie *The Wire* verweigert. Während die Popularität des Serienkiller-Narrativs auf der Inszenierung großer Individuen fußt, welche sich von dessen so monströsem wie singulärem Begehren sowie entsprechenden psychogenetischen Erklärungen fasziniert zeigt und somit gleichzeitig ein abstrakt bleibendes Böses wie auch ein diesem entsprechendes Gesicht präsentiert (vgl. hierzu ausführlich Schmid 2005), sieht *The Wire* von solchen einfachen personalen Zurechnungsversuchen nahezu konsequent ab. An die Stelle einer einzelnen Imago, eines „exemplary modern celebrity, widely known and famous for being himself" (ebd., 15), mittels der sich soziale Ängste vor Gewalt und Tod zwar artikulieren lassen, deren Hintergründe aber eben nicht zu erklären vermag (und wohl auch nicht erklären will), tritt die polykausale Zuweisung von Handlungsmacht an eine Vielzahl von Personen, deren Handlungsmöglichkeiten zudem deutlich von institutionellen und soziale Vorgaben beeinflusst und beeinträchtigt werden. Entsprechend werden die Morde, von denen *The Wire* erzählt, auch nicht mit

---

12   Diese Zurschaustellung äußert sich darüber hinaus auch in der mantraartig wiederholten Thematisierung von Aufmerksamkeit, die einerseits durch McNultys zahlreiche Versuche, seine Kollegen und Vorgesetzten von der Relevanz seines Serienmörder-Falls zu überzeugen, und andererseits durch die sich mehrfach in der Folge wiederholende Frage, welche Themen und Artikel welchen Platz in der Zeitung zugewiesen bekommen, auf sich aufmerksam machen will.

einem diffusen individuellem Begehren sondern mit konkreten wirtschaftlichen Interessen begründet. Entsprechend steht bei *The Wire* auch nicht – wie beim Serienmord – das einzelne Ereignis, seine konkrete Gestaltung und die Präsentation möglichst spektakulärer Details im Vordergrund (auch wenn die Inszenierung der gezeigte Morde nicht von der Darstellung ihrer Gewalttätigkeit abstrahiert), vielmehr werden diese stets in ihrem Bezug auf ihre strukturellen sozialen Vorrausetzungen (und mithin auch in ihrer Banalität und/oder Effizienz) präsentiert. Dem entspricht weiterhin, dass sich *The Wire* einer Logik der Serialisierung verweigert, die sich einerseits mit einer tendenziell unabschließbaren Klimax von Ereignis zu Ereignis bewegt, indem mit jedem Serienmord mehr spektakuläre Details offenbart werden und sich die Technologien des Mordens im Einklang mit der Psyche des Serienmörders immer weiter verfeinert und die andererseits jeden Mord als Cliffhanger begreift, der entweder zu einer weiteren Eskalation führt oder schließlich die zur Fassung des Mörders notwendigen Informationen bereitstellt und somit zum Ende der Serie führt. Demgegenüber sind die Elemente, die *The Wire* in eine serielle Ordnung zueinander bringt – seien es die einzelnen im Kontext des Drogenhandels verübten Morde oder eben die einzelnen Plotkomponenten, Folgen oder auch Staffeln der Serie selbst – zumindest hinsichtlich ihrer konkreten Ausgestaltung austauchbar und folgen keiner Eskalationslogik, da sie eben als Effekte einer zugrunde liegenden Struktur beobachtet und dargestellt werden, welche, solange diese nicht selbst geändert wird, immer wieder dieselben Elemente hervorgebracht haben wird.

Dass *The Wire* die Spektakularisierung, Individualisierung und Psychologisierung von Gewalt, wie sie für die massenmediale Aufbereitung des Serienmords typisch ist, dem eigenen Beschreibungsversuch sozialer Gewalt entgegensetzt, findet auch in McNultys ironischem Kommentar zu seinem Plot Ausdruck, mit dem er am Ende der zweiten Folge der fünften Staffel seinen Entschluss, mittels seines fiktiven Serienmörders Ressourcen zu erpressen, begründet: „There's a serial killer in Baltimore, Bunk. He preys on the weakest among us. He needs to be caught." McNultys Aussage spielt einerseits auf die Morde an, die im Namen von Marlo Stanfield verübt und deren zahlreiche Opfer in verlassenen Häusern des *Western District* hinterlassen worden sind, ohne dass die Polizei vor ihrer zufälligen Entdeckung die geringsten Hinweise auf ihre Ermordung und noch weniger auf die für alle diese Morde Verantwortlichen gehabt hätte. Andererseits lässt sich die Aussage aber auch auf diejenigen Strukturen beziehen, die dazu führen, dass die zuständigen Institutionen dem Westen Baltimores so wenig Aufmerksamkeit widmen, dass zum einen solche Morde nahezu unentdeckt verübt werden können und dass zum anderen nicht die notwendigen Ressourcen zur Verfügung gestellt werden, um solche Morde, wenn sie entdeckt worden sind, aufzuklären. Durch diese gesellschaftsweite Ignoranz sind ‚the weakest among us' der gewalttätigen und ausbeuterischen Willkür des Drogenhandels schutzlos ausgesetzt. McNultys und Templetons *scam* führt demgegenüber vor Augen, wie großzügig entsprechende Mittel bereitgestellt werden, wenn durch die sensationalisierte Darstellung von Gewalt die entsprechende öffentliche Aufmerksamkeit mobilisiert werden kann. In der Konfrontation zwischen dem Sensationalismus des Serienmords und der Alltäglichkeit der Gewalt im *Western Disctrict*, der die dokumentarische Aufmerksamkeit *The Wires* gilt, kommt aber nicht nur eine Kritik daran zum Ausdruck, wie sehr die *tabloidization* der Presse dazu beiträgt, dass die ‚wirklichen' Probleme einer Stadt wie Baltimores kaum öffentliches Interesse erfahren. Über eine Beobachtung solcher Aufmerksamkeitspolitik hinaus werden noch weitere Realitätseffekte des fingierten Serienmords in den Blick genommen. So ist es nicht nur die Ressource Aufmerksamkeit, die insbesondere der Westen Baltimores dadurch verliert, dass die ursprünglich geplante Serie über die Probleme des Schulsystems in der *Baltimore Sun* durch die Berichterstattung über den Red-Ribbon-Killer verdrängt wird, vielmehr verlieren die Schulen parallel dazu auch noch das von Bürgermeister Carcetti ursprünglich vorgesehene Geld zu ihrer Verbesserung. McNultys Betrug führt eben nicht nur dazu, dass das *police department* Mittel zur Aufklärung des Serienmords bereitgestellt bekommt, sondern auch dazu, dass diese ursprünglich für das Schulsystem vorgesehenen Mittel diesem nun fehlen. Ob dieser doppelte Abzug von Ressourcen (kommunikativen seitens der Massenmedien und finanziellen seitens der Polizei) aus dem Schulsystem zugleich auch eine zynische Prognose hinsichtlich solcher Realitätseffekte darstellt, welche das Aufklärungsprojekt von *The Wire*, das ja in der vorhergehenden vierten Staffel die Missstände an den Schulen in den Fokus seiner Beobachtung gestellt hat, möglicherweise nach sich ziehen könnte, erscheint nicht ausgeschlossen. Vor allem die in der letzten Folge der Serie vorgeführten Wirkungen, die McNultys Fiktion und ihre Aufdeckung für die Wirklichkeit des televisuellen Baltimores nach sich ziehen und die von einem Copycat-Killer über die Verurteilung aber auch milde Bestrafung Marlo Stanfields bis zu McNultys und Freamons Ausscheiden aus dem Polizeidienst und personellen Veränderungen auf nahezu jeder Position der in *The Wire* thematisierten Institutionen reichen, klären schließlich wieder einmal darüber auf, wie eng die verschiedenen sozialen System miteinander verknüpft sind und wie wenig diese sich durch Personalrotationen ändern.

Die Komplexität solcher wie auch der zuvor verhandelten Aufklärungen scheint sich im Einklang mit einer Beschreibung zu befinden, die *The Wire* aufgrund einer recht konsequenten Verweigerung gegenüber den dramaturgischen und ästhetischen Gepflogenheiten anderer Fernsehserien geradezu in Gegensatz

zum Fernsehen setzt. Und *The Wire* scheint selbst eine solche Beschreibung zu bestätigen, indem die eigene serielle Form solchen massenmedialen Serialisierungs-
formaten, wie sie innerhalb der Serie in dem Sensationalismus des Serienmords
repräsentiert werden und wie sie eben auch für eine Vielzahl von Fortsetzungsse-
rien typisch sind, gegenübergestellt wird. Dennoch ließe sich argumentieren, dass
das Aufklärungsprojekt *The Wires* bei aller behaupteten und in Teilen auch nachvollziehbaren Nähe zu literarischen Verfahren der Wirklichkeitsdarstellung ein
genuin televisuelles ist. Um dessen ansichtig werden zu können, müsste man aber
den Blick von einem Vergleich einzelner Programminhalte des Fernsehens, also
verschiedener Serienformate und ihrer Narrationsweisen weg hin zum Fernsehen
in seiner Gesamtstruktur, zum Fernsehen als medialem Dispositiv lenken. Folgt
man in diesem Zusammenhang der vielleicht etwas zu pointierten Fernsehdefini-
tion Lorenz Engells, nach der „Fernsehen [...] erstens das [ist], was als Nächstes
kommt; zweitens das, was auf dem anderen Kanal läuft, und drittes das, was die
anderen sehen" (Engell 2004, 189), dann bildet *The Wire* das Fernsehen und seine Operationsweisen nämlich tatsächlich in sich selbst ab. *Erstens* ist *The Wire*
nämlich ebenso wie das Fernsehen auf „Pausen- und Endlosigkeit hin konzipiert"
(ebd.), indem die Serie sich narrativen Schließungen in jeder Form entzieht und
auf diese Weise einen *flow* erzeugt, in dem Nebenfiguren unvermittelt zu Hauptfiguren und Hauptfiguren ebenso unvermittelt aus der Narration ausgeschieden
und ersetzt werden können, scheinbar abgehandelte Motive und Handlungsele-
mente zu jedem Zeitpunkt erneut aufgegriffen werden können, die narrative Form
der Serie also ein Kontinuum ausbildet, welches weder ein Außen noch einen
Zielpunkt zu kennen scheint. *Zweitens* integriert *The Wire* die Komplexität, die
das Fernsehen dadurch erzeugt, dass es immer nur eine Aktualität darstellt, die
jederzeit durch eine ihrer vielfältigen Alternativen ersetzt werden kann und diese
Virtualitäten immer auch in sich einschließt, durch die Darstellungsform der per-
spektivischen Multidimensionalität in seine eigene Form. Wenn die Serie selbst
alle zwei bis drei Minuten umschaltet und somit wie beim Fernsehen „die Unterbrechungen wie Sollbruchstellen immer schon dazu" (ebd., 191) gehören und
„das Andere [...] immer mitgeführt [wird] als Alternative zu dem, was ich gerade
sehe" (ebd., 190), kann der Zuschauer den Griff zur Fernbedienung auch unter-
lassen. *Drittens* bringt *The Wire* das Prinzip, nach dem Fernsehen das ist, was die
anderen sehen, insofern zur Darstellung, als die Serie nicht nur vorführt, was die
anderen aus ihren spezifischen sozialen und institutionellen Kontexten heraus sehen, sondern eben auch thematisiert, dass es nicht die verbreiteten Informationen
sind, sondern die Verbreitung selbst und die Art und Weise, wie sich die Verbreitung verbreitet, welche die entscheidenden Konsequenzen zeitigen.

Man könnte in *The Wire* also eine Explikation des Fernsehens als einer ‚Philosophie der Möglichkeiten' sehen, die Kay Kirchmann folgendermaßen anschreibt: „So kämen im Fernsehen – und in dieser Form eben *nur* im Fernsehen – Programmstruktur, dispositive und narrative Struktur überein im Modus des Konjunktivs, in der Selbstanschauung einer Philosophie der Möglichkeiten" (Kirchmann 2006, 172). Man kann (oder sollte sogar) aber auch auf den Indikativ umstellen und zur Kenntnis nehmen, dass die Optionen, die den Protagonisten in *The Wire* zur Verfügung stehen, alles andere als beliebig, die alternativen Welten, die *The Wire* vorführt, alles andere als virtuell und die Perspektiven, aus denen *The Wire* seine Gesellschaftsbeschreibung konstruiert, alles andere als austauschbar sind, sondern dass sie etwas über die faktischen Zustände postindustrieller und postdemokratischer Urbanität aussagen bzw. anzeigen. Man kann sich von *The Wire* über einige Regeln des Spiels aufklären lassen.

‚Shit look tight'.
Die Wiedererprobung darstellerischer Konventionen des Naturalismus zum Zwecke der Sozialkritik in der TV-Serie *The Wire*

Philipp Schulte

‚Ein Gewimmel'

> „Kein andrer hat einen Polizeibericht so zur Tragödie, ein Stadtbild so zum Drama werden lassen. Auf diesem [...] Film recken sich die Unterschichten, man fühlt das ‚Getreib' einer ganzen Siedelungswelt, [...] mit Dunst, schmieriger Moral, Dreck (ja im Elend mehr Dreck und Nuttig-Miekrig-Kleinliches als Elend); mit Untragischem in der Tragik; [...] das Dasein eine Unannehmlichkeit, ein Geplärr; ein Gezänk, [...] ein Gewimmel der Niedrigkeit, ohne Pathos; nicht Dunkel, sondern knausriges Licht; nicht Jammer, nur Mißlagen ohne Gefühlskraft [...]." (Kerr 1999, 247f.)

Vom ersten Satz dieses Zitats mag man sich vielleicht noch verwirren lassen; doch die sich dann durchsetzende etwas altmodische Sprache und Orthographie, die heute teilweise tendenziös wirkende Wortwahl und zuletzt ein Blick in die Fußnote verdeutlichen, was zu Beginn der Lektüre womöglich noch nicht so klar war: dass es sich hierbei nämlich eben nicht um eine Beschreibung der US-amerikanischen Fernsehserie *The Wire* handelt. Und doch, ganz abwegig scheint es nicht zu sein: Von einem „zur Tragödie gewordenen Polizeibericht" ist die Rede, wie ja auch in *The Wire* die Erfahrungen des Chefautors der Serie David Simon, zwischen 1982 und 1995 Polizeireporter der *Baltimore Sun*, und seines Ko-Autors Ed Burns, einem ehemaligen Beamten sowohl der Mordkommission als auch

der Rauschmittelabteilung des Baltimore Police Department, unmittelbar in die
Narrationen der 2002 gestarteten Serie einfließen. Ein „Stadtbild werde drama-
tisiert", und auch *The Wire* zeichnet über fünf Staffeln das detaillierte Bild einer
US-amerikanischen Metropole, und zwar einer, die ohne die Bestrebungen von
Simons und Burns wohl nie als Szenerie für eine Fernsehserie gedient hätte. Der
Kosmos von Baltimore ist gekennzeichnet durch eine hohe Arbeitslosenquote,
eine hohe Drogen- und Bandenkriminalität und eine sichtbare Verwahrlosung des
Stadtraums. Von fast einer Millionen Einwohnern in den 1950er Jahren sind heute nur noch etwa 600.000 übrig; in einigen Stadtvierteln, die fast ausschließlich
von einer schwarzen Bevölkerung bewohnt werden, liegt das Durchschnittseinkommen unter der Armutsgrenze[1]. *The Wire* porträtiert ebendieses Baltimore und
seinen Niedergang von einer einst bedeutenden Hafenstadt in der Nähe Washingtons zu einem zunehmend durch Armut und Korruption geprägten Ort, indem
unterschiedliche Milieus und Umfelder der Stadt beleuchtet werden, die auf je
spezifische Weise in Verbindung stehen mit der Allgegenwärtigkeit des lokalen
wie globalen Drogenhandels. Im Eingangszitat wird „Niedrigkeit" beschrieben,
das Elend und das Runtergekommene – und auch *The Wire* gilt zu Recht als *die*
US-amerikanische Fernsehserie, die sich nicht scheut zu versuchen, genau diese
Zustände abzubilden. Und das „Gewimmel", auf welches sich das Zitat bezieht,
lässt sich ebenfalls leicht in *The Wire* wiederfinden: in der komplexen Handlungs-
struktur, die Dutzende von Figuren interagieren lässt, Dutzende von Schicksalen
zeigt, die alle miteinander verknüpft sind und voneinander abhängen, oft ohne
sich dessen ganz bewusst zu sein.

Doch bezieht sich das Eingangszitat nicht auf *The Wire*. Es entstammt der
Feder des bekannten deutschen Theaterkritikers Alfred Kerr. Er hat es 1911 formuliert, und er bezieht sich dabei auf die Premiere des Theaterstücks *Die Ratten*
eines Dramatikers, der 26 Jahre vor der Gründung des Fernsehsenders HBO, dem
wir *The Wire* zu verdanken haben, gestorben ist. Sein Name ist Gerhart Hauptmann, und er gilt als der bedeutendste deutschsprachige Vertreter des Naturalismus.

---

1   Für diese und weitere demographische Daten vgl. http://www.city-data.com/neighborhood/
     Upton-Baltimore-MD.html [Letzter Zugriff am 11.3.2012].

The Wire zwischen Tragödie und Naturalismus?

Die literaturhistorischen Verweise, mit denen *The Wire* immer wieder in Verbindung gebracht wird, sind zahlreich. Simon selbst legt dabei vor, wenn er die griechische Tragödie ins Feld führt[2], wobei der tragische Konflikt des Subjekts sich in *The Wire* nicht in Auseinandersetzung mit dem Gesetz der Götter entfaltet, wohl aber mit den Einrichtungen und Apparaten des Staates, seinen Institutionen und seiner Funktionalität. Doch vor allem auf zahlreiche Autoren des 19. Jahrhunderts wird an unterschiedlichen Stellen[3] wiederholt verwiesen, wenn es darum geht, kulturgeschichtliche Bezüge herzustellen. Bei den so ins Spiel gebrachten Schriftstellern – u.a. Balzac, Zola, Tolstoi, Dickens[4] oder Tschechow – handelt es sich um Vorbereiter oder Verfechter einer realistischen, später dezidiert naturalistischen Literatur. Der naturalistische Anspruch, eine Realität unverfälscht abzubilden, scheint Simon tatsächlich mit seinen älteren Kollegen zu einen. Zugleich ist überraschend, wie wenig bei diesem Bezug jeweils der Medienwechsel reflektiert und die Fernsehserie *The Wire* offenbar ausschließlich als narrative Konstruktion betrachtet wird, ohne auf ihre Inszenierungsstrategien einzugehen. Wenn Thomas Gross *The Wire* als „Milieustudie und Gesellschafts*roman* in einem" (Gross 2011) beschreibt und Joe Klein gar den Nobelpreis für Literatur für die Serie fordert, wird ignoriert, welchen unterschiedlichen Voraussetzungen Wirklichkeitsabbildungen in den symbolischen Formen Roman und TV-Serie unterliegen. Vergleiche mit dramatischen Arbeiten liegen da schon näher, da diese immerhin ebenfalls den *darstellenden* Künsten zuzurechnen sind; doch auch hier gilt es, die grundverschiedenen Darstellungsmöglichkeiten und -unmöglichkeiten von Theater und Fernsehen immer wieder zu beachten. Und dennoch: Eine gene-

---

2   „Greek tragedy for the new millennium, so to speak." (Simon, www.believermag.com). Im Interview mit Nick Horny stellt Simon am selben Ort fest: „But instead of the old gods, The Wire is a Greek tragedy in which the postmodern institutions are the Olympian forces. It's the police department, or the drug economy, or the political structures, or the school administration, or the macroeconomic forces that are throwing the lightning bolts and hitting people in the ass for no decent reason. In much of television, and in a good deal of our stage drama, individuals are often portrayed as rising above institutions to achieve catharsis. In this drama, the institutions always prove larger, and those characters with hubris enough to challenge the postmodern construct of American empire are invariably mocked, marginalized, or crushed." Vgl. auch Marshall/Potter a.

3   Vgl. stellvertretend Sheehan/Sweeney, ejumpcut.org.

4   Dickens ist gleich der Titel einer kompletten The Wire-Episode gewidmet, allerdings eher negativ konnotiert: Folge 5.06 beschreibt „The Dickensian Aspect" das Vorhaben des Chefredakteurs der Baltimore Sun, in Porträts und Reportagen eher spektakuläre Einzelaspekte und -schicksale beleuchten zu wollen, als zu versuchen, sachlich und womöglich weniger leserfreundlich die Gesamtzusammenhänge zu beleuchten.

relle Ähnlichkeit bleibt, sei es im Anspruch der Realitätsabbildung, sei es im Gestus der Sozialkritik, sei es in einzelnen Sujets, die schon im Naturalismus zentral waren und in *The Wire* bewusst oder unbewusst wieder aufgenommen werden. Griechische Tragödie oder europäischer Naturalismus – die Wahl der Referenz ist jedenfalls nicht folgenlos. Simons Verweis auf die antike Dramenform ist überzeugend: *The Wire* führt uns von Staffel zu Staffel die Schwerkraft der Institutionen vor Augen und zeigt, wie einzelne, kreative, ja queere[5] Individuen wie die Polizisten Jimmy McNulty und Lester Freamon oder der homosexuelle „stash hunter" Omar Little zwar momentane Verschiebungen der Ordnung bewirken können, das System sich aber letztlich immer wieder von selbst regeneriert und optimiert im Sinne einer reinen Funktionalität – beispielsweise wenn der ohnehin schon schwer auffind- und identifizierbare Gangboss Avon Barksdale allmählich ersetzt wird durch den Newcomer Marlo Stanfield, der sich durch noch weniger erkennbare Eigenschaften auszeichnet und sich noch schwerer eines Verbrechens überführen lässt. Nimmt man diese Übereinstimmung mit der dramatischen Form der Tragödie allerdings als ausschließlich an, läuft man Gefahr, *The Wire* auf eine uneingeschränkt fatalistische Weise auszulegen und der Serie jeglichen Anspruch einer programmatischen Kulturdiagnostik von vorneherein abzusprechen. Und hier kommt der sozialkritische Anspruch des Naturalismus ins Spiel.

Die deutschsprachige Variante des Naturalismus umfasst historisch den Zeitraum zwischen den späten 1870er Jahren bis in die Mitte der 1890er Jahre. Der Anspruch einer möglichst neutral-analytischen, fast naturwissenschaftlich anmutenden Wirklichkeitsbeschreibung in den literarischen Genres und im Theater wirkt rückblickend angesichts der radikalen Formexperimente, denen sich europäische Avantgardekünstler spätestens mit Beginn des 20. Jahrhunderts zuwandten, vergleichsweise unscheinbar. Dabei darf nicht übersehen werden, dass auch die Naturalisten sich als Teil der literarischen Moderne verstanden, und dass ihre Äußerungen zu Kunst und Gesellschaft ebenso wie ihre künstlerische Arbeiten, allen voran im Feld des Theaters als damals „öffentlich wirksamste[r] Vermittlungsinstitution" (Brauneck 1987, XIV), immer wieder für heftige Skandale gut waren und staatliche Zensur auf den Plan riefen. Einer neuen, realistischen Ausdrucksform galten ihre künstlerischen Bemühungen, in welcher sich analytische Abbildung der Welt und politische Kritik an den sozialen Zuständen vereinen sollte. Naturalistische Kunst sei „Natur – x" (Holz 1891, 106ff.), so lautet die in seiner Schrift *Die Kunst* 1891 geäußerte Formel des Dichters und Dramatikers Arno Holz, womit er zugleich deutlich machte, dass alles, was die Kunst noch von der Natur unterscheide als zu überwindende Differenz zu betrachten sei. Das

---

5   Zum Verhältnis zwischen Queerness und subversivem Verhalten vgl. Choat/Fox.

Verständnis einer Gesellschaft, die sie erst „über Narrationen und Fiktionalisierungsleistungen realisiert"[6], wie Ahrens es formuliert, hatte sich dabei unter den
Naturalisten noch kaum durchgesetzt, was sicherlich teilweise auch darauf zurückzuführen ist, dass der Naturalismus keine einheitliche Theorie vorzuweisen
hat, sondern eher als Diskursfeld zu betrachten ist, in dem mittels einiger überein-
stimmender Grundideen lebhafte Diskussionen unter Befürwortern und Gegnern
jener Kunstrichtung ausgetragen wurden. Die unterschiedlichen Themenfelder
fasst Theo Meyer in seiner Theorie des Naturalismus unter drei Hauptaspekten
zusammen: erstens eine Konzentration auf die politisch-soziale Wirklichkeit
des Industriezeitalters, zweitens die Reflexion der neuen naturwissenschaftlich-
technischen Realität der Epoche (nicht zuletzt als Ergebnis eines aus der Aufklärung übernommenen Vertrauens in die menschliche Vernunft) sowie drittens die
ästhetisch-künstlerische Konzeption einer neuen Dichtung (vgl. Meyer 1973, 3).
Die Umstände, so war die Überzeugung vieler Naturalisten, determinieren das
Subjekt, und so sei eine möglichst genaue Beschreibung dieser Umstände, welche
empirisch-analytisch erfasst werden können, auch die Aufgabe der Kunst – in der
zumindest impliziten Hoffnung, dass eine Reflexion dieser Umstände den Rezipienten in die Lage versetzt, diese gegebenenfalls zu ändern.

Wenn im Folgenden *The Wire* mit formalen, inhaltlichen und programmatischen Aspekten des deutschen Naturalismus – besonders, aber nicht ausschließlich bei Hauptmann – abgeglichen wird, so nicht, um den zahlreichen literaturhistorischen Verweisen, mit denen der Serie begegnet wird, lediglich noch ein
paar weitere hinzuzufügen. Stattdessen geht es darum, diese Verweise in einer
beiden gemeinsamen naturalistischen Schaffensweise zu fundieren und zu ver-
tiefen und so zu erörtern, warum es nicht zuletzt aufgrund der festzustellenden
strukturellen Analogien zu diesen möglichen Vorläufern nahe liegen kann, *The
Wire* als gesellschaftskritisch-engagiertes Produkt zeitgenössischer Fernsehkultur
anzusehen. Anhand ausgewählter Aspekte sollen solche Analogien im Rahmen
dieses Textes dargelegt werden. Dabei gehe ich einerseits auf formale Merkmale wie den Umgang mit Sprache sowie die Komplexität und Relationalität der
Handlungsdramaturgie bei gleichzeitigem Verzicht auf illusionsanzeigende, ver-
fremdende Elemente ein. Andererseits möchte ich aber auch einige inhaltliche
Sujets behandeln, die für die naturalistische Literatur Relevanz hatten und in *The
Wire* mal in ganz ähnlicher, mal in stark abgewandelter Form wieder auftauchen.
Hierbei beschränke ich mich auf das Motiv der Großstadt, die Rolle der Natur,
den Umgang mit Technologie und die Darstellung von Drogensucht. Am Schluss
des Textes soll die Frage nach dem kulturdiagnostischen, ja -kritischen Ansatz

---

6   Vgl. Ahrens in diesem Band, 115.

von *The Wire* wieder aufgegriffen werden und besonders unter dem Aspekt des Mangels der Serie an formaler, experimenteller (*nicht* narrativer) Selbstreflexion noch einmal perspektiviert und kontextualisiert werden.

Slang und Code: zum Umgang mit Sprache

Im Bestreben naturalistischer Schriftsteller, Wirklichkeit möglichst getreu und, wie immer wieder betont wird, ‚wahr' wiederzugeben, ist konsequenter Weise auch die *Wirklichkeit der Sprache* mit einbezogen. Gerade dieser Anspruch aber, Sprache nicht mehr als genormtes Darstellungsmittel zu verwenden, sondern ihrer alltäglichen Verwendung – in Dialekten, Slangs, Spezialausdrücken – möglichst nahe zu kommen, hatte durchaus provozierendes Potential und stellte grundlegende Konventionen der Textproduktion in Frage. Wie so eine zumindest ihrem Anspruch nach wirklichkeitsgetreue Sprache in der künstlerischen Arbeit ausgesehen hat, kann man sich wohl am besten in Hauptmanns Dramenwerk verdeutlichen. Wie kaum ein anderer griff er Dialekte und Soziolekte auf, um dem Ideal der Wirklichkeitstreue bestmöglich nachzueifern. In seinen Theatertexten legte er großen Wert darauf, möglichst nah an die Sprachrealität der von ihm dargestellten Figuren heranzukommen; besonders in seinem Dramentext *Die Weber*, welches, ursprünglich streng im schlesischen Heimatdialekt Hauptmanns geschrieben und dann als Zugeständnis für die Aufführbarkeit des Textes dem Hochdeutschen teilweise angenähert, zunächst noch den Titel *De Waber* getragen hatte.

Der Anspruch der Naturalisten, Alltagssprache in der Literatur und auf der Bühne einzusetzen, muss rückblickend bei allen zeitgenössisch geäußerten Einwänden auch als wichtige Entwicklung hin zu einem sprachkritischen Bewusstsein in unterschiedlichsten Kunstströmungen angesehen werden – man könnte gar eher eine Kontinuitätslinie zu avantgardistischen Formen des Gebrauchs dekontextualisierter Sprache sehen.[7] Die Unzulänglichkeit des sprachlichen Ausdrucks, mit der sich deutschsprachige Dramatiker spätestens seit Lessing auseinandergesetzt haben, hinterlässt in naturalistischen Dramentexten verstärkt ihre Spuren, wenn sie mit Halbsätzen, Lücken im Text markierenden Gedankenstrichen und Unterbrechungen im Redefluss arbeiten[8]. Was damals einigermaßen neuartig

---

7   Man denke in diesem Zusammenhang nur an Papa Hamlet von Arno Holz und Johannes Schlaf (vgl. Holz).

8   Wie produktiv auch zeitgenössische Theaterregisseure dieses Potential z. B. bei Hauptmann nutzen können, zeigt u.a. eindrucksvoll Einar Schleefs Inszenierung von Vor Sonnenaufgang, die er 1987 am Schauspiel Frankfurt zur Premiere gebracht hat. Schleef arbeitet intensiv und formalistisch mit und an der Sprache Hauptmanns und entfernt sich auf diese Weise weit vom naturalistischen Ideal der Wirklichkeitsnachahmung, ohne dabei wesentliche inhaltliche Aspekte des Stückes zu ignorieren.

und für viele Rezipienten gar provokant war, ist heute längst zur Konvention geworden; darin unterscheiden sich die Drehbücher von *The Wire* kaum von vielen anderen TV-Serien, Filmen oder Romanen der Gegenwart. *The Wire* arbeitet mit Alltagssprache, aber nicht *an* ihr in einem experimentellen Sinne. Formale Spielereien gestatten sich die Produzenten von *The Wire* nur in seltenen Ausnahmefällen.[9] Denn um ein möglichst genaues Abbild der Realität der Alltagssprache geht es auch Simon und Burns in ihrer Serie, die einen Teil auch ihres US-amerikanischen Publikums in die ungewohnte Lage versetzte, zum besseren Verständnis der Dialoge auf die Untertitel der DVD-Ausgabe angewiesen zu sein. Nie zuvor in der Geschichte des Fernsehens wurde dermaßen darauf geachtet, unverfälscht und somit für ein breites Publikum mitunter auch einfach unverständlich auf die Verwendung von Slang und Idiolekt zu setzen – auch hierin mag ein Aspekt der Verschiebung des Gewichts zugunsten des Akustischen[10], die Cuntz beschreibt, liegen. Seien es die Gangmitglieder der Westside, die osteuropäisch geprägten Hafenarbeiter aus Staffel 2, die Polizisten selbst mit ihrem Fachjargon – Sprache wird in *The Wire* eingesetzt, um die Zugehörigkeit einer Figur zu einem soziokulturellen Background zu verdeutlichen, Orientierung bietet einmal mehr die erlebte Wirklichkeit. Wie sehr bei *The Wire* Darstelleridentität und Rollenidentität dabei ineinander übergehen, ist bei der Figur der Auftragskillerin Snoop besonders deutlich erkennbar: Gespielt wird die Rolle von Felicia „Snoop" Pearson, die selbst tatsächlich im Drogenmilieu Baltimores aufgewachsen ist, als Dealerin gearbeitet und bereits mehrere Jahre im Gefängnis verbracht hat. Simon und Burns haben ihr diesen wie auch alle anderen Dialogtexte ‚auf den Leib geschrieben' – eine Anpassung ihres natürlichen Sprechduktus' an die Konventionen einer genormten, nicht zuletzt Zwecken der Verständlichkeit dienenden TV-Sprache war weder notwendig noch erwünscht.

The Wire zeigt, dass das Medium Fernsehen im Anspruch der originalgetreuen Wiedergabe von Alltagssprache viel weiter gehen kann, als es zumindest dem Bühnennaturalismus jemals möglich war. Wie wenig es den meisten Schriftstellern jener Zeit gelungen ist, ihren eigenen Forderungen tatsächlich gerecht zu werden, hat der Literaturkritiker Julius Hart im *Kritischen Jahrbuch* 1890 deutlich

---

9   Die bekannt gewordene „Fuck-Szene" mit Bunk Moreland und McNulty bildet hier eine jener wenigen Ausnahmen. Wenn die beiden Polizisten den Tatort des Mordes an einem der Opfer Barksdales untersuchen und ihr Vorgehen und ihre nicht unwichtigen Erkenntnisse minutenlang und ausschließlich mit Phrasen mit unterschiedlichsten Bedeutungen, die aus Variationen des Wörtchens ‚fuck' gebildet sind, kommentieren, dann zeigt sich hier, dass einerseits schon mit wenig Sprache viel gesagt werden kann, aber andererseits eben auch, dass mit ihr – auch wenn sie sich bemüht, möglichst wirklichkeitsgetreu zu sein – längst nicht alles gesagt werden kann, was das Subjekt umtreibt.

10 Vgl. Cuntz in diesem Band, 192f.

gemacht: „*Mit der Prosa des Alltags, der sogenannten Wirklichkeit, der Prosa der Wissenschaft hat diese dichterische Prosa der Zola, Ibsen und Tolstoi [...] ebensowenig zu tun, ist von ihr durch dieselbe Kluft getrennt, wie auch der künstlerische Vers es ist.*" (Hart 1890, 66) Der Einsatz von nicht ausgebildeten Darstellern wie Pearson ermöglicht es *The Wire*, Sprachwirklichkeit nicht nur nachzu*ahmen*, was nach Harts berechtigter Kritik immer nur auf ein Nach*schaffen* hinauslaufen kann; die Serie kann jene originale Sprache – ebenso wie Schauplätze und Charaktere – direkt integrieren, als performatives Element in einer freilich weiterhin zwangsläufig repräsentationalen und insgesamt nachahmenden Rahmung.

Ein technischer und ein inhaltlicher Aspekt helfen *The Wire* darüber hinaus dabei, den dokumentarischen Eindruck der Unverfälschtheit auf sprachlicher Ebene zu suggerieren. Zum einen gibt es freilich die bereits erwähnte Möglichkeit zumindest für denjenigen Zuschauer, der sich die Serien mittels DVD anschaut, einfach die Untertitel zu aktivieren. Somit wird das nur scheinbar banale Problem der Unverständlichkeit umgangen, welches neben der mangelnden Kompetenz der Darsteller als eines der Hauptargumente gegen eine wirklichkeitsgetreue Sprachverwendung ins Feld geführt wurde. Zum anderen ist aber auch die (Sprach-)Welt, die in *The Wire* abgebildet wird, weitaus weniger homogen als der dargestellte Kosmos eines Textes jedenfalls des deutschen Naturalismus um 1900. Simon und Burns zeigen Baltimore als Schmelztiegel unterschiedlichster Kulturbereiche und Schichten – Polizisten, Gangster, Politiker, Journalisten, Hafenarbeiter, Schüler etc. –, jeweils, wie erwähnt, mit einer anderen Sprechweise und abweichendem Wortschatz. Wo immer sich diese Bereiche überschneiden und in Kommunikation mit einander geraten, muss implizit oder explizit eine Form der Übersetzungsarbeit geleistet werden, soll die Kommunikation gelingen – meistens ein Interesse vor allem der Polizei, deren Aufgabe schließlich das Beschaffen von Informationen fordert. Wie das schief gehen kann, zeigt z. B. eine Szene in Episode 2.03 (TW 2.03, 02:50f.), in der Moreland und Freamon vergeblich versuchen, aus dem vielsprachigen Kauderwelsch der Besatzung der *Atlantic Light* schlau zu werden, die ihnen Informationen vorenthalten wollen und zu diesem Zwecke vorgeben, des Englischen nicht mächtig zu sein. Dass das aber auch erfolgreich laufen kann, zeigt beispielsweise der Teaser von Episode 1.07, in dem McNulty, Freamon und ihre Kollegen einmal mehr versuchen, sich einen Reim auf abgehörte Telefongespräche zu machen:

STIMME VOM BAND: Low man scrapped, yo. He all the way down. But we going to start fresh in the latest tomorrow, down from up North. HERC: No problem. PREZ (schaut ungläubig): No problem? HERC: Yo's talkin' about some guy named Lohman, who's down with the strep, like he's sick. MCNULTY: And the last part? HERC: And the last part is something about he's gonna start up a Fashion Lady or some shit. CARVER: Fashion Lady? HERC: I'm fluent in the Perkins Homes and Latrobe Tower dialects, but I haven't mastered the Franklin

Terrace. PREZ: He's saying, they're sold out in the low-rises, so tomorrow they start fresh with a new package. MCNULTY: That's what you hear? FREAMON: Listen again. STIMME VOM BAND: Low man scrapped, yo. FREAMON: Low man, meaning the low-rise pit. STIMME VOM BAND: He all the way down. FREAMON: Is down to scraps on the last package. STIM-ME VOM BAND: But we going to start fresh in the latest tomorrow, down from up North. FREAMON: Tomorrow he is gonna start fresh on the latest package. CARVER: Damn, how you all hear it so good? (TW 1.07, 00:00ff.)

Durch die Überschneidungen, Vermischungen und Begegnungen der verschiedenen Slang-Gruppierungen in *The Wire* kommt es immer wieder zu solchen Übersetzungsspielen. Zudem werden wiederholt auf oft schwer zu unterscheidende Weise Slangbegriffe und strategisch geformte Codewörter vermischt.[11] An den Knotenpunkten des komplexen Netzes, welches *The Wire* über fünf Staffeln hinweg knüpft, wird so immer wieder Bedeutung von einer sprachlichen Form in eine andere übertragen, und Information fluktuiert zwischen den verschiedenen Subgemeinschaften. Der Zuschauer hat rezipierend an diesem Spiel der Sprechweisen und Transformationen teil und kann einen Teil seines Vergnügens daraus ziehen, die Eigenheiten der Dia-, Sozio- und Idiolekte wie als Bestandteile eine Sprachrätsels zu identifizieren und nach und nach zu verstehen. Ebenso wie einzelne Trekkies sich einen Spaß daraus gemacht haben, klingonische Wörterbücher auf Grundlage von *Star Trek* zu kreieren, tauschen sich Fans im Internet über die fremden Wörter und Begriffe aus, mit denen sie in *The Wire* konfrontiert sind.[12]

Dass Slang und Sprechduktus dabei auch einfach in Form eines bewussten Aktes kopiert werden können – eine milieubezogene Sprachprägung also weniger zwingend sein muss, als das ein strenger Naturalist zugestehen würde – zeigt die Nebenfigur des eher unglaubwürdig wirkenden Dealers Frog, eines Weißen, dem der Hafenarbeiter Nick in Staffel 2 Drogen zum Weiterverkauf anbietet:

FROG: No, see, that ain't the way it work. It ain't. Cos I'm the one out here all day taking the chance, right? I'm saying, police roll up into this bitch, it ain't gonna be you that catch no charge. So, leastwise, the thing you need to do is lay all that good shit down on an even split, yo. Come Friday, me and my niggers done sold all that shit off, you come past and get paid. That's how I'm at with it. (TW 2.07, 05:44ff.)[13]

---

11   So verhält es sich z. B. mit den Benennungen für die Rauschmittel, oder im obigen Zitat mit der Bezeichnung ‚low man' für ‚low-rise pit', was wiederum für den Drogenumschlagsplatz des ‚low-rise housing-project' steht.

12   Auf www.subcentral.de findet sich beispielsweise ein entsprechendes „The Wire Slang Dictionary" [letzter Zugriff am 12.3.2012].

13   Ein ähnliches, wenn auch strategisch aus ganz anderen Gründen erfolgendes Nachahmen eines fremden Dialekts vollzieht McNulty in Folge 2.09, wenn er sich bemüht, einen Akzent anzunehmen, der irgendwo zwischen schottischem und irischem Englisch liegt, um undercover im Bordell der Hafenmafia zu ermitteln.

Nick, der sich über diese eigenwillige Kopie einer Sprechweise aus einer anderen
Subkultur lustig macht, winkt Frog anschließend näher heran:

> NICK: Hey, Frog. Come here. No, seriously. Come here. First of all, and I don't know how
> to tell you this without hurting you deeply ... First of all, you happen to be white. I'm talking
> raised-on-Rapolla-Street white, where your mama used to drag you to St Casimir's just like all
> the other little pisspants on the block. Second, I'm also white. Not hang-on-the-corner-don't-
> give-a-fuck white, but Locust-Point-IBS-Local-47 white. [...] FROG: All right. (will mit Nick
> einschlagen, der aber nicht reagiert.) I'saying, I'm gonna send my man around with the dollars.
> Keep it real, yo. NICK: Whatever. „Yo". (TW 2.07, 06:05ff.)

Unaufdringlichkeit der Mittel: Realistische Zustandsschilderungen und die Frage der narrativen Komplexität

Lebensechtheit in Denken, Sprechen und Handeln lautet eine Grundforderung
des Naturalismus. Entscheidende Konsequenzen hatte diese besonders für die
Handlungsführung, die der Literaturwissenschaftler Sigmund Bytkowski 1908
in seiner Schrift *Gerhart Hauptmanns Naturalismus und das Drama* treffend
als „Zustandsschilderung" (Bytkowski 1908, 160) beschreibt: Des Dramas „Gegenstand ist nicht irgendein Konflikt, Zusammenstoß, sondern ein schleichen-
des Übel, ein unentrinnbares Geschick. Dieser Gegenstand ist aber undramatisch
durch und durch. Er ist episch, weil es eben ein dauernder Zustand ist." (Bytkowski 1908, 162) Eine konventionelle Handlungsdramaturgie fällt im Naturalismus
somit zugunsten einer Forderung nach der Unaufdringlichkeit der Mittel, dem
Zurücktreten von Merkmalen der Konstruiertheit durch einen Autor hinter eine
realistische Zustandsbeschreibung, weg. Das mag, so räumt auch Hauptmann ein,
auf Kosten der Spannung gehen; doch: „Spannung. Lieber Gott! Spannung ist
Kniff: der leichtesten einer." (Bytkowski 1908, 194) Besonders gegen die Figur
des klassischen Helden gehen viele Naturalisten in diesem Zuge vor. Stattdessen stehen, wie es der Literaturkritiker Hans Merian 1891 in der Zeitschrift *Die
Gesellschaft* beschreibt, verstärkt durch „Verkommenheiten" (Merian 1891, 75)
geprägte, eben nicht heldenhaft souveräne Charaktere im Vordergrund, in denen
das „*Walten der Kausalgesetze*" (Merian 1891, 75) zum Ausdruck kommt.

Wie viele andere Dramentexte Hauptmanns können auch hier wieder *Die Weber* als paradigmatisch für diesen Umgang mit Handlungsdramaturgie angeführt
werden. Über vierzig Figuren sind als *Dramatis personae* im Stück über den schlesischen Weberaufstand des Jahres 1844 aufgelistet, und keine kann als Protagonist
identifiziert werden. Ebenso wenig lässt sich ein klarer Handlungsfaden finden, stattdessen sind zahlreiche Mini-Plots ineinander verwoben – der Titel des Dramas weist

hier auf die handelnden Charaktere hin, spiegelt sich aber in der komplexen Struktur des Stückes wieder.[14] Je nach Akt finden die geschilderten Situationen an ganz unterschiedlichen Orten statt, in den Weberhütten ebenso wie in einer Fabrikantenvilla, um so Einblick in unterschiedliche Umgebungen und Debatten geben zu können. Das Stück verlangt der Aufmerksamkeit der Zuschauer das Äußerste ab, und wie ungewöhnlich diese handlungsdramaturgischen Entscheidungen für das zeitgenössische Publikum waren, zeigt auch eine Analyse des Schriftstellers Wilhelm Bölsche in der *Freien Bühne* 1892: „Die ‚Waber' sind in ihrer Technik eins der merkwürdigsten Stücke, die überhaupt jemals geschrieben worden sind. Ein Drama ohne einen alle Akte durchgehenden Helden, ja nahezu ohne durchgehende Personen überhaupt. Ein Drama ohne erotischen Konflikt [...]." (Bölsche 1892, 184f.) Wenn auch die heftige Kritik, die sich das Stück bei seiner Uraufführung in Berlin 1893 ausgesetzt sah, vor allem auf die politische Brisanz der ungeschönten Darstellung von Armut und Elend – und von Armut als Grundlage und Grund für einen Aufstand – abzielte, so kann nicht bestritten werden, dass der Unmut vieler Kritiker auch eben dieser neuen, als verworren wahrgenommenen, somit rezeptionserschwerenden Struktur und dem Fehlen einer Identifikationsfigur geschuldet ist.

Über hundert Jahre später werden der TV-Serie *The Wire* ganz ähnliche Strukturmerkmale attestiert, mal begeistert, mal wohlwollend, mal unzufrieden. Und es stimmt: Dass eine Fernsehserie darauf verzichtet, ihre Zuschauer nicht schon mit einem spannungsgeladenen Pilotfilm oder auch den Einsatz von neugierig machenden Cliffhangern ab der ersten Folge an sich zu binden, ist in der zeitgenössischen westlichen Fernsehkultur reichlich ungewöhnlich. Allein 85 Figuren zählt die Website von HBO auf, die alle im Laufe der fünf Staffeln eine Rolle spielen. Zwar sind freilich einige von ihnen präsenter und auch populärer als andere, doch ‚die' Hauptfigur im Sinne eines klassischen Helden lässt sich nicht ausmachen. Auch die Personen in *The Wire* werden nicht als souveräne Akteure dargestellt, sondern als Produkte der Umstände, in denen jenes Walten der Kausalgesetze sich ausdrückt. Niemals, nicht einmal als Bürgermeister, können sie ihr Milieu beherrschen; da wirkt es schon fast souverän und heldenhaft, wenn sie – in nur seltenen Fällen, wie ich im nächsten Abschnitt zeigen will – in die Lage geraten, ihr Milieu verlassen und in ein anderes überwechseln können. Zwar gibt es etliche Figuren, die von Anfang bis Ende dabei sind und einige übergeordnete Konflikte wie die Jagd der Sondereinheit auf Barksdale und Stanfield; doch zeichnet sich die Serie vor allem durch eine Vielzahl von Plots und zahlreichen Situationsdarstellungen aus und versucht damit eher dem Anspruch gerecht zu werden, ein Gesamtbild abzugeben, anstatt auf den Spannungsbogen eines bestimmten Handlungsver-

---

14   Hier wird eine weitere Analogie zur Serie The Wire deutlich, deren Titel ebenfalls ihre eigene Erzählstruktur kennzeichnet.

laufs zu setzen. In fünf Staffeln werden fünf unterschiedliche soziale Umfelder beleuchtet, kaum ein Schauplatz wird durchgängig verwendet.[15] Zudem geht die Serie – offenbar auch in ihrem Bestreben, wirklichkeitsgetreu zu sein – oftmals mit einer ungewöhnlichen Langsamkeit vor; wie ‚im richtigen Leben' ziehen sich Prozesse, Verfahren und Abläufe (wie romantische bzw. nicht mehr ganz so romantische Beziehungen, Gerichtsverfahren, Ermittlungen) über Jahre hin, nicht selten, ohne überhaupt einen befriedenden Abschluss zu finden. Das nicht zuletzt fernsehspezifische Prinzip der Serialität erleichtert auch hier wieder die Annäherung an ein Ansinnen der Naturalisten, welche sie angesichts der medialen Darstellungskonventionen und -gegebenheiten der Theaterbühne vor 1900 nicht konsequent verfolgen konnten: den Verzicht auf einen klaren Abschluss einer Aufführung. Ebenso wenig, wie es den Ermittlern in *The Wire* jemals befriedigend gelingen kann, ihre Untersuchungen abzuschließen, so wenig findet auch die erzählte Fabel ein zwingendes Ende, im Gegenteil: Es wird aus immer wieder neuer Perspektive ein Zustand geschildert, so dass der Zuschauer den Eindruck gewinnen mag, es könne ewig so weitergehen. Bei Fernsehserien ist es nichts Ungewöhnliches, wenn sie sich die Möglichkeit ihrer Fortsetzung beständig offen halten; Serialität bringt ein narratives Komplexitätspotential mit sich.

Doch können wir bei *The Wire* tatsächlich von narrativer Komplexität sprechen, wie es in der Literatur häufig getan wird (vgl. z.B. Nannicelli 2009)? Der Medienwissenschaftler Erlend Lavik argumentiert dagegen und stellt fest, „that the show stands as remarkably basic compared to the stylistic and narrational flamboyance that typifies so much of today's high-end entertainment output" (Lavik 2010, 77). Lavik definiert – und ich folge ihm darin – narrative Komplexität als Zusammenspiel von zwei Faktoren. Auf der einen Seite steht formale Komplexität, wie sie *The Wire* zweifellos aufweist und wir sie auch im Zusammenhang mit naturalistischer Erzählweise wiederfinden konnten. Auf der anderen Seite nennt Lavik aber eine Art der „self-consciousness" (Lavik 2010, 77), der Selbstreflektiertheit als Grundbedingung für narrativ komplexes Erzählen. Dabei stellt er fest,

> „[…] that The Wire is highly complex in the first sense, but not in the second. It is an unusually demanding show to follow in the sense that it contains vast numbers of characters and plotlines coupled with very little expositions. As we will see, though, these features are rooted in old-fashioned documentary and novelistic traditions, not in the current vogue for playful and self-reflexive formal experimentation. In The Wire the craft component does not come to the fore, i.e. the show does not put its own complexity on display as a form of virtuosity. For example, apart from a single flashback in the very first episode, the series is entirely linear." (Lavik 2010, 78)

---

15   Radikales Gegenmodell hierzu wären zahlreiche oft günstig produzierte Serien aus dem Genre der Sitcoms wie der Bill Cosby Show, Roseanne oder Friends, die über Staffeln hinweg mit nur einem einzige Setting auskommen – nicht selten einem bürgerlichen Wohnzimmer.

Was Lavik zu Recht vermisst, ist eine metanarrative Ebene, in der die Serie über die eigene Erzählweise, somit aber auch zwangsläufig über die Frage nach ihren Möglichkeiten und Grenzen reflektiert. Nicht-lineares Erzählen, selbstironische Kommentare – selten kommen sie vor –, Brüche in der Handlungslogik wären hierbei Herangehensweisen, die diese Ebene herstellen könnten. Unterstützt wird die prinzipiell traditionelle Erzählweise von *The Wire* nachhaltig dadurch, dass auch in der filmischen Inszenierung der Drehbücher großer Wert darauf gelegt wurde, formale Experimente und ungewöhnliche Darstellungsversuche zu umgehen. Die Kameraführung ist meistens ruhig, geradezu unauffällig fährt sie langsam die einzufangende Szenerie ab, ganz wie im konventionellen Dokumentarfilm. Häufig gibt es Totaleinstellungen, Dialogsequenzen kommen wie oben angedeutet oft mit halbnahen *close ups* aus, welche Oberkörper und Kopf der sprechenden Figur zeigen und unserer natürlichen Sehsituation entsprechen; näher heran wagt sich die Kamera kaum. Die im 4:3-Format gedrehte Serie kommt ohne Blacks und ohne ungewöhnliche Schnittfolgen aus, das Bild zeigt eine Figur, bevor sie anfängt zu sprechen: „the camera never ‚fish' for information" (Lavik 2010, 80). Der Einsatz von Filmmusik erfolgt meistens diegetisch, untermalende Klänge gibt es nur in den seltenen, immer auffallenden Collagen (z. B. im Teaser von Folge 2.10, in der der zunächst als On-Musik eingeführte gemächliche Johnny-Cash-Song *I walk the line* den ebenso gemächlichen Fortgang der Ermittlungen der Sondereinheit untermalt; vgl. TW 2.10, 00:00f.).[16]

Mit Ausnahme weniger augenzwinkernder Zitierungen reflektiert *The Wire* weder auf narrativer noch auf inszenatorischer Ebene über den Einsatz der eigenen Darstellungsmittel, über das, was sie zeigen können – und was eben nicht. Eine narrative Komplexität in Laviks Sinne ist somit nicht gegeben. Das Diktum der Unaufdringlichkeit der Mittel gilt hier ebenso wie in den Texten und Inszenierungen des Naturalismus: Nicht um eine ästhetische Reflexion ist es Hauptmann und Simon und Burns zu tun, sondern um die Darstellung einer sozialen Realität. Alles, was dabei den Zuschauer auf die Art, auf die Bedingungen und Grenzen jener Darstellung aufmerksam macht, gilt als störend – es lenkt ab vom eigentlichen Ziel und schmälert den dokumentarischen Eindruck der Unverfälschtheit. Ebenso wie der Abbildungsanspruch beide Darstellungsweisen eint, so eint sie

---

16   Die Beobachtungen Laviks decken sich mit denen Krauses, der diesen Stil als quasidokumentarisch bezeichnet: „Dieser Stil […] zeichnet sich durch eine visuelle Präsentationsform aus, die weitestgehend auf ästhetisierende Blenden-, Einstellungs- und Beleuchtungstechniken verzichtet, Handheld-Kameras einsetzt und in der Montage konsequent von der Gestaltung der Übergänge zwischen Szenen absieht." Vgl. Krause in diesem Band, 63f.

die Vermeidung, innerhalb der jeweiligen Darstellung über sie zu reflektieren. Inwiefern dieser Ansatz einem möglichen aufklärerischen Anspruch wiederum entgegenstehen kann, soll später ausführlicher erörtert werden.

„How do you get from here to the rest of the world?" (TW 5.05): Milieu und Relationalität

Wichtige Impulse für das Schaffen der Naturalisten gab vor allem der Philosoph Hippolyte Taine. Seine 1878 im Rahmen einer *Geschichte der englischen Literatur* entwickelte Theorie von den „drei verschiedenen Quellen" (Taine 1878, 15f.), aus denen eine Zivilisation, aber auch jedes Individuum hervorgeht, der *race*, des *milieu* und des *moment*, entwickelte er im Vorwort seiner *Geschichte der englischen Literatur*. Besonders seine Konzeption des Milieus hatte einen Jahrzehnte andauernden Einfluss auf die Debatten des Naturalismus. Dahinter verbirgt sich, so der Schriftsteller Karl Bleibtreu 1891 in der Monatsschrift *Die Gesellschaft*, die Annahme, „daß alles und jedes nicht einzeln für sich, sondern aus der allgemeinen Umgebung zu erklären sei" (Bleibtreu 1891, 899). Etwas ausführlicher beschreibt das 1889 der Schriftsteller und Journalist Conrad Alberti in seiner Schrift *Natur und Kunst*:

> „[D]as Milieu beruht zunächst, auf seiner einfachsten Stufe, darauf, den Menschen aus dem zu erklären, was außer ihm ist. Sein Wesen wird nicht als angeboren, ursprünglich aufgefaßt, sondern bedingt durch seine Abstammung, das Land, in dem er lebt, seine Erziehung, die sozialen Verhältnisse, in denen er aufwächst, die ersten Eindrücke der Natur auf ihn, seine hauptsächliche Beschäftigung, seinen Umgang, die Anschauungen seiner Zeit. Kurz, alles Äußere, was Einfluß auf die Existenz, die Charakterbildung des Menschen hat, [...] – dies alles nennt man zunächst das Milieu. Es ist die Ursache der Mannigfaltigkeit – wenigstens eine wichtige Ursache –, es schafft den ungeheuren Reichtum von Typen und Individuen. [...]

> Das Milieu in der Kunst wie in der Kunstlehre konnte sich erst entfalten, sobald die jahrhundertealte Legende vom freien Willen des Menschen zerstört war, sobald man wußte, daß der Wille des Menschen in keinem Augenblick frei ist, sondern jeder Mensch nur das will, was er wollen muß, wozu seine Natur und das Milieu ihn zwingen, daß er in jedem Augenblicke einem physiologischen und milieumäßigen Zwange gehorcht." (Alberti 1891, 55ff.)

Mit dieser Annahme des Milieus als für die Subjektbildung entscheidendem Faktor änderten sich auch die Anforderungen an den Künstler radikal: Statt seiner subjektiven Innerlichkeit, aus der heraus er bislang erfolgreich schöpfen zu können vermeinte, musste er sich nun als möglichst objektiver Beobachter eines sozialen Umfelds versuchen. Holz verlangt von naturalistischen Dramen, dass sie „zusammengehalten durch ihr Milieu, alle Kreise und Klassen spiegelnd, nach und nach ein umfassendes Bild unserer Zeit" (Holz 1925, 3) geben sollen. Wie-

der lässt sich allen voran Hauptmanns *Weber* als Paradebeispiel aufführen, worin
er versucht, den Weberaufstand aus unterschiedlichen Perspektiven und Milieus
heraus zu schildern: Er zeigt Elend und Armut der Weber und wie diese Zustände
ihre Wut und damit den Aufstand zwangsläufig zur Folge haben müssen, er zeigt
aber auch das Umfeld des Kapitalisten Dreißiger, der nicht als schlechter Mensch
per se, sondern ebenfalls als Produkt seiner Umstände dargestellt ist.

Zweifellos ist das Bild vom Subjekt, das in *The Wire* zugrunde gelegt werden kann, komplexer als die simple deterministische, sich an den Gesetzen der
Naturwissenschaften orientierende Auffassung, die den Naturalismus bestimmt[17].
Die Serie demonstriert die „Institutionen, […] Verfahren, Analysen und Refle-
xionen, [die] Berechnungen und […] Taktiken" (Foucault 2005a, 171) der Sub-
jektkonstitutionen bedingenden Machtausübung und ist somit eher in einer Nähe
zu Foucaults Begriff der Gouvernementalität zu verorten. Nichtsdestotrotz kann
auch *The Wire* als umfassende Milieustudie beschrieben werden, und auch in der
Serie werden im Laufe der fünf Staffeln ganz unterschiedliche und dennoch miteinander verknüpfte Milieus abgebildet; der Zuschauer lernt so verschiedene Orte
kennen wie die Bar der Hafenarbeiter oder die Sitzungssäle des Rathauses, die
Redaktion der regionalen Zeitung oder die Klassenräume der Tilghman Middle
School, die Polizeireviere und das Gefängnis oder die Straßenecken von West
Baltimore. Den anfangs zitierten Eindruck der Tragik erweckt *The Wire* nun genau durch solche Charaktere − allen voran die Gangmitglieder −, die in ihrem
jeweiligen Milieu gefangen zu sein scheinen, ohne die Chance, jemals aus diesem
herauszukommen. So sind es genau diese Figuren, die ihrem Milieu und somit
Schicksal nicht entrinnen können, die sich leicht als tragische Typen bezeichnen
lassen.[18] Die Eingeschränktheit auf ein prägendes Milieu wird ebenso bei den Hafenarbeitern deutlich; ganz ähnlich wie bei den Arbeitslosen der Westside − wenn
auch noch nicht ganz so fortgeschritten − zeigt sich hier, wie die ökonomische
Perspektivlosigkeit eines Umfelds zwangsläufig Kriminalität als Alternative zur
Folge hat: Frank und Nick Sobotka sind keine geborenen Verbrecher − sie *werden* erst kriminell, um nicht weiter sozial abzurutschen. Besonders das traurige
Schicksal von Frank Sobotkas Sohn Ziggy erscheint hier als tragisch. Auch der

---

17 Zum Vergleich von The Wire mit einer offenen Spielanordnung im Sinne eines Experiments
    vgl. Cuntz in diesem Band, 147ff.
18 Krauses Charakterisierung der Protagonisten von The Wire als aufgeklärte Figuren, „die den
    sie umgebenden Institutionen und gesellschaftlichen Verhältnissen alles andere als naiv gegen-
    übertreten" vgl. Krause in diesdem Band, 54, teile ich hier nicht ganz: Die Charaktere mögen
    aufgeklärt ihrem angestammten Milieu gegenüber stehen, haben aber keine Chance, die Kom-
    plexität der gouvernementalen Netzstruktur der institutionellen Macht zu durchschauen; diese
    übergeordnete Perspektive, die die Serie in fünf Staffeln aufzudecken sich bemüht, bleibt den
    meisten von ihr beschriebenen Figuren unerreichbar.

Konflikt zwischen Barksdale und seinem Komplizen Stringer Bell beruht genau
auf dem Umstand, dass Avon Stringer immer wieder daran erinnern muss, bei
aller Ähnlichkeit den Drogenhandel nicht mit jedem beliebigen anderen kapitalistischen Geschäft zu vergleichen: Da er nicht durch ein übergeordnetes Gesetz geregelt (sondern schlichtweg verboten) ist, kann sich, wer in ihm operieren
möchte, auf keinerlei Verträge oder Vereinbarungen stützen und ist notgedrungen
angewiesen auf den Einsatz von körperlicher Gewalt.[19] Allein als ‚soldier' wie
Avon, als Kämpfer ist man gefragt in diesem Umfeld, so sehr man auch die Gesetze eines anderen Milieus darauf übertragen möchte. Will man nach anderen
Regeln verfahren, muss man Tätigkeits- und Umfeld wechseln: „There's games
beyond that fucking game." (Stringer zu Avon in TW 3.10, 28:00)

Doch liegt eine weitere – beiden Ansätzen allerdings auch historisch keineswegs exklusive –Gemeinsamkeit von *The Wire* und dem naturalistischen Ansatz
darin, dass sie diese einzelnen Milieus nicht separiert und in einer unüberwindbaren Abgrenzung zueinander darstellen, sondern dass sie sich bemühen, ein Bild
der Welt als relationales Ganzes zu zeichnen. Bei den Naturalisten ist es wieder Holz, der die Idee eines einheitlichen Weltzusammenhangs am deutlichsten
formuliert, zweifellos angeregt durch die Verfahrensweise der neuzeitlichen Na-
turwissenschaft. Die Welt sei dank einer „durchgängigen Gesetzmäßigkeit alles
Geschehens […] zu einem einzigen, riesenhaften Organismus geworden, dessen
kolossale Glieder logisch ineinandergreifen, in dem jedes Blutskügelchen seinen
Sinn und jeder Schweißtropfen seinen Verstand hat" (Holz 1891, 86f.). Dass der
Zuschauer oder Leser gerade aus dem Erkennen einer abgebildeten Relationalität
der Welt seine Rezeptionslust ziehen kann, konstatiert Merian: „[A]lle ästhetische Befriedigung gehe in letzter Instanz aus dem blitzartigen (d.h. plötzlich aus
der Gefühlssphäre ins Bewußtsein tretenden, überraschenden) Erkennen der im
Kunstwerk nachgebildeten logischen Kausalität des Weltganzen hervor." (Merian
1891, 69)

The Wire setzt unbestritten auf diese Erkenntnislust beim Zuschauer. Verweist ja schon der Titel der Serie – *the wire* als Draht, Kabel, Leitung oder Strippe
– auf die Verbindungsfäden, die das als Netzwerk verstandene Weltganze zusammenhalten[20]. Räumlich und sozial wird Baltimore dargestellt als Makrokos-

---

19 Die These, dass es die „Absenz jeglicher Absicherung von Macht und Besitz durch Inskriptio-
    nen und durch Inskriptionen stabilisierte Institutionalität ist, welche die allumfassende brutale
    Gewalt der Drogennetzwerke erklärt", belegt ausführlich Cuntz in seinem Beitrag in diesem
    Band; vgl. Cuntz in diesem Band, 198.

20 ‚To wire' bildet sich etymologisch vermutlich aus dem altirischen Stamm fi- zu irisch fíar (‚schief,
    gebogen, gewunden, gedreht'). Verwandt ist auch der lateinische Stamm vi- (wie in ‚viriae' –
    ‚Armschmuck'). Dieser Schmuck wurde für gewöhnlich aus gewundenem Draht hergestellt,
    was zur heutigen Bedeutung führt. Semantisch nicht unähnlich ist der germanische Stamm we-,

mos voller unterschiedlicher Mikro-Umgebungen, die nur gelegentlich und von wenigen durchkreuzt werden können. Zudem weist es einige besondere Orte der Begegnung auf, meistens Orte des Spiels und der Unterhaltung, wie der Spielfeldrand eines Basketballplatzes, auf dem West- und Eastside einmal im Jahr gegeneinander sportlich antreten (vgl. TW 1.09). Ferner wird auch Baltimore selbst als Mikrokosmos eines größeren Weltganzen inszeniert, mit dem Hafen, durch den Waren – Drogen – in die Stadt hineinkommen, und wiederum jenseits dieser Verbindungsorte klar abgegrenzt von anderen Städten.[21]

Die Außengrenzen der unterschiedlichen Milieus, die *The Wire* beleuchtet, sind für die in ihnen agierenden Figuren oft geschlossen; nur in Ausnahmefälle gelingt es, die eigenen Milieugrenzen zu überschreiten. Und doch zeigt *The Wire*, wie gerade das immer wieder passieren kann. Der kapitalistische Tauschhandel, Baltimore als Umschlagsplatz von Waren und Informationen aller Art machen es möglich und notwendig, dass sich immer wieder Berührungspunkte zwischen den Milieus ergeben – zwischen der Polizei und den *corners* der Westside, zwischen den schwarzen Drogendealern und der Hafenmafia des Griechen etc. Den Charakteren, denen es gelingt, ihr ursprüngliches Milieu auf einem dieser sich permanent ergebenden und permanent fluktuierenden Verbindungswege temporär oder dauerhaft zu verlassen – Koch zitiert hier Michel Serres Formulierung eines „Seins der Relation"[22] –, stehen über der von Simon skizzierten tragischen Grundkonstellation von *The Wire*. Dazu gehören qua Profession die oft *undercover* arbeiteten Polizisten; allen voran freilich McNulty, der die Zustände immer wieder voranbringt und auf den Kopf stellt, indem er seinen jeweiligen Zuständigkeitsbereich verlässt und in Kommunikation tritt mit anderen Abteilungen des *Baltimore Police Department*.[23] Der Ex-Gangster Dennis ‚Cutty' Wise, dem es nach 14 Jahren Gefängnis gelingt, gegen erhebliche Widerstände das Drogenmilieu zu verlassen und einen Boxclub zu eröffnen, ist ein weiteres Beispiel. Die porträtierten Schüler aus der vierten Staffel um Namond Brice sind in dieser Hinsicht interessante Charaktere, und die Bemühungen Colvins und Prez', ihnen

---

auf dem das heutige Verb ‚weben' beruht. Die Ähnlichkeit zwischen den Titeln The Wire und Die Weber zumindest auf semantischer wie auch klanglicher Ebene, wenn auch nicht zwingend auf etymologischer, ist verblüffend.

21   Solche Orte kommen meistens vor, wenn eine Ausnahmesituation eingetreten ist – z. B. dient Philadelphia Wee-Bey als Zufluchtsort, nachdem er Polizistin Kima angeschossen hat.

22   zit. n. Koch in diesem Band, 36.

23   So geschieht das z. B. in Episode 2.02, wenn er sich ohne Auftrag in die Ermittlungen um die gefundenen Frauenleichen einmischt. Doch auch McNultys Kompetenzen des Milieuwechsels sind klar begrenzt, wie man beispielsweise an seinem vergeblichen Bemühen, eine romantische Beziehung mit der Washingtoner Politberaterin Theresa D'Agostino aufzubauen, erkennen kann; ähnlich wie bei D'Angelo ist es wieder ein feines Restaurant, in dem die unüberwindbaren Milieuunterschiede deutlich werden (vgl. TW, 3.09).

durch Bildung einen Ausweg aus ihrem unmittelbaren Umfeld zu ermöglichen, sind nichts anderes als der Versuch, Milieugrenzen durchlässiger werden zu lassen. Während Namond gezeigt wird als jemand, der es schafft – in seinem letzten Auftritt in der Serie in Episode 5.09 hält er einen eindrucksvollen Vortrag im Rahmen eines Debattierwettbewerbs, vor den mit Stolz erfüllten Augen seines Mentors Colvin –, scheitern seine Freunde allerdings auf fatale Weise und werden entweder kriminell oder rutschen in die Obdachlosigkeit. Roland ‚Prez‘ Pryzbylewski selbst ist ein weiteres Paradebeispiel für eine Figur, die sich im Verlauf der Serie in unterschiedlichen Umfeldern aufhält, welche jeweils einen ganz anderen, starken Einfluss auf ihn haben: Aus dem übermütigen und gewaltbereiten Streifenpolizisten auf der Straße wird der mit detektivischem Spürsinn arbeitende Ermittler im Büro, dessen Karriere abrupt durch menschliches Versagen scheitert, und schließlich der engagierte Lehrer an der Tilghman Middle School. Und schließlich zeigt sich allen voran der so genannte Grieche weitgehend von dem Einfluss eines bestimmten Milieus unabhängig, jener Boss der Hafenmafia, der vernetzt ist bis hinein ins FBI und nach Kolumbien. Nicht zuletzt durch den Verzicht auf soziale und familiäre Bindungen ist der Grieche als flexible, namenlose Figur mit wechselnden Ausweispapieren jederzeit in der Lage, sein momentanes Umfeld zu verlassen und an einem anderen Ort der Welt seinen kriminellen Geschäften nachzugehen. Als namenlose Figur ohne staatlich, bürokratisch oder erkennungsdienstlich bekannte Identität wird er als milieuunabhängig in jeder Hinsicht dargestellt und wirkt gerade aus diesem Grund machtvoller als jeder andere Akteur der Serie.

Eine fatalistische Komponente also findet sich innerhalb der geschilderten Milieus: Man kann sie nicht ändern, durch keine Aktion der Charaktere gelingt das. Major Colvin wird das auf bittere Weise bewusst, wenn eine alte Anwohnerin von Hamsterdam, die er umsiedeln möchte, ihm entgegenhält: „You have a program that can take me something else, but no program to work this shit outside my door?" (vgl. TW 3.06, 21:00) Und auch eine noch so erhellende Analyse und Darstellung dieser Umfelder durch eine Fernsehserie wie *The Wire* kann die Gegebenheiten der sozialen Bereiche freilich nicht transformieren – ein derartiger politischer Anspruch ist zwangsläufig zum Scheitern verurteilt, wie auch die Narration der Serie wiederholt zeigt, wenn sie deutlich macht, dass sich die allgemeine Ordnung der Korruption und des Verbrechens trotz aller Erfolge McNultys und all der anderen Grenzverletzer letztlich doch immer wieder von selbst regeneriert. Was sich aber immer ändern kann und ändert, sind die Beziehungen der Milieus untereinander, ihre Durchlässigkeit, die es potentiell mehr Figuren ermöglicht zu wechseln. Denn um nicht systemblind zu sein und transformatives Potential überhaupt erst zu erkennen, müssen Milieugrenzen zumindest momentan durchlässig gewesen sein. Allein in der Begegnung mit dem Anderen begründet sich die subjektive Möglichkeit, bestehende Machtmechanismen produktiv in Frage zu stellen.

Die unentwegte Beschreibung der Relationalität der unterschiedlichen Milieus kann also vorsichtig als Anspruch von *The Wire* gedeutet werden, potentielle Wege durch die jeweiligen Milieus hindurch und aus ihnen heraus aufzuzeigen. Auf diese Weise kann die Forderung des Naturalisten Conradis an künstlerisches Schaffen, stets eine „durchschauende Einsicht in die [...] Relativität der Beziehungen" zu ermöglichen, auch für *The Wire* geltend gemacht werden. Dass das Geflecht und die komplexe Beziehungen, die die Fernsehserie abzubilden versucht, sich zugleich immer wieder ändern können – sich also niemals von der Determiniertheit der einzelnen Milieus ganz einholen lassen –, erhöht nur noch die Durchlässigkeit eben jener Milieus und die Chance, ihnen auf teilweise unkonventionellen Wegen zu entkommen. So leicht sich also die Milieus und ihre Gesetze abbilden lassen, umso voraussetzungsreicher ist die Darstellung ihrer Vernetzung und der diese Vernetzung zwecks Milieuwechsel nutzenden Figuren wie McNulty, Prez oder dem Griechen: Wer der Prägung durch sein Milieu nicht entrinnen kann, ist ein tragischer Typus (wie Ziggy); wem es aber zumindest vorübergehend gelingt, der ist eine Ausnahme, hat einen nicht selten sehr individuellen Weg gefunden, welcher nur bedingt exemplarisch ist. Denn die Relationen der Milieus zueinander fluktuieren ja ständig, und so kann der Weg, den der eine gefunden hat, auch nur manchmal als Vorbild für andere dienen. Vielleicht meint McNulty in etwa das, wenn er Bubbles gegenüber seinen unprofessionellen Seemannsknoten verteidigt:

McNulty legt mit seinem Boot an, Bubbles hilft ihm dabei. Bubbles sieht, wie McNulty das Schiffstau nur locker um den Poller wickelt.

BUBBLES: What the hell is that? MCNULTY: A Baltimore knot. BUBBLES: Baltimore knot? What the hell is a Baltimore knot? MCNULTY: I don't know, but it's never the same thing twice. (TW 2.05, 08:00f.)

Aufstieg und Zerfall: allgegenwärtige Großstadt, verschwundene Natur

Nachfolgend sollen exemplarisch einige inhaltliche Motive und Themen aufgezeigt werden, die etlichen naturalistischen Texten und *The Wire* gemein sind. Im anschließenden Abschnitt werden diesbezüglich die Sujets Technik und Sucht erörtert; zunächst liegt der Fokus auf den Darstellungen von Großstadt und Natur. Denn wie bereits erläutert wurde, spielen sich fast alle Szenen von *The Wire* in der

Großstadt Baltimore als Mikrokosmos ab, dessen bedenklicher Zustand als eine Art zugespitzte Metonymie auf den Zustand der USA, gar der globalen, kapitalistisch geprägten Weltgesellschaft betrachtet werden kann. Ende des 19. Jahrhunderts sah sich der aufkommende Naturalismus mit dem Aufstieg des modernen Urbanismus konfrontiert. Deutschland erlebte einen enormen Verstädterungsprozess und wandelte sich von einem Agrarland innerhalb kürzester Zeit in einen modernen Industriestaat (vgl. auch Stöckmann 2011, 24ff.). Der Aufgang des Urbanen im Zuge der Industrialisierung kann als paradigmatisches Phänomen der Moderne betrachtet werden, wie es auch Georg Simmel in seinem bekannten Aufsatz über *Die Großstädte und das Geistesleben* (vgl. Simmel 2006) 1903 tut. Auf die Naturalisten, welche oftmals aus der deutschen Provinz stammten und sich im kulturellen Berlin erstmals begegneten und als Anhänger einer modernen Strömung wahrnahmen, übte das Phänomen „Großstadt" künstlerisch eine besondere Anziehungskraft aus, wenn sie es auch mit widersprüchlichen Gefühlen betrachteten: Einerseits wurde die Zuspitzung des sozialen Gefälles in der Stadt kritisiert, andererseits konnte man sich aber auch einer unverhohlenen Bewunderung der immensen und neuartigen Fülle an Sinneseindrücken, die der Stadtraum zu bieten hatte, kaum erwehren. So schwärmt beispielsweise Bölsche im *Magazin für Litteratur* 1890: „Die Großstadt ist ja doch in eminentem Sinne auch die Großtat der menschlichen Kultur auf ihrer gegenwärtigen Entwickelungsstufe." (Bölsche 1890, 623)[24]

130 Jahre später zeigt uns *The Wire* die Großstadt als Umgebung, die zwar nach wie vor faszinierend, aber für deren Einwohner längst zur alternativlosen Normalität geworden ist. Statt sich vor einer neuartigen Reizüberflutung schützen zu müssen, haben die Bewohner Baltimores längst gelernt, professionell, flexibel und geschickt mit den Gegebenheiten ihres Umfelds umzugehen – „use the city" empfiehlt die Polizistin Kima einer Kollegin, als diese um einen Rat für die bevorstehende Verfolgung eines Handlangers des Griechen durch Baltimores Straßen bittet.

Neu an dieser städtischen Umgebung ist hingegen Simons unentwegte Darstellung des Zerfalls, dem diese Stadt ausgesetzt ist und gegen den einige der Figuren der Serie vergeblich ankämpfen. *The Wire* zeigt – ganz im Kontrast zu der Aufbruchsstimmung vieler Naturalisten angesichts des urbanen Raums – den unaufhaltsamen Niedergang einer Stadt am Beispiel Baltimores. Sahen sich die

---

24 Im gleichen Text fordert Bölsche, dass der Schriftsteller die von ihm beschriebene Stadt bis ins Detail kennen sollte – eine Forderung, die Simon sicherlich teilt und erfüllt – und kritisiert einige seiner Kollegen, „die nichts kennen als Redaktionsstube, Bierlokal und Kaffe, deren Lektüre die Fachzeitung, deren weibliches Ideal die Kellnerin und deren Weltanschauung trotz des angeblichen Realismus die trockenste Bücherweisheit ist" (Bölsche 1890, 622).

Naturalisten mit dem neuen Phänomen eines Berlins konfrontiert, das durch einen immensen Zuzug von Einwohnern wuchs und dieser Menge nicht mehr Herr werden konnte, zeigen uns Simon und Burns dagegen ein Baltimore, das aufgrund eines eklatanten Mangels an Arbeitsplätzen unter einer wohl unaufhaltsamen Schrumpfung leidet. Immer wieder präsentiert die Serie Aufnahmen von zerfallenen Gebäuden, seien es die vakanten Reihenhäuser von Hamsterdam oder die nicht mehr genutzten Industriegebäude des Hafenviertels. Wenn das soziale Wohnbauprojekt, welches in den ersten beiden Staffeln als lukrativer Drogenumschlagsplatz dargestellt wird, in der ersten Folge der dritten Staffel nach einer optimistischen Rede des Bürgermeisters in die Luft gesprengt wird und sich der Staub anschließend auf die Straßen und ihre Anwohner legt (TW 3.01, 00:00ff.), wird deutlich, dass städtebauliche und mit ihnen Hand in Hand gehende soziale Probleme hier nicht gelöst, sondern lediglich innerhalb des Stadtraums neu platziert werden.

Auf diese Weise wird ganz Baltimore als sozialer Brennpunkt gezeigt, aus dem es, wie im vorigen Abschnitt erörtert, für kaum eine Figur der Serie ein Entrinnen gibt, wie es auch Koch feststellt: „Baltimore fungiert [...] als Chiffre einer weitestgehend geschlossenen Totalisierung der postindustriellen Stadt-Topographie, wo es kein wirkliches Außen mehr gibt"[25]. Die Stadt erhält den Eindruck einer Alternativlosigkeit, was noch dadurch verstärkt wird, dass die spärlich gesäten Szenen, die eine ländliche Natur außerhalb Baltimores zeigen, diejenigen Stadtbewohner, die es dorthin meist unfreiwillig verschlagen hat, maßlos überfordern. Die neuartigen und die Nerven fordernden Reize, denen Besucher und Bewohner einer sich industrialisierenden Großstadt der Jahrhundertwende Simmel zufolge ausgesetzt waren, finden hier ihre Entsprechung in den ungewöhnlichen Geräuschen und Gerüchen der Natur sowie der Schwierigkeit, sich in ihr zu orientieren. So erschrickt der junge Wallace, während er von Ltd. Daniels zum eigenen Schutz zu einer Verwandten auf dem Land gebracht wird, als er ungewöhnlicher Geräusche gewahr wird: Es handelt sich dabei um Grillen, wie Daniels ihn aufklärt (TW 1.10, 34:00).

Auch wenn der naturalistische Ansatz ein idealistisches Kunstschaffen ausschließen wollte, blieb doch dieses Bild eines vorzivilisatorischen Urzustandes der Natur lebendig und diente nicht zuletzt als Grundlage für eine kritische Positionierung gegenüber gegenwärtigen sozialen Zuständen. In *The Wire* spielt diese Referenz auf ein alternatives, natürliches Außen lediglich eine marginale Rolle. Eine der wenigen nicht komischen, positiven, fast romantischen Darstellungen von Natur zeigt die Eröffnungssequenz von Episode 1.10. Bubbles, der versucht,

---

25   Vgl. Koch in diesem Band, 31.

clean zu werden, hat sich in einen Stadtpark – also einen Bereich urban domestizierter Natur *innerhalb* der Stadt – zurückgezogen. Er sitzt auf einer Parkbank und beobachtet von ihrer Großmutter betreute Kinder beim Spiel mit Seifenblasen. Der Wind streift durch die grünen Ahornblätter, und Bubbles scheint die Szenerie staunend und schweigend zu genießen. Ungetrübt ist auch diese Idylle nicht: Der Blick auf einen in der Nähe stattfindenden Drogendeal und das Klingeln eines Mobiltelefons stören den *locus amoenus*. Und schließlich bleibt diese romantisch anmutende Szene eine Ausnahme. *The Wire* stellt die zerfallende Stadt als alternativlosen, allgegenwärtigen Kosmos dar, dem man nur schwer entkommen kann.

Das ohnmächtige Subjekt: veraltete Technologie und Drogensucht

Darstellungen technologischer Erfindungen einerseits und von Rauschmittelabhängigkeit andererseits – auch wenn beide Themenfelder nur bedingt zusammenhängen, überschneiden sie sich dennoch dort, wo die Souveränität des Subjekts in Frage gestellt und es stattdessen in einem Zustand der Ohnmacht gezeigt wird. Beides, die Verteilung technologischer Hilfsmittel und die allgegenwärtige Sucht können als Symptome dafür interpretiert werden. Die Diskrepanz zwischen *The Wire* und naturalistischen Ansätzen ist in der Frage der Darstellung von Technologie durchaus mit den Darstellungstendenzen des Phänomens Großstadt vergleichbar. In beiden Fällen steht einer verhalten hoffnungsvollen, optimistischen Haltung vieler Naturalisten ein deutlich ernüchterter Umgang mit demselben Thema in *The Wire* gegenüber. Die Faszination der Naturalisten für die analytischen Herangehensweisen und Ergebnisse der Naturwissenschaften machte auch vor den wichtigen technischen Errungenschaften der Epoche nicht Halt, deren „ungeheure Entwicklung [in der] Technik" (Christaller 1885, 6f.) spätestens mit der Erfindung der Dampfmaschine sichtbar wurde. Doch nicht alle Naturalisten standen dieser Entwicklung uneingeschränkt positiv gegenüber. So gibt beispielsweise Hauptmann bereits in den *Webern* der Sorge vor einer zunehmenden Ausbeutung der Arbeiter aufgrund der neuen, technischen Möglichkeiten Ausdruck:

> „Bäcker, der voraneilt, macht eine Wendung und hält die andern auf: Halt, heert uf mich! Sei' mer hier fertig, da fang' m'r erscht recht an. Von hier aus geh' mer nach Bielau nieder, zu Dittrichen, der de die mechan'schen Webstihle hat. Das ganze Elend kommt von a Fabriken. […]

> Hornig. […] Die Brieder haben eegne Mucken. Hier is uf de Fabricke abgeschn. De mechan'schen Stihle, die woll'n se doch aus d'r Welt schaffen. Die sein's doch halt eemal, die a Handwerker zugrunde richten: das sieht doch a Blinder." (Hauptmann o.J.b, 364ff.)

Auch in *The Wire* scheint immer noch eine gewisse Hoffnung mit der Entwicklung der Technik verbunden zu sein; schließlich sind es vor allem Erfindungen aus dem Gebiet der Überwachungs- und Abhörtechnologie, mit denen die Sondereinheit ihre wichtigen Ermittlungserfolge erzielen kann. Doch im starken Kontrast zu actionorientierten US-amerikanischen Krimiserien sind diese Technologien dem Ermittlerteam von *The Wire* niemals ohne weiteres verfügbar. Während in Serien wie *CSI* oder *Navy CIS* den Agenten und Polizisten eine schier unbezahlbare Menge und Auswahl an technischen Hilfsmitteln – Großbildschirmen, Überwachungskameras, Abhörgeräten, Analyseinstrumenten – zur Verfügung steht, die die Charaktere quasi als verlängerte Arme benutzen können, um die Verbrecher zu überführen, sind derartige Errungenschaften in *The Wire* entweder gar nicht erhältlich oder wenn doch, dann immer nur durch kreative Tricksereien. Dies entspricht auch Krauses Analyse:

> „Während nämlich Serien wie beispielsweise *CSI*, *House*, *M.D.* oder die Vielzahl erfolgreicher *legal dramas* Verfahren als Instrumente zur investigativen, diagnostischen oder moralischen Wahrheitsfindung betrachten, die von den sie benutzenden Subjekten ingeniös beherrscht werden, inszeniert *The Wire* Verfahren als soziale Technologien, die sich der Beherrschung einzelner Nutzer entziehen, wenn sie sich ihnen nicht sogar entgegenstellen."[26]

Den souveränen Ermittlersubjekten aus Amerikas Mainstream-Serienkultur wird also eine deutliche Absage erteilt. Die Technik in *The Wire* ist immer in den Händen der anderen, meistens denen des FBI – dann kann McNulty immerhin seine persönliche Beziehung zu Agent Fitzhugh nutzen und ihn um Hilfe bitten – oder in denen der Privatwirtschaft und somit unerreichbar.

The Wire stellt die Polizei von Baltimore als chronisch unterausgestattet dar – mit veralteten Computern und unpraktisch großen, daher viel zu auffälligen Abhörgeräten aus vergangenen Jahrzehnten –, und wenn tatsächlich einmal ein hilfreiches Gerät bereits im Equipment vorhanden ist, so weiß keiner davon (vgl. TW 3.11, 13:00). Besonders in der fünften Staffel spitzt sich diese Situation noch zu: Nachdem weitere Budgetkürzungen vorgenommen wurden, ist McNulty nicht einmal mehr in der Lage, im Autopark der Polizei ein Fahrzeug zu finden, das ausreichend funktionstüchtig ist, um ihn zu einem Tatort zu bringen (vgl. TW 5.02).

Technologie ist in *The Wire* immer schwer erhältlich und dient seltener einem Gemeinwohl als kapitalistischer Ausbeutung. Wie existentiell diese Situation – durchaus vergleichbar mit der Lage von Hauptmanns Webern – werden

---

26   Vgl. Krause in diesem Band, 56.

kann, zeigt sich am eindrücklichsten an den Hafenarbeitern um Frank Sobotka. In einer Episode der zweiten Staffel wird ihnen ein Film vorgeführt, der die weitgehend automatisierten Vorgänge des Hafens von Rotterdam vor Augen führt:

> REFERENT: Some of the systems you're seeing have already been upgraded. Rotterdam now works 350 million tons of cargo annually, leaving Singapore a distant second. SOBOTKA: What kind auf man-hours are the stevedores clocking there? REFERENT: You know, eh, I don't have those figures handy, I'm sorry. But Rotterdam does employ 4,000 people. NAT: 4,000 people to move 350 million tons a year? REFERENT: That's right. FUNKTIONÄR: That's efficiency, Nat. REFERENT: By eliminating some of the more dangerous work, the Rotterdam technologies have reduced employee work-related accidents and injuries by 60 %. I think we can all be pretty happy with that, can't we? […] SOBOTKA zu Nat: You can't get hurt if you ain't working, right? (TW 2.07, 16:00f.)

Später wird Sobotka diesen Film als ‚horror movie' bezeichnen. Dient die technologische Entwicklung allein der Effizienz ökonomischer Vorgänge, so gereicht sie zum Nachteil des Individuums und entmächtigt es. Um sich selbst wieder zu *er*mächtigen, gehen zumindest Frank und Nick Sobotka den Weg in die Kriminalität.

Als Möglichkeit, sich zwar nicht wieder zu ermächtigen, das Gefühl der eigenen stets spürbaren Ohnmacht aber zu betäuben, muss ein weiteres, für *The Wire* grundlegendes Element angeführt werden: das Sujet der Rauschmittelabhängigkeit. Das bezieht sich nicht nur auf die illegalen Drogen, deren Umschlag die meisten Geschehnisse der Serie antreibt und mittel- oder unmittelbar beeinflusst; sondern es bezieht sich eben auch auf den allgegenwärtigen Alkoholkonsum, der in *The Wire* dargestellt wird. Seien es die Hafenarbeiter, seien es aber auch die Polizeibeamten: Getrunken wird bei vielen Gelegenheiten im Übermaß.

Auch in den literarischen Werken des Naturalismus spielt der Konsum von Alkohol eine große Rolle. Als Begleiterscheinung des Industrialisierungsprozesses, durch die Verstädterung der Gesellschaft und die Entstehung eines Industrieproletariats, wurden Erscheinungen von Alkoholismus zunehmend gesellschaftlich wahrgenommen. 1889 schließt Hauptmann mit seinem Sozialdrama *Vor Sonnenaufgang* ebenfalls an die sogenannte Alkoholfrage an.[27] Die Darstellung sozialer Missstände auf der Bühne provozierte einen der größten Skandale der Berliner Theatergeschichte. Ebenfalls Missfallen erregt hat die Passivität der Figuren des Dramas. Es schildert die Ereignisse in einem schlesischen Bergwerksdorf, in dem Alkoholismus in exzessivem Ausmaße zu beobachten ist. Das Drama bricht mit klassischen Elementen der Tragödie, da es nicht die Handlungen der Figuren sind, die die Katastrophe – oder das Bewusstsein um eine Katastrophe – herbeiführen; keine von ihnen ist in der Lage, die gegebene Situation zu beeinflussen. Die han-

---

27   Inwiefern Hauptmanns Stück unmittelbar in die zeitgenössische Alkoholfrage eingebunden war, zeigt Thomas Bleitner: vgl. Bleitner 1999.

delnden Charaktere in *Vor Sonnenaufgang* können kaum als solche bezeichnet werden, zeigen sie sich doch allesamt als Gestalten in einem Zustand der Ohnmacht angesichts der sie umgebenden Verhältnisse. Ursache dieser Ohnmacht ist die Armut und die damit verbundene Unmöglichkeit, aus dem Milieu des Arbeiterdorfes herauszutreten; Symptom dieser Ohnmacht ist der verbreitete Alkoholkonsum, der die Existenz in diesem Zustand erträglich machen soll.

Hauptmann führt seinem Publikum unter Alkoholeinfluss stehende Figuren vor in einer Drastik, die es bis dahin nicht gewohnt war:

> „Bauer Krause ist gegen den Gartenzaun getaumelt, klammert sich mit den Händen daran fest und brüllt mit einer etwas näselnden, betrunkenen Stimme nach dem Wirtshaus zurück: 's Gaartla is mei-ne! ... d'r Kratsch'm iis mei-ne... du Gostwerthlops! ... Dohie hä! Er macht sich, nachdem er noch einiges Unverständliche gemurmelt und geknurrt hat, vom Zaune los und stürzt in den Hof, wo er glücklich den Sterzen eines Pfluges zu fassen bekommt. 's Gittla is mei-ne. Er quasselt halb singend: Trink... ei... Briderla, trink... ei... 'iderla, Branntw... wwein... 'acht Kurasche. Dohie hä – laut brüllend – bien iich nee a hibscher Moan? ... Hoa iich nee a hibsch Weibla dohie hä? .... Hoa iich nee a poar hibsche Madel?" (Hauptmann o.J.a, 41)

Auch wenn es heute nicht mehr diese provozierende Wirkung auf viele Zuschauer haben mag – die Darstellung alkoholisierter Figuren in *The Wire* ist kaum weniger exzessiv. In regelmäßigen Abständen sieht man McNulty und Bunk in ihrer Stammkneipe oder auch einfach nur nach Feierabend auf einem Parkplatz beim gemeinsamen Besäufnis. Wie stark dieser Alkoholkonsum ihren Alltag beeinflusst, zeigen die vielen Szenen, in denen sie verkatert am nächsten Morgen wieder aufwachen; McNulty baut eines nachts betrunken einen Autounfall (vgl. TW 2.08), Bunk muss sich während eines morgendlichen Arbeitsgespräches in Ltd. Daniels' Büro in den Papierkorb übergeben. Die Darstellung des stark alkoholisierten Ermittlers steht wieder in klarem Kontrast zu McNultys und Bunks Kollegen aus anderen TV-Serien, die oft nach wie vor als souveräne, sich selbst und ihre Welt kontrollierende Detektive die Ordnung einer vorübergehend chaotisch gewordenen Welt wieder herstellen.[28] *The Wire* dagegen nimmt das naturalistische Sujet der Suchtanfälligkeit wieder auf als Ausdruck einer eskapistischen Sehnsucht des Subjekts, sein angestammtes Milieu, seine eigene determinierte Welt, die es ja doch nicht verändern kann, zu verlassen – wenn es schon zu machtlos ist, dies *realiter* zu tun, so bleibt ihm immer noch der Weg in die Betäubung. Doch anstatt Handlungsoptionen zu liefern, die nötig wären, um die Grenzen seines Milieus zu überwinden, raubt ihm der übermäßige Drogenkonsum diese nur.

---

28 Und auch, wenn diese Souveränität spätestens seit Columbo in den USA und Schimanski in Deutschland zunehmend brüchig geworden ist, so beugen sich doch bis heute die meisten Serienautoren dem den Zuschauern unterstellten Anspruch, ein Fall müsse bis zum Ende einer Folge oder spätestens dem Ende einer Staffel oder Serie gelöst, die Ordnung wieder hergestellt sein.

Neben der legalen Form des Drogenmissbrauchs ist es vor allem die Abhängigkeit von illegalen Substanzen und die sich daraus ergebenden kriminellen Aktivitäten, die in *The Wire* niemals stillstehender Antrieb des unentwegten Räuber-und-Gendarm-Spiels zwischen den Polizeieinheiten und den Drogengangs ist. Welche möglichen, auch positiven Auswirkungen eine Legalisierung der Rauschmittel hätte, wird in der dritten Staffel anhand der von Major Colvin eingerichteten Hamsterdam-Zone, in der die Polizeibeamten den Drogenhandel nicht verfolgen, angedeutet. Ob tote Gangmitglieder, erschossene Polizisten, selbst die indirekt am Rauschgiftschmuggel beteiligten Hafenarbeiter – alle sind sie letztlich Opfer einer aus dem Ruder geratenen, nicht mehr kontrollierbaren Drogenkriminalität. Als unmittelbare Betroffene der Substanz selbst werden in *The Wire* vor allem die beiden Drogensüchtigen Bubbles und Johnny exemplarisch dargestellt. Während Johnny einer Überdosis zum Opfer fällt und in Hamsterdam stirbt, schafft es Bubbles allerdings im Verlauf der fünf Staffeln, seine Sucht zu überwinden. So schwer ihm dieser Schritt fällt – zuvor werden einige seiner vergeblichen Versuche, clean zu werden, ebenfalls gezeigt –, so gelingt es ihm doch nicht zuletzt angetrieben von dem Wunsch, der lebensgefährlichen Umgebung des Drogenmilieus zu entkommen, sein Schicksal wieder in die eigene Hand zu nehmen, nämlich als Straßenhändler. Auf diese Weise zeigen Simon und Burns mit Bubbles eine Figur, der es gelingt, sich selbst wieder zu ermächtigen und eine vermeintlich tragische, ausweglose Lage zu verlassen. Die Sucht nach dem legalen, gesellschaftlich anerkannten Rauschmittel Alkohol, dessen Konsum eben nicht mit einer lebensbedrohenden Gewalt einhergeht, zu überwinden, gelingt keiner der Figuren der Serie – Hunderte und Aberhunderte von leergetrunkenen Bierdosen auf dem Dach des Polizeireviers des *Western District* legen ihr Zeugnis davon ab (TW 3.12, 46:00).

„Fuck the bosses"? Systemkritik in *The Wire*

Die Ähnlichkeiten zwischen naturalistischen Texten und *The Wire* lassen den Schluss zu, dass der Anspruch größtmöglicher Wirklichkeitstreue in der Darstellung sich auf einen vergleichbaren gesellschaftskritischen Anspruch zurückführen lässt: Indem eine gegebene, als reell angenommene Situation detailliert und unverfälscht gezeigt wird, sollen Rückschlüsse auf einen allgemeinen gesellschaftlichen Zustand möglich gemacht und Überlegungen darüber angestoßen werden, ob Alternativen dazu realisierbar sein könnten. Drei Tendenzen, die *The Wire* mit naturalistischen Texten dabei gemein hat, lassen sich ausmachen. Zunächst wird in naturalistischen Texten wie auch in *The Wire* die Auseinandersetzung von

Individuen oder Gruppen mit kapitalistisch geprägten Strukturen dargestellt. Jeweils werden Figuren gezeigt, die sich einer marktökonomischen Effizienzlogik, welche nicht auf Mehrung des individuellen Wohlbefindens aller, sondern des Anhäufens von Wohlstand in den Händen weniger Mächtiger ausgerichtet ist, entweder anpassen bzw. mit ihr arrangieren, oder unter ihr leiden, ja zugrunde gehen. Es wird verdeutlicht, auf welch unterschiedliche Weisen mit wirtschaftlichem Pragmatismus umgegangen werden kann und welche unterschiedlichen Stufen auch des Einlassens auf seine Strukturen existieren. Voneinander abweichend ist dabei das Bild des Kapitalismus, welcher einerseits in seinen frühen Zügen im Industriezeitalter, andererseits in *The Wire* als allgegenwärtiger Zustand einer global vernetzten Welt gezeigt wird. Wenn beispielsweise Alberti 1889 in der *Gesellschaft* gegen die „fanatische Zähigkeit [...], mit der der Großkapitalismus an seiner brutalen Tyrannei und Korruption festhält" (Alberti 1889, 1380), wettert, so wird deutlich, wie sehr man damals noch von der antagonistischen Idee einer Position des Außen, die sich jenseits der kapitalistischen Strukturen einnehmen ließe, ausgehen konnte. Ein solches Außen scheint in der Welt von *The Wire* nicht mehr denkbar zu sein. *The Wire* zeigt einen längst von allen Figuren der Serie inkorporierten Kapitalismus, in dem das Streben nach Reichtum auf illegale Weise betrieben wird, wenn die legalen Wege erschöpft sind. Einzig ein individuelles Wertesystem, wie es beispielsweise Omar Little pflegt, kann in Ausnahmefällen vor einer totalen Vereinnahmung durch die marktökonomische Systemlogik bewahren. Eine zweite, damit einhergehende Übereinstimmung besteht im Bestreben, in die Darstellung verstärkt Milieus einzubeziehen, in denen problematische soziale Zustände besonders virulent sind. Die Erweiterung der künstlerischen Gestaltung in Randbereiche der sozialen Lebenswirklichkeit wird als entscheidende historische Leistung naturalistischer Kunstdoktrin angesehen (vgl. Herzberg Litzmann). *The Wire* verfährt in dieser Tradition, wenn die Serie den Blick auf eine schrumpfende und der Kriminalität anheimfallende Stadt an der Ostküste der USA und ihre sozialen Probleme richtet.

Der Anspruch schließlich, Wirklichkeit möglichst getreu abzubilden, geht zwangsläufig einher mit einem antiquierten Begriff: dem nämlich der ‚Wahrheit‘, und zwar der Wahrheit im Dienste der individuellen Freiheit, ganz im Sinne der Feststellung Hermann Conradis:

> „Solange wir an Vorurteilen und Lügen bewußt festhalten, ist innere Freiheit und ein durch diese bedingtes, nach der individuellen Natur gefärbtes Wirken und Schaffen unmöglich und unser Leben auch weiter nichts als eine Konzession an die herrschende dominatio der Sklaverei, deren Ketten zu brechen unsere vornehmlichste Aufgabe sein muß!" (Conradi 1911, 238)

Die aufklärerische Tendenz, Täuschungen des Systems aufzudecken, ist auch den positiv gezeichneten Figuren in *The Wire* gemein und kann auch auf das Gesamtvorhaben Simons und Burns' übertragen werden, die Zustände in Baltimore quasi-dokumentarisch vorzuführen. Eine paradigmatische Figur ist hier *Baltimore-Sun*-Redakteur Gus Haynes, der ähnlich wie Simon selbst einen Journalismus vertritt, welcher die Aufdeckung sozialer Missstände anstrebt. Als gewiefte Meister der Lüge werden in vielen Episoden dagegen Deputy Commissioner Rawls und Commissioner Burrell dargestellt, denen es immer wieder gelingt, die viel beschworenen Statistiken der Polizei zu ‚massieren', um so ein numerisches Bild der Wirklichkeit abzuliefern, welches den erlebten Tatsachen der Bewohner von Baltimore zwar nicht entspricht, aber mit dem die vorgesetzten Politiker gut leben können, wie ihre Anweisungen unverblümt deutlich machen: „In addition, we will hold this year's murders to 275 or less. [...] There is no excuse I will accept. I don't care how you do it. Just fucking do it." (TW 3:01, 46:00f.)[29] In den *Webern* schildert Hauptmann ganz ähnliche Zustände:

> „Der Reisende. [...] Über die Not im Gebirge sind doch die Ansichten recht verschieden, wenn Sie lesen können... [...] Wenn Sie lesen können, müssen Sie doch auch wissen, daß die Regierung genaue Nachforschungen hat anstell'n lassen, und daß...
>
> Hornig. Das kennt man [...]: da kommt so a Herr von der Regierung, der [...] geht aso a bissel im Dorfe 'rum, wo de Bache ausfließt und de scheensten Häuser sein. De scheen'n blanken Schuhe, die will a sich weiter ni beschmutzen. Da denkt a halt, 's wird woll ieberall aso scheen aussehn, und steigt in de Kutsche und fährt wieder heem. Und da schreibt a nach Berlin, 's wär und wär eemal keene Not nich." (Hauptmann o.J.b, 339f.)

Dieser Politik der Lüge setzen Hauptmann – und Simon und Burns – ihre eigenen, dem Anspruch nach wirklichkeitsgetreuen Schilderungen der Zustände entgegen. Mögliche Lösungen für diese Zustände kann *The Wire* freilich auch nicht aufzeigen. Die Serie versteht sich nicht als Utopie[30], sondern vielmehr als Milieustudie gegenwärtiger Gegebenheiten. Sie deshalb gleich als pessimistische, fatalistische Tragödie einzustufen, übersieht jedoch, dass *The Wire* zugleich durchgehend auch Spielräume aufzeigt, in denen zumindest vorübergehend Handlungsfreiheit denkbar wird. Denn immerhin: Momentanes, individuelles Überwinden dieser Strukturen scheint gelegentlich möglich zu sein; diejenigen Figuren, denen es zeitweise gelingt, den Normen des angestammten Milieus zu entkommen und in ein anderes zu wechseln (wie Prez) bzw. sich geschickt an den Schnittstellen

---

29 Passend hierzu beschreibt Ahrens in seinem Beitrag die Frustration Major Colvins als „eines immer ideologischen Geredes der Institutionen [müde], das die realen Verhältnisse beschönigt und seiner formalen Aufgabe nicht nachkommt" vgl. Ahrens in diesem Band, 130.

30 Eine gegensätzliche These vertritt Fredric Jameson in seinem Aufsatz „Realism and Utopia in The Wire", in dem er nach Spuren eines Utopismus in der Fernsehserie sucht (vgl. Jameson).

dieser Milieus aufzuhalten (wie Omar), zeigen genau das. Allzu systemangepass-te Figuren dagegen, die allein im Sinne einer korrupten Hierarchie arbeiten oder aber zu schwach sind, über die Grenzen ihres unmittelbaren Umfeldes hinaus zu blicken, werden entweder negativ oder als bedauernswerte Opfer dargestellt.

Der Anspruch der möglichst detailgetreuen Wirklichkeitsabbildung in *The Wire* kann also als politischer Akt interpretiert werden. Das Bemühen, die dazu eingesetzten Darstellungsmittel möglichst unmarkiert zu halten, ist dabei genau diesem Ziel geschuldet: dass nämlich die vorgenommene Darstellung möglichst ‚echt' wirken möge und darin durch nichts gestört werde. Durch den von Lavik beschriebenen Verzicht auf formalexperimentelle Wagnisse und die Selbstanzei-ge der eigenen Fiktionalität wird zugleich versäumt, sich nicht nur sozialkritisch, sondern auch repräsentationskritisch zu äußern. Denn wie die Entwicklung von beispielsweise Theater und Film im 20. Jahrhundert gezeigt hat, ist der Versuch einer möglichst großen Wirklichkeitstreue nicht der einzige Weg, sicherlich nicht der Königsweg, um sich im Rahmen einer künstlerischen Arbeit politisch zu posi-tionieren. Die Darstellungsstrategien des Naturalismus – die spätestens um 1900 durch die experimentelleren Herangehensweisen der Theaterreformer und der historischen Avantgarden abgelöst wurden – und ihre partielle Wiedererprobung in *The Wire* werfen, indem sie über sich selbst nicht reflektieren, eine entschei-dende, politisch hoch relevante Fragestellung niemals auf: die Frage danach, *wer* denn hier *auf welche Weise* darstellt. Dabei ist Ahrens' Analyse durchaus zuzu-stimmen, dass die TV-Serie sich – selbst Teil der Gesellschaft – „im Zuge der Rezeption [...] in ein Wissen darum [verwandelt], was Gesellschaft ist und vor allem: wie sie funktioniert" – doch verbirgt sie zugleich: *wer* das behauptet. Diese in einer durch zahllose mediale Darstellungen geprägten Gesellschaft so wichtige Frage nach Inszenierung und Rahmung findet sich weit besser reflektiert in Fern-sehserien wie der HBO-Serie *True Blood*, die auf den ersten Blick scheinbar viel weniger einem kritische Anspruch gerecht werden und sich stattdessen auf ein popkulturelles Spiel der Darstellungsweisen und Zeichen einlassen.

Nun ist es richtig, dass gerade der Plot der fünften Staffel diese Selbstrefle-xion auf der Ebene der Erzählung leistet, wenn hier gezeigt wird, wie die Pers-pektive der Medien ein allgemeines Bild der Wirklichkeit prägt und bestimmt. Doch wird das Darstellungsmittel der Narration selbst, mit dem die Serie primär arbeitet, eben nirgends hinterfragt. Mit anderen Worten: Auch wenn in Staffel 5 ausgiebig thematisiert wird, wie sehr gängige – journalistische – Weltbeschrei-bungen selbst ökonomischen Zwängen unterworfen sind und dadurch zwangs-läufig spektakelhafte Züge annehmen, so wird damit längst noch nicht selbstre-flexiv das Vorhaben von Simon und Burns in Frage gestellt, dies – womöglich etwas freier von diesen ökonomischen Zwängen, sicherlich weniger spektakel-

.

haft – letztlich ebenfalls zu tun. Kochs im Anschluss an Niklas Luhmann erörterte Idee einer Störung, die Beschreibungen „auf ihre impliziten Voraussetzungen hin durchsichtig" werden lässt und deren Schein-Evidenz problematisiert, bleibt zumindest im radikalen Sinne aus, da *The Wire* formal lückenlos und klar, ohne die Erzählung unterbrechende Leerstellen arbeitet – dies wäre aus meiner Sicht notwendig, um jene auch von Ahrens konstatierte formale Ambitioniertheit zu belegen.[31] So nimmt die Serie einen Standpunkt außerhalb des von ihr Erzählten ein – eine Beobachterposition, die der naturalistischen Haltung ähnelt und selbst nicht in Frage gestellt wird.

Und dennoch wäre es nicht angemessen, den künstlerischen Resultaten der verglichenen Ansätze naturalistischer Autoren und von Simon und Burns jegliches repräsentationskritische Moment von vorneherein abzusprechen. Denn auf einer anderen Ebene kann hier Kochs Beschreibung eines Störcharakters hilfreich sein. Sowohl naturalistische Texte wie auch *The Wire* können demnach als Formen gesellschaftlicher Selbstbeschreibung betrachtet werden, die auf Evidenz zielen, also darauf, den eigenen Konstruktionscharakter zu naturalisieren[32] – und noch mal: Sie erreichen das also, indem sie zwar möglicher Weise *inhaltlich* selbstreflexive Momente anbieten, dies aber nicht und nur kaum auch *formal* tun und damit die scheinbar unhintergehbare Gültigkeit narrativer Selbstbeschreibung *per se* nicht auf den Prüfstand stellen. Doch das bloße Faktum der Andersartigkeit von *The Wire* im Vergleich zu gängigen Produkten US-amerikanischer Serienkultur kann an sich bereits als Störung betrachtet werden. Als Kritik an gängigen Darstellungskonventionen und Sehgewohnheiten kann so durchaus die ungebrochene Radikalität betrachtet werden, mit der die Naturalisten wie auch Simon und Burns ihr Ziel der Wirklichkeitsabbildung verfolgen – bei gleichzeitigem Verzicht auf vordergründige, spektakelhafte Elemente (wie beispielsweise mehr an Kriterien der Spannung orientierten Handlungsmustern oder der Konzeption konventioneller Identifikationsfiguren), mit denen womöglich der Beifall eines umso größeren Publikums hätte gewonnen werden können. Die heftigen Reaktionen der von Hauptmann provozierten Zuschauer und die Untauglichkeit von *The Wire*, vor einem fernsehüblichen Massenpublikum zu bestehen, mögen belegen, dass dies gelingt. Durch die eigenwillige, vielleicht gewagte Wahl der Darstellungsweise positioniert sich so auch die von Simon und Burns produzierte Serie – als Reflexion über den Status des Fernsehens selbst – kritisch gegenüber einer allzu effekthaschenden und

---

31   Ahrens' zutreffende Feststellung, dass „die Vokabel, die am seltensten auf The Wire angewendet wird, die der Inszenierung" (vgl. Ahrens in diesem Band, 138) sei, unterstreicht meines Erachtens diesen Mangel an formaler Ambitioniertheit zugunsten eines größtmöglichen Authentifizierungspotentials.

32   Vgl. Koch in diesem Band, 25.

fast ausschließlich nach ökonomischen Regeln funktionierenden Fernsehkultur des Spektakels und zeigt, wenn sie schon nicht als formales Experiment *per se* gelten kann, wozu Fernsehen neben oberflächlicher Berieselung und sensationsbewusster Berichterstattung auch in der Lage ist. *It's not television. It's HBO.* – so lautet der bekannte Slogan des produzierenden Fernsehsenders. In Anlehnung an Holz' 1925 in seiner Schrift *Die neue Wortkunst* formulierten Feststellung, dass der Naturalismus „aus dem Theater allmählich das ‚Theater' zu drängen" (Holz 1925, 214) verstünde, könnte man demnach auf Fernsehprojekte wie *The Wire* übertragen: Sie verdrängen aus dem Fernsehen zumindest teilweise das ‚Fernsehen'.

‚Shit look tight.'

Schließlich gibt es auch in *The Wire* rare Momente, wo zumindest auf inhaltlicher Ebene der eigene Abbildungsanspruch mehr oder minder ironisch reflektiert wird. So findet Simons und Burns' Projekt der modellhaften, detailgetreuen Reproduktion der Wirklichkeit seine Entsprechung im akribisch ausgeübten Hobby von Detective Freamon: In ruhigen Augenblicken zieht er sich von seiner Arbeit als Ermittler zurück, um kleine Puppenmöbel originalgetreu nachzubauen – eine angemessene Beschäftigung für einen Polizisten, dessen Aufgabe die Rekonstruktion von Vorgängen ist, wie sie sich ‚wirklich ereignet' haben (vgl. auch Jameson 2010, 362f.). Etwas mehr Sinn für abstrahierende, popkulturell geprägte Verfremdung des Abzubildenden legen da schon Bodie und sein Gang-Kollege Poot an den Tag. In der Eröffnungssequenz von Episode 2.07 betritt Bodie ein Blumengeschäft, um ein Grabgesteck für die bevorstehende Beerdigung von D'Angelo Barksdale zu bestellen. Nachdem er sich mit den im Schaufenster ausgestellten konventionellen Gestecken unzufrieden zeigt, führt der Florist ihn in ein Hinterzimmer, wo er Buketts mit szenebezogenen Motiven wie Revolvern oder Dollarzeichen zum Verkauf anbietet. Bodie zeigt sich einigermaßen beeindruckt:

> BODIE: Hell, yeah, see: this is what I'm talking about. [...] I'll tell you what. Let me get something in strong colours, right? Red, black, whatever. But make it look like one of them towers down on Franklin Terrace. You know, the high-rises, right? FLORIST: You want the arrangement to look like a high-rise housing project? BODIE: Hell, yeah, yeah. And put the numbers 221 in big-ass numbers on the front. All right? He used to have that Fremont Tower for a while. FLORIST: 221, all right. Anything else you want it to say? BODIE: Like what? FLORIST: "Rest in Peace", "In Remembrance", something like that? Something that says how you feel about the loss. BODIE (seufzt): Look, man, fuck it, all right? Just... er... (holt sein Geld hervor) Just make sure the towers look like they do, all right? (TW 2.07, 00:00ff.)

Der Ort, an dem Bodie und D'Angelo zusammen gedealt haben, soll also aus den Blumen nachgebildet werden; die Nachbildung der Wohnsiedlung soll dabei dem Original möglichst gleichen – auf grelle Farben soll aber dennoch nicht verzichtet werden. Wenige Szenen später kann man auf der Beerdigung das Ergebnis der Arbeit des Floristen sehen: Blüten in kräftigen Gelb- und Rottönen sind in einer Form arrangiert, die dem Erscheinungsbild der Hochhäuser der Siedlung so nahe kommt, wie das mit Blumen eben zu bewerkstelligen ist; die Feststellung einer Ähnlichkeit bleibt dennoch eine Herausforderung für jeden Betrachter. Poot jedoch ist zufrieden, er hält seine Welt trotz dieser notwendig begrenzten Mittel für angemessen abgebildet. Anerkennend wendet er sich an Bodie und sagt: „You did the 221? Shit look tight, yo!" (TW 2.07, 32:00)

Authentifizierung der Fiktion.
The Wire und die Möglichkeit einer Erfahrung von Gesellschaft[1]

Jörn Ahrens

1.

Von Georg Simmel bis Niklas Luhmann definiert bekanntlich ein grundlegendes Paradox den Ausgangspunkt der Soziologie als der Wissenschaft von der Gesellschaft: Sie lässt sich nämlich nicht außerhalb ihres Untersuchungsfeldes ausüben. Dem Fach fehlt per definitionem die Distanz zum eigenen Gegenstand, der Gesellschaft, von welcher es notwendigerweise immer schon selbst ein Teil ist. In seiner 1908 erschienenen *Soziologie* beschreibt Simmel den Begriff der Gesellschaft als einen Abstraktions- und Ordnungsbegriff, über den zunächst inkommensurable, zumindest aber nicht zusammen gehörende Gegebenheiten in einen Zusammenhang gebracht werden. Und weil es sich um einen Abstraktionsbegriff handelt, weiß Simmel auch, dass es auf dieses Ding Gesellschaft keinen unmittelbaren, empirischen Zugriff gibt. Simmel geht daher vom Modell einer „Vorstellung der Gesellschaft" aus. Diese existiere da, „wo mehrere Individuen in Wech-

1   Für Anregungen, Diskussionen und weitere Unterstützung jeder Art geht herzlicher Dank an Kerstin Ahrens, Holger Frommann, Kathrin Graulich, Alexander Haas, Kai Sicks, die Research Area 03 „Cultural Transformation and Performativity Studies" am Graduate Center for the Study of Culture der Universität Gießen, die Studierenden des von Kai Sicks und mir im Wintersemester 2011/12 gemeinsam ausgerichteten Seminars über „Serialität als Kulturdiagnose" am Beispiel von *The Wire* und an die Studierenden meiner Vorlesung über „Darstellungen von Gesellschaft" im Sommer 2012. Der Text selbst ist die erweiterte Fassung meiner Antrittsvorlesung an der Justus-Liebig-Universität Gießen vom 20. Juni 2012.

selwirkung treten. Diese Wechselwirkung entsteht immer aus bestimmten Trieben heraus oder um bestimmter Zwecke willen" (Simmel 1992, 17f.). Der enorme Effekt dieser Wechselwirkung ist, dass sie etwas Neues schafft, das zuvor so nicht existiert (ohne das aber auch die Grundelemente der Wechselwirkung keine Existenzberechtigung hätten) – das „isolierte Nebeneinander der Individuen" gestaltet sie nämlich „zu bestimmten Formen des Miteinander und Füreinander" (Simmel 1992, 19). Gesellschaft besteht demnach aus zweierlei: „Sie ist einmal der Komplex vergesellschafteter Individuen, das gesellschaftlich geformte Menschenmaterial"; sie ist aber auch „die Summe jener Beziehungsformen, vermöge deren aus den Individuen eben die Gesellschaft im ersten Sinne wird" (Simmel 1992, 23). Vor diesem Hintergrund, folgert Simmel, sei die eigentliche Aufgabe der Soziologie die Betrachtung derjenigen „abstrahierten Formen", „die nicht sowohl die Vergesellschaftung *bewirken*, als vielmehr die Vergesellschaftung *sind*" (Simmel 1992, 24). Und weil es hierbei um Wechselwirkungen geht, gibt es für Simmel auch nicht „Gesellschaft schlechthin", sondern diese bleibt unabgeschlossen.

Die Pointe der Soziologie Simmels liegt darin, dass Gesellschaft wird, indem sie schon immer ist, und sie ist schon immer, ohne doch einen gehärteten Wesenskern zu besitzen, weil sie immer erst wird. Gesellschaft ist flüssig, flüchtig, soziales Magma. Vor diesem Hintergrund bleibt speziell der von Simmel zunächst gebrauchte, dann stillschweigend wieder fallen gelassene Terminus der „Vorstellung" bedeutsam, um zu erfassen, wie sich jenes Wechselspiel gesellschaftlicher Formen inszeniert und als soziale Lebenswelt realisiert. Gesellschaft ist ganz offenbar nicht bloß eine niemals endende Bewegung der performativ vollzogenen Konstitution sozialen Sinns und der Legitimation sozialer Institutionen; sie ist ebenso, wo sie sich auf Dauer stellt, geronnene Abstraktion. Daraus folgt aber ein Problem, nämlich das der Abbildbarkeit von Gesellschaft generell, ihrer Vergegenwärtigung in Form kultureller Codices. Wenn die Soziologie also über oder auch von Gesellschaft spricht, muss sie durchaus wissen, was Gesellschaft ist. Zumindest braucht sie eine möglichst bestimmte Vorstellung davon, was Gesellschaft sein könnte. Und natürlich braucht Gesellschaft auch eine solche Vorstellung von sich selbst.

Die gebräuchlichste Lösung dieses Dilemmas besteht darin, davon auszugehen, Gesellschaft werde maßgeblich mittels Imaginationsleistungen konstituiert. Das Simmel'sche Attribut der „Vorstellung" wird dann zur gesellschaftlichen Praxis einer Konstituierung sozialer Realität. Gesellschaftliche Realität wird hergestellt über Kulturtechniken der Imagination und der Konstruktion; und diese realisieren sich vorzugsweise über Medien der Narration und der Fiktionalisierung. Dieses Verfahren einer fiktionalen Produktion gesellschaftlicher Wirklichkeit, um deren Komplexität und Abstraktion Herr zu werden, wurde verschiedentlich hervorgehoben. Klassisch formulieren Peter Berger und Thomas Luckmann, die Gesellschaftsordnung sei „sowohl nach ihrer Genese [...] als auch in ihrer Präsenz in jedem Augenblick [...] als solche ein Produkt der Menschen" (Berger/ Luckmann 1991, 55). Zur Durchsetzung von sozialen Habitualisierungs- und Institutionalisierungsleistungen sind Medien der Vorstellung erforderlich, über die sich eine soziale Ordnung überhaupt erst realisieren kann. Charles Taylor spricht von den „modern social imaginaries" als den Weisen, in denen Menschen ihre soziale Existenz imaginieren: „The social imaginary is that common understanding that makes possible common practices and a widely shared sense of legitimacy" (Taylor 2002, 106). Literaturwissenschaftlich wurde diese Figur ausbuchstabiert, indem die Fiktion als Medium eines gesellschaftlich Imaginären identifiziert wurde. So spricht Karlheinz Stierle davon, das Imaginäre stehe „am Horizont unserer Welt", was auch bedeuten könne, „dass es am Horizont unseres Wissens von der Welt steht. Immer da, wo unser Wissen von der Welt lückenhaft und unsicher ist, kann das Imaginäre als Vorstellung, die die Lücke schließt, in das Wissen eindringen" (Stierle 1983, 177). Über diesen Ansatz hinausgehend wäre zu konstatieren, das Imaginäre dringe nicht nur bei Gelegenheit in das Wissen ein, sondern bilde geradezu sowohl die Grundlage als auch das Medium sozialen wie kulturellen Wissens und damit einer Konstruktion und Implementierung gesellschaftlicher Wirklichkeit. Ganz in diesem Sinne spricht Taylor davon, wir hätten Teil am Narrativ unseres Erscheinens (Taylor 2002, 109). Die Fiktionalisierung als soziale Vergegenwärtigung verdichtet sich in sozialen Narrativierungen und diese Narrative benötigen sowohl Trägerpraktiken als auch Trägermedien.

Modern leisten dies die Massenmedien, insbesondere der Film und das Fernsehen. Wenn wir daher, woran kaum ein Zweifel bestehen kann, tatsächlich alles, „was wir über unsere Gesellschaft, ja über die Welt, in der wir leben, wissen, [...] durch die Massenmedien" wissen (Luhmann 2009, 9), dann genau aus diesem Grund: Die Gesellschaft der Moderne ist eine, die sich über Narrationen und Fiktionalisierungsleistungen realisiert. Genau aus diesem Grunde sei die epochale Stellung des Kinos in der Kultur des 20. Jahrhunderts, darauf hat der Filmwissenschaftler Lorenz Engell hingewiesen, entscheidend auf „das erkenntnis- und sinnstrukturelle Angebot zurückzuführen, das dieses Medium unterbreitet" (Engell 2000, 116). Nicht nur medial mit der Erfindung des Kinematographen, auch ideengeschichtlich, träten gegen Ende des 19. Jahrhunderts zwei miteinander interagierende Welten vollends auseinander, die in dieser Radikalität zuvor noch nicht geschieden waren. Beinhalte eine erste Welt, als die wirkliche, alles das, was der Fall sei (oder sein sollte), so stehe eine zweite für die mögliche Welt. Damit führt das Medium Film eine Tendenz fort, die mit der Literatur freilich schon weit früher eingesetzt hat. Nicht umsonst ist die Literatur das Leitmedium des 18.

und 19. Jahrhunderts, entzünden sich an ihr maßgebliche Diskurse zum Verhältnis von Einbildungskraft und Gesellschaft und geht auch Foucault in seinen Arbeiten vom Medium Literatur als der entscheidenden Zäsur der Moderne aus. Mit der Moderne erlebt Gesellschaft also die Einführung des Konjunktivs als Signatur der Realität und damit endgültig den Einbruch von Kontingenz unmittelbar in die Lebenswelt. Gesellschaft wird multipler und abstrakter, der Nachvollzug ihrer Gesamtanlage wird zunehmend erschwert. Gesellschaft als Allgemeines wird der individuellen Erfahrungsfähigkeit nachgerade entzogen, indem Sinnbezüge kontingent, Lebenswelten technisiert und medialisiert, lokale Bezüge globalisiert und Institutionen enigmatisch werden, die in der Logik der Moderne und des zugehörigen Nationalstaatskonzepts hätten Nachvollziehbarkeit, Rationalität, wenn nicht sogar Transparenz gewährleisten sollten. Die Stabilität kultureller Rahmensetzungen, argumentiert der Anthropologe Charles Lindholm, sei zerbrechlich und unvollendet.

> „[The] challenges and alternatives [of the ordinary] become more compelling when the stability of the social framework is weakened by external forces and internal contradictions creating fragmentation, decay, and doubt. Today the major external challenges to coherence are the global processes of late capitalism, including revolutions in media technology and its intrusion into our lives, and the development of the nation state and other communities, with all their assorted and sometimes conflicting claims on our loyalty." (Lindholm 2008, 144)

Zugleich ist dies aber der Prozess, worin überhaupt erst jene Gemengelage sozialer Formen entsteht, die Simmel – übrigens durchaus in Übereinstimmung mit Max Weber – als Gesellschaft respektive als Vergesellschaftung adressiert. „Die Erfahrung gesellschaftlicher Vielgestaltigkeit und gesellschaftlicher Totalität", beschreibt Engell den Prozess einer spezifisch modernen Vergesellschaftung, der ziemlich parallel abläuft zur Einführung massenmedialer Kommunikationsmittel, „wird aufgelöst und entweder ins Abstrakte verlegt oder aber virtualisiert" (Engell 2000, 120). Virtualisierung aber heißt immer: fiktionalisierte (Wieder-) Herstellung sozialer Erfahrung(sräume). In der Moderne virtualisiert sich die Gesellschaft im Zuge einer enormen Komplexitätssteigerung und der damit einhergehenden Abstraktion von Erfahrung als Raum des „positiv Gegebenen" (Engell 2000, 117).

Sozialstrukturell wird Gesellschaft zu einem Fiktionalisierungszusammenhang, da der Gesellschaftsraum selbst zu groß und zu abstrakt wird, um durch die Individuen noch sinnvoll erfahren und internalisiert werden zu können. Dies leistet nun das virtuelle Wirklichkeitssubstitut des medialen Imaginationsraumes. Die Repräsentation und die Darstellung von Gesellschaft im Medium Film schafft jene spezifisch moderne Vorstellung von Gesellschaft, die es erst ermöglicht, Routinen des Sozialen zu entwickeln und damit überhaupt davon auszugehen, dass eine Realität von Gesellschaft als Ganzes, mithin als Absolutes, existiert. Erst vor dem Hintergrund solcher Repräsentationsmodi von Gesellschaft als Konstitutionspraktiken eines artifiziell hergestellten Nachvollzugs der ‚wirklichen' Welt, lassen sich weitgehend konsensual ausgerichtete Routinen sozialen Handelns in Anschlag bringen. Das heißt in der Konsequenz auch: Eine als authentisch geltende Erfahrung des Sozialen lässt sich nurmehr medial, nicht aber unmittelbar sozial vermitteln, weil jede Unmittelbarkeit immer schon den Entfremdungsprozessen der Gegenwart unterliegt. Zugleich wird eine solche Erfahrung jedoch lebensweltlich benötigt zur Legitimierung symbolischer Sinngebungen:

> „As taken-for-granted meaning systems have been challenged from within and without, human beings everywhere have sought ways to recapture a degree of significance and stability, often enough by inventing and affirming a form of authenticity they can claim for themselves and share with others." (Lindholm 2008, 144f.)

Auf der Grundlage der bis hierher eingeführten Themenlagen wird es im Folgenden weniger darum gehen, an *The Wire* die an sich gut eingeführte Figur einer sozialen Praxis der Fiktionalisierung von Gesellschaft zu demonstrieren, als vielmehr umgekehrt auf den dort zu beobachtenden Effekt einer Authentifizierung der Fiktion aufmerksam zu machen.

2.

Die Fernsehserie *The Wire* spielt in der Stadt Baltimore im US-Bundesstaat Maryland – einst ein bedeutender Seehafen, rangiert die Stadt heute unter den zehn gefährlichsten und 20 größten Städten der USA. Die US-amerikanischen Stadtsoziologen Anmol Chaddha und William Justus Wilson kommen zu folgender Einschätzung der Serie:

> „*The Wire* is set in a modern American city shaped by economic restructuring and fundamental demographic change that led to widespread job loss and the depopulation of inner-city neighbourhoods. […] In providing a sophisticated depiction of systematic urban inequality, *The Wire* investigates how key aspects of inequality are interrelated. It offers an in-depth examination of the decline of urban labor markets, crime and incarceration, the failure of the education system in low-income communities, and the inability of political institutions to serve the interests of the urban poor." (Chaddha/Wilson 2011, 164)

Vor diesem Hintergrund führt die Serie durch unterschiedlichste soziale Lebenswelten und Institutionen – Polizei, Politik, Familie, Gangs, Schule, Medien etc. Statt eine klar identifizierbare Gruppe an Protagonisten in den Vordergrund zu stellen, kreist *The Wire* um eine Vielzahl an Personen aus allen Milieus und Schichten, für deren Biographien und Interaktionen sich die Serie interessiert.

Nicht zuletzt aber stehen die gesellschaftlichen Institutionen im Vordergrund, in deren Rahmungen sich die Individuen bewegen. Die Dramaturgie der Serie zeigt immer wieder, dass die Entscheidungen der Individuen maßgeblich durch deren Umgebungen und ihre soziale Situation bedingt sind (Chaddha/Wilson 2011, 165). Damit tritt die Bedeutung individueller Heroismen und von Moral sowohl mit Blick auf die Mise en Scène als auch in der epistemischen Aufladung der einzelnen Figurenzeichnungen zugunsten einer Betonung strukturrelevanter, handlungsdeterminierender sozialer Faktoren in den Hintergrund (McMillan 2009, 53). Speziell in der sozialwissenschaftlichen Auseinandersetzung mit *The Wire* wird auf diesen Aspekt wiederholt hingewiesen. So betonen Helena Sheehan und Sheamus Sweeney, *The Wire* sei „a drama where those institutions thwart the ambitions and aspirations of those they purportedly exist to serve"; (Sheehan/ Sweeney 2009) und Craig Detweiler meint, „*The Wire* subverts the Hollywood paradigm of the individual rising above circumstances. Here, the circumstances, the game, crush people" (Detweiler 2009, 77). Was die Serie auf diese Weise erreicht, ist ein Defilée der gesamtgesellschaftlichen Verhältnisse vor dem Auge des Zuschauers. *The Wire* stellt damit die Erfahrung eines gesellschaftlich Allgemeinen her.

Ganz in diesem Sinne beansprucht denn auch David Simon, als originärer „Schöpfer" der Serie, im Gespräch mit Nick Hornby deren repräsentative Funktion für die Abbildung einer ganzen Gesellschaft und ihrer aktuellen Entwicklungslinien: „So that by the end of the run, a simulated Baltimore would stand in for urban America, and the fundamental problems of urbanity would be fully addressed" (Simon 2007). Weniger der große Gesellschaftsroman des 19. Jahrhunderts, womit die Serie wiederholt in Verbindung gebracht wurde (Mittell), noch die antike Tragödie, in deren Tradition sich David Simon selbst sieht – „We're stealing instead from an earlier, less-traveled construct—the Greeks" (Simon 2007) –, stünden dann Pate für das Strukturprinzip der Serie, als vielmehr die der Moderne genuin über massenkulturelle Formen zur Verfügung stehende Erfahrung einer Erfassung von Gesellschaft in Form sequentieller Narration und Ikonographie, insbesondere in der paradigmatischen Gestalt der filmischen Einstellung der Totalen. Diese gesellschaftliche Totale wird in *The Wire* speziell durch eine rhizomatisch verlaufende Narration hergestellt, weshalb hier die Totalität des panoramatischen Blicks mitnichten, wie man meinen könnte, im Widerspruch zur Serialität von *The Wire* steht. Vielmehr wird im Fall von *The Wire* die Totale über das Verfahren der Serialität gerade erst hergestellt, indem die Serie eine ungleich umfassendere narrative und ästhetische Perspektivierung von Gesellschaft erlaubt, als die abgeschlossene und zeitlich weniger umfangreichere Erzählung. Die These ist also die, dass sich im Fall von *The Wire* die serielle Beobachtungsform, die sich aus vielen Perspektiven und Kontexten zusammensetzt, letztlich doch, und dies ganz gezielt, zu einer übergreifenden Einheit fügt. Zugleich verzichtet *The Wire* auf moralische Vereindeutigungen und Stereotypisierungen und folgt einer höchst komplexen Erzählweise. Wenngleich die Serie strikt chronologisch vorgeht, fädelt sie die einzelnen Narrationen so filigran ineinander, lässt Charaktere verschwinden und nach langer Zeit wieder auftauchen, lässt Handlungsstränge plötzlich ineinandergreifen oder aneinander vorbeigleiten, dass rasch den Überblick verliert, wer hier nicht kontinuierlich folgt. Ästhetisch wie formal arbeitet *The Wire* durchaus ambitioniert, mit einer fernsehuntypischen Kameraführung, überwiegend on location in Baltimore gedreht, unter Hinzuziehung einer Unzahl von aus den thematisierten Milieus rekrutierten Laiendarstellern, die mehr oder weniger bedeutende Rollen verkörpern und die neben der kleinen Riege professioneller Schauspieler dazu beitragen, der Serie ein sozial-authentisches Kolorit zu verleihen.

In mehrfacher Hinsicht exemplarisch für das Vorgehen der Serie ist die Eröffnungssequenz der vierten Folge der dritten Staffel (TW 3.4, 00:10-02:40): Ein Polizist steht auf einer kleinen Bühne in einem öffentlichen Raum und spricht zu einem Publikum; den Auftrag der Polizei im „War against Drugs" beschreibt er als Versuch, „to take back your streets. But we can't do that alone" (TW 3.4, 00:24). Folglich fordert er die Bevölkerung auf, der Polizei behilflich zu sein. Die Zuhörer protestieren; sie machen darauf aufmerksam, dies sei für sie lebensgefährlich und betonen die Vergeblichkeit solcher Aktivitäten. Hilflos versucht der Polizeisergeant die Einwände zu kontern, pocht darauf, er sei es, der das Mikrophon, somit auch das Rederecht habe und versucht, mit offiziellen, auf Schautafeln präsentierten Statistiken („charts") zu argumentieren. Das akzeptieren die Leute nicht. Stattdessen setzt eine Frau zu einer größeren Rede an. Ihre Kinder könnten nicht mehr draußen spielen, in manchen Nächten müssten alle unter ihren Betten schlafen, weil geschossen werde; nicht einmal die Stufen zu ihrem Haus könne sie noch unbehelligt emporsteigen, weil sich die Drogenhändler darauf breit gemacht hätten. Anklagend fragt sie: „Is that in the picture you got up there?" (TW 3.4, 01:24) Bei diesem Stichwort erhebt sich Major Colvin, ein in der Serie zu diesem Zeitpunkt bereits gut eingeführter Polizeioffizier, der zusammen mit seinem Adjutanten unweit des Sergeanten sitzt, der bislang die Präsentation und Diskussion bestritten hat, schiebt diesen beiseite und übernimmt das Mikrophon. Colvin entschuldigt sich beim Auditorium, falls ein falscher Eindruck von der Arbeit der Polizei entstanden sei und er gibt seiner Bestürzung über die zuvor von besagter Frau geschilderten Verhältnisse Ausdruck. Colvin spricht ganz offensichtlich ehrlich und freimütig, ohne die Möglichkeiten der Polizeiaktivitäten zu beschönigen. Daraufhin ändert sich die Stimmung im Saal; die Leute hören Colvin plötzlich konzentriert zu. Er könne nicht versprechen, dass sich die Situation wirklich verbessern werde, führt er aus. Die Realität bleibe, wie sie ist, auch wenn sie Polizei in ihren Einsatzwagen unterwegs sei. „This is the world we got", resümiert Colvin. „And it is all about time all of us have the good sense to at least admit that much." Worauf ihn ein Mann fragt: „So, what's the answer?" Und Colvin antwortet unverblümt: „I'm not sure. But whatever it is – it can't be a lie" (TW 3.4, 02:16-02:37). Damit übergibt er mit den Worten „It's all yours, Sergeant" das Mikrophon wieder seinem Untergebenen und verlässt gemeinsam mit seinem Adjutanten den Raum.

Massiv fällt in dieser Sequenz der bereits erwähnte Dokumentationsgestus auf, in dem *The Wire* gedreht ist. Zu sehen ist eine öffentliche Versammlung im von der Drogenkriminalität besonders heimgesuchten Western District Baltimores. Die Kamera tastet zunächst eine Wand von oben nach unten ab; beginnend mit der Nahaufnahme einer Darstellung des letzten Abendmahls, fängt dann den hinter einem Rednerpult stehenden Polizeisergeant ein und klärt so die soziale Situation: Es handelt sich um eine in einem Gemeindesaal abgehaltene Bürgerversammlung mit der Polizei. Besagter Sergeant präsentiert Kriminalitätsstatistiken und wirbt um die Mithilfe der Bürger bei der Kriminalitätsbekämpfung. Dann bewegt sich die Kamera in den Raum hinein, dabei den Sergeant im Mittelpunkt des Blickfeldes haltend und wechselt schließlich in eine Totale, die den Raum aus der nämlichen Perspektive zeigt. Auf einer Bühne am Raumende steht nicht allein der Sergeant, rechts und links neben ihm sitzen weitere Personen in Uniform und Zivil. Vor ihnen, mit dem Rücken zum Zuschauer, sitzen im Raum verstreut einige Menschen. Mit der ersten Wortmeldung aus dem Auditorium ändert sich die Kameraarbeit, fährt dicht an die Redenden heran, in halbnahen und Naheinstellungen. Die Farben in der Szene sind satt, obwohl möglichst viel Licht herausgenommen wurde und man die Nachmittagsöde förmlich spüren kann. Damit liegt ein Vorgehen vor, das ausgesprochen filmisch ist in Hinblick auf Modi der eindeutig artifiziellen Inszenierung und Repräsentation des Dargestellten. Trotzdem vermittelt die Szene erfolgreich einen quasi-dokumentarischen Eindruck, indem scheinbar unbeeindruckt und gleichberechtigt alle Äußerungen abgefilmt werden, indem die Figuren ungeschönt als reale Bewohner ihres Viertels auftreten, mit nur marginalen Zugeständnissen an einen parallelen Handlungsstrang um den kommenden, weißen Bürgermeisterkandidaten Carcetti, der im Publikum sitzt. Dieser dokumentarische Effekt, von Simon selbst als „documentarian exercise" (Simon 2007) beschrieben, ist die wohl größte Leistung von *The Wire*, wenn die Serie unmittelbar die Abbildung sozialer Wirklichkeit behauptet, dafür aber in keiner Weise auf die filmischen Mittel der Inszenierung und damit auch der Verfremdung von Realität verzichtet. Eindeutig arbeitet *The Wire* mit Elementen des Neo-

Realismus, auch des Dokumentarfilms, niemals aber gibt die Serie ihre Ästhetik einer aufwendig inszenierten fiktionalen Narration preis. Dennoch ist es leicht möglich, und dies wurde auch weidlich praktiziert, die filmische Ebene der Serie zu vernachlässigen und The Wire als genuin ethnographische oder soziologische Betrachtung der amerikanischen Gesellschaft der Gegenwart zu rezipieren, worin die Stadt Baltimore als komprimierter Raum einer von Krisen erfassten sozialen Topographie fungiert.

Der extrem nah an seinen Objekten bleibende und im Sinne der von Clifford Geertz entwickelten ethnographischen Methode einer dichten Beschreibung folgende Blick auf das Detail, auf das Besondere und Typische des sozialen Raumes und von Vergesellschaftungsprozessen, leistet in The Wire zugleich die analytische Verdichtung dieses Blicks und die Transformation seines Objekts in ein Allgemeines. Bei Geertz heißt es, was wir als unsere Daten bezeichneten, seien „in Wirklichkeit unsere Auslegungen davon, wie andere Menschen ihr eigenes Tun und das ihrer Mitmenschen auslegen" (Geertz 1987, 14). Diese Aussage lässt sich freilich noch stärker pointieren mit Blick auf die Aufbereitung sozialer Zusammenhänge im Rahmen medialer Narrationen, die in jedem Fall notwendigerweise eine gezielte Inszenierungsauslegung erfahrener sozialer Wirklichkeit ist – also deren Rekonstruktion. Gegenüber einer ethnographisch oder qualitativ gewonnenen Datenlage müssten demzufolge Medienartefakte, verstanden als distinkte kulturelle Daten, fast zwangsläufig das bessere Material darstellen, an dem eine Analyse als „Herausarbeiten von Bedeutungsstrukturen" (Geertz 1987, 15) ansetzen kann. Die Stadt Baltimore, ihre Institutionen und Bewohner dürfen dann als typisch gelten für Phänomene und Tendenzen der amerikanischen Gesellschaft, wenn nicht gar der westlichen Gesellschaften generell, die zu Beginn des 21. Jahrhunderts unter dem Druck globaler wie lokaler Problemlagen und Transformationsprozesse stehen. Es überrascht daher nicht, wenn Alasdair McMillan feststellt: „The Wire demonstrates how institutions have a borrowed life of their own, individuating and disciplining the bodies they capture. This drama enacts a useful maxime for social theory, privileging the agency of neither the individual nor the institution" (McMillan 2012). Diese Perspektive weiter treibend, heißt es bei Ruth Penfold-Mounce und ihren Ko-Autoren David Beer und Roger Burrows, auf der Suche nach einer „cultural location of a sociological imagination for the contemporary analysis of both popular culture and the future of academic sociology" seien sie schließlich bei der „cult HBO TV series The Wire" fündig geworden (Penfold-Mounce/Beer/Burrows 2012). Das deckt sich mit der Absicht der Macher der Serie. Im Interview mit Spiegel Online betont David Simon explizit, bei The Wire handele es sich um „ein soziologisches Projekt. Wir versuchen zu erklären, warum die Dinge sind, wie sie sind [...]" (Simon 2009). Interessant daran ist, dass eine solche Perspektive den Fokus soziologischer Reflexion gleichermaßen verschiebt wie betont, indem im Mittelpunkt zwar die Analyse von Gesellschaft steht, dies aber über eine fiktionale Narration von Gesellschaft erfolgt, die schlicht als Datum gesetzt wird, und nicht über die Destillierung empirischer Daten aus einem realen Kontext heraus, die dann erst der Interpretation zugeführt werden können. In diesem Vorgehen verschwimmt die Differenz zwischen Repräsentation und Interpretation gesellschaftlicher Wirklichkeit. Damit schließen Simons Bemerkung und *The Wire* im Ganzen dezidiert an die Frage an, welche Vorstellung Soziologie von Gesellschaft und darüber hinaus Gesellschaft von sich selbst hat.

Wir halten also fest: Eine unstrittig fiktionale Serie wird mit einem Gestus des Realismus und Dokumentarismus ausgestattet; zudem wird *The Wire* in der Rezeption (und bezeichnender Weise auch in der Lesart von David Simon selbst) als genuin soziologische Serie etikettiert. Die Faszination der Serie erschließt sich demnach aus einem schier undurchdringlichen Amalgam aus Fiktionalität, Dokumentation und Gesellschaftsanalyse. Der Medienwissenschaftler Erlend Lavik bemerkt dazu leicht abfällig: „*The Wire* does not so much invite us to become amateur narratologists as amateur sociologists" (Lavik 2010, 79). Und er fährt fort, im Kern gehe es der Serie um „a quest for documentary realism" (Lavik 2010, 79). Ohne Zweifel ist *The Wire* ganz im zuvor ausgeführten Sinne nach Kräften darum bemüht, dieser Geste des Dokumentarischen nachzukommen. Im Resultat ließe sich von einer dokumentierenden Totalitätsgeste von Narrativ und Bildpolitik im filmischen Medium sprechen. Mit der Mission einer anti-gouvernementalen Analyse bedacht, eignet sich hier der Film selbst den gouvernementalen Blick gesellschaftlicher Macht an, der die Szene, die Individuen und die Realität von Gesellschaft beherrscht. Dieser gouvernementale Blick ergibt sich aus dem ebenso einfachen wie unvermeidlichen Dilemma, dass die Serie die ihr eigene gesellschaftliche Wirklichkeit narrativ, dramaturgisch und ästhetisch selbst erst inszeniert. Das ist mehr, als bloß über die Einübung eines souveränen Blicks – was zweifellos die Absicht und auch die Botschaft der Serie ist – gouvernementale Strukturen in Kultur und Gesellschaft sichtbar zu machen. Ganz wie in der eben thematisierten Sequenz einer Bürgerversammlung authentifiziert *The Wire* insgesamt den sozialen Raum; erst danach geht es um die Tiefenstruktur der Figuren, die immer zuerst Akteure dieses Sozialraumes sind und erst danach auch Individuen. Der Soziologismus genauso wie der Dokumentarrealismus von *The Wire* tragen bei zur Erstellung einer sozialen Realität, die in der hier gezeigten Komplexität weder individuell erfahrbar ist, noch bislang je mit derselben Intensität inszeniert worden wäre. Jason P. Vest spricht diesbezüglich von einem Sozialrealismus („social realism"), welcher an eine künstlerische Tradition anknüpfe, der daran gelegen sei, ihre zeitgenössische Gesellschaft so wahrheitsgetreu abzubilden wie möglich, indem sie an vielfältigste Details des Alltagslebens anschließe (Vest 2011, 14). Und Fredric Jameson konstatiert, „*The Wire* dramatically unsettles our typological expectations and habits by once drawing us into an epistemological exploration that greatly transcends the usually whodunit formula" (Jameson 2010, 361). Die oben beschriebene Sequenz ist auch deshalb symptomatisch, weil in ihr das Credo der Serie pointiert wird: soziale Lebenswelten abzubilden, ungeschönt und wahrhaftig – „It won't be a lie" (TW 3.4, 02:37). Diese Wahrhaftigkeit steht gegen die Bildproduktion sozialer Hegemonialinstrumentarien, wie sie sich in den Diagrammen und Statistiken ausdrücken, mit denen der in jener Sequenz zuerst ins Bild genommene Sergeant hantiert. Der Unmut der Leute darüber, mit Zahlen abgespeist statt als citoyens ernst genommen zu werden, ist nur zu oft die normative (und nicht selten auch die pathetische) Folie der Serie. Derlei Aspekte zusammenfassend, findet Leigh Claire la Berge den Begriff des „capitalist realism" (La Berge 2010, 548), um den gesellschaftskritischen Ansatz der Serie zu definieren.

Was *The Wire* dabei leistet, ist eine Mimesis des Mediums Film an jene Struktur- und Organisationseinheit, die gemeinhin als „Gesellschaft" identifiziert wird. Im Zuge einer solchen Mimesis bindet das kulturelle Artefakt, was Adorno für Produkte der Populärkultur noch in Abrede stellte, „die einzelmenschliche Erfahrung, und sie ist allein noch die des Fürsichseienden" (Adorno 1997, 52). Im mimetischen Verhalten realisiert sich eine individuelle nicht weniger als eine soziale Praxis der Welterzeugung; zugleich bezieht sich das mimetische Verhalten „dabei aber auf eine andere Welt, die es – in der Wirklichkeit oder in der Vorstellung – bereits gibt" (Gebauer/Wulf 1998, 7). Bezogen auf den hier verhandelten Zusammenhang heißt das, das Kulturartefakt TV-Serie verwandelt sich im Zuge der Rezeption in Gesellschaft selbst, zumindest in ein Wissen darum, was Gesellschaft ist und vor allem davon, wie sie funktioniert. Die Repräsentationspraxis der Serie tritt explizit an die Stelle sozialer Erfahrung; die mediale Repräsentation des Sozialen wird umgemünzt in dessen authentifizierte Erfahrung. Damit bildet die Fiktion nicht länger ein Refugium der Kultur, dessen ästhetische Kompetenzen zur besseren Vermittlung von Gesellschaft beitragen, sondern die Rezeption der Fiktion rückt an Stelle einer Erfahrung der sozialen Wirklichkeit und wird damit selbst zur sozialen Erfahrung. Diese Vermittlung einer sich radikal abstrahierenden gesellschaftlichen Realität durch Formen der fiktionalen Repräsentation ist etwas ganz anderes als die Substituierung der Wirklichkeit durch eine Simulakrenmatrix, wie sie etwa Baudrillard entwirft (Baudrillard 1978). Erstere Variante – Fiktion als Refugium der Kultur – stellt den klassischen Zugriff in den Literatur-, Medien- und Sozialwissenschaften auf Verfahren der Fiktion dar – ihre zentrale Aufgabe ist es dann, „etwas bewusst zu machen, das in den gängigen Diskursen und den zugänglichen Wissensbeständen nicht präsent ist, sich jedenfalls nicht direkt bezeichnen und plausibilisieren lässt" (Ellrich 2009, 221). Diesen Zugriff hat insbesondere Eva Horn pointiert, wenn sie mittels fiktionaler Szenarien das politische Geheimnis untersucht und dazu die These nutzt, Fiktionen legten die Fiktionalität ihrer Gegenstände selbst frei (Horn 2007, 35), womit sie die ideologischen Rhetoriken gängiger „Narrative der Plausibilisierung und Legitimierung" (Horn 2007, 35) unterlaufen. Dieser Lesart zufolge besitzt Fiktionalisierung ein genuin kritisches, gegen gouvernementale Diskurspraktiken gerichtetes Potential.

Abgesehen davon, dass man dieser artefaktimmanenten kritischen Qualität der Fiktion keineswegs folgen muss, darf man im Falle von *The Wire* außerdem vielmehr von Authentifizierung sprechen als von Fiktionalisierung. Wenn daher hier von Authentifizierung gesprochen wird, dann immer im Sinne einer gesellschaftlichen Praxis, die für sich die Herstellung einer Authentizität des Sozialen beansprucht und sich damit gegenüber Verfahren des Fiktiven strikt abgrenzt. Ob eine solche Praxis auch in der Lage ist, Authentifizität herzustellen, ist eine andere Frage. Ganz sicher aber muß sie sich gegenüber Verfahren und Kulturen des Fiktiven dezidiert abgrenzen, da sie die Erfahrung gesellschaftlicher Wirklichkeit in nuce behauptet. Insofern ist ein solches Verfahren der Authentifizierung natürlich zugleich eines der Simulation als einer Simulation von Authentizität. Dennoch scheint es angebracht, auch im Weiteren mit dem verfahrensimmanenten Begriff der Authentifizierung zu arbeiten, dessen affirmativer Gestus insofern bereits eine eigene analytische Qualität besitzt. Im Vordergrund steht hier nicht die Produktivität einer ästhetischen Übertreibung des Gegebenen im Medium der Fiktion, die schließlich zu dessen Demaskierung beiträgt. Vielmehr sehen sich soziale Lebenswelten immer schon genötigt, Aktivitäten zu generieren, die Authentizität und Legitimation herstellen. Der von Philipp Schulte in seinem Beitrag zu diesem Band bemühte, aus dem Naturalismus stammende Begriff der „Lebensechtheit" (Schulte 90) gewinnt genau an dieser Stelle eine weniger ästhetische, als vor allem gesellschaftliche Bedeutung. Authentizität stellt insofern einen bedeutenden Aspekt auch von hochdifferenzierten und komplexen Gesellschaften dar (Lamla 2009, 172f.). Speziell mediale Authentifizierung formuliert den Anspruch, Wirklichkeit unverfälscht darzustellen und daraus Glaubwürdigkeit zu beziehen. Dies erfolgt ungeachtet ihrer grundsätzlich nicht hintergehbaren Artifizialität und sozialen Standortgebundenheit – was derlei Prozesse natürlich immer mindestens in die Nähe von Ideologie rückt. Einschlägig verfolgt wird diese Praxis der Authentifizierung vor allem im Medienformat von Nachrichtensendungen im Fernsehen. In diesem Zusammenhang stellt Martin Luginbühl fest: „Die medialisierte

Repräsentation von Wirklichkeit soll in Fernsehnachrichten indes als nicht medialisierte, als authentische Wirklichkeit erscheinen" (Luginbühl 2009, 68). Die
narrative, mediale Fiktion ist hier zum Medium des Authentischen geworden; es
gibt keine soziale Authentifizierung mehr außerhalb der Fiktion. Innerhalb der
medialen Vermittlung gesellschaftlicher Wirklichkeit verschwindet dabei zunehmend die Differenz zwischen den zwei gängigen Lesarten des Fiktionsbegrif-
fes – nämlich einmal als purer Imagination von Bildern und Narrativen jenseits
der Realität und deren Übersetzung in diverse erzählende Kunstformen sowie
zweitens als einer Verfremdung von Realität im Zuge von deren Wiedergabe im
Modus der medialen Repräsentation, ein Problem, das auf jedes dokumentarische
und nachrichtliche Format zutrifft. Gemeinsam ist beiden Varianten die letztlich
artifizielle Erschließung von gesellschaftlicher Realität. Was das Nachrichtenformat nicht oder nicht mehr einholen kann, leistet nun die fiktionale Erzählung und
tritt damit an deren Stelle. Die zwei zunächst getrennten Fiktionsbegriffe treten
damit medial und gesellschaftlich miteinander in eine Interaktion und überlappen
sich tendenziell.

Natürlich bleibt *The Wire* dennoch, im Unterschied zum Nachrichtenformat,
sowie allen Dokumentarismen und Realismen zum Trotz, eine fiktionale Erzählung, die ihre narrative und ästhetische Kraft letztlich auch aus genau diesem
Umstand bezieht – ein Aspekt, den Amanda Ann Klein in ihrer umsichtigen Analyse der dem Melodrama entlehnten Anteile einer fiktionalen Dramatisierung
sozialer Verhältnisse und Beziehungen in *The Wire* herausstreicht (Klein 2009,
177). Und dieser Vorgang erfolgt jenseits der reinen Dokumentation, weil, wie
erwähnt, gesellschaftliche Realität so abstrakt geworden ist, dass nur die Dokumentation der Fiktion noch in der Lage ist, sie wiederzugeben. Vielmehr erfolgt
eine Authentifizierung dieser Wirklichkeit, vorzugsweise in Gestalt ihrer medialen Repräsentation. Im Bewusstsein dieser Problematik meint Simon denn auch:
„Mit einer fiktiven Serie kann man viel ehrlicher sein. Dies ist eine Polemik über
die US-Gesellschaft, und wir benutzen dafür einen quasi-dokumentarischen Stil"
(Simon 2009). Ähnlich verweist Markus Krause in seinem Beitrag zu diesem
Band darauf (Krause 60), das „Neo-Fernsehen" à la *The Wire* etabliere eine neue
Form der Aufklärung, die zuallererst bei der Form selbst ansetze, den Fernsehzuschauer als kompetenten Nutzer von Massenmedien adressiere und erst dann zu
ihren Inhalten übergehe. Lindholm zufolge stellt ein Verlangen nach Authentizität
gar eine Signatur der Moderne dar (Lindholm 2008, 1); er spricht von einer „global quest for the certainty of authenticity" (Lindholm 2008, 2), die ihre program-
matische Erscheinung in Rousseau finde, insbesondere in dessen *Geständnissen*
und im *Traktat über die Ungleichheit*. Das moderne Konzept der Authentizität
entspringt dann der Sehnsucht nach einem Auszug aus der gesellschaftlichen Ent-

fremdung. Dieses Spiel mit einer authentifizierenden Abbildung von Realität wird ironischerweise geradewegs zum Spiel der Imagination. Diesen Zusammenhang thematisiert Krause unter dem Stichwort des in der fünften Staffel von *The Wire* bekanntlich eine große Rolle spielenden „Dickensian Aspect" (Krause 60ff.). Entgegen dem dokumentierenden und authentifizierenden Gestus von *The Wire* ist darin nicht nur angesprochen, dass gesellschaftliche Wirklichkeit selbst immer auch auf Fiktion basiert, sondern dass diese Fiktionalisierung insbesondere und gezielt durch Formate der massenmedialen Kommunikation betrieben wird. Die Besonderheit von *The Wire*, nicht zwingend intendiert von den Machern der Serie, liegt nun darin aufzuzeigen, wie wenig in diesem Zusammenhang Fiktion und Authentizität überhaupt noch unterschieden werden können – Fiktionalisierung stellt vielmehr selbst Authentizität her und diese greift zu ihrer erfolgreichen Kommunikation auf Fiktionen zurück.

The Wire lässt sich also als exemplarischer Beitrag zu einer performativen Annäherung von Gesellschaft an sich selbst verstehen. Der Effekt der Serie besteht speziell darin, zwischen der sozialen Realität und ihrer fiktionalen Repräsentation keine Differenz mehr zuzulassen. Gerade weil Gesellschaft – insbesondere als moderne, medienbasierte, technosoziale Gesellschaft – faktisch ein Abstraktionszusammenhang bleibt, dessen Legitimität, Normativität und Kontinuität sich nicht von selbst erschließt und stets angewiesen ist auf Übersetzungsleistungen im Modus der Repräsentation, bedarf es der Erstellung von authentifizierenden „Imaginationsräumen" (Ahrens 2012). Diese übersetzen soziale Komplexität und Abstraktion in Visualisierungen und Narrationen der Vergesellschaftung, ihrer symbolischen Verdichtung und Erschließung. Schließlich ist eine Erfahrung von Gesellschaft an sich per definitionem unmöglich – als Organisationseinheit ist sie viel zu groß, um noch individuell, sinnlich erfahrbar zu sein; strukturell verwirklicht sie sich in Diskursbeziehungen und Dispositivregimen, die ebenfalls unsichtbar bleiben. Gesellschaft kann immer nur abstrakt sein; konkret und damit ebenso erfahrbar wie nachvollziehbar wird sie erst als Medienereignis, das zuallererst immer ein Medienerzeugnis ist. Wichtig bleibt: Über eine solche Kulturtechnik wird soziale und kulturelle Wirklichkeit nicht bloß fiktionalisiert und sekundär repräsentiert, sondern speziell in der Repräsentation vollzieht sich die Möglichkeit ihrer Konstituierung; es gibt kein Außerhalb der Medialität, deren prononcierteste Variante der Film bloß darstellt. Dieser Befund trifft zunächst auf nahezu alle Medienartefakte zu. „Die wirkliche Welt der Wahrnehmung und die mögliche Welt der Vorstellung", fasst Engell die epistemologische Grundlage der modernen Mediengesellschaft zusammen, „sind uns durch derlei vermittelnde Instanzen und Instrumente gegeben, und inwiefern wir die Eigenschaften dieser Instrumente als Eigenschaften der Welt wahrnehmen oder uns vorzustellen gezwungen sind, wird sich [...] niemals klären lassen" (Engell 2000, 208). Allerdings stellt sich dieser Umstand ganz anders dar als etwa in den Varianten Paul Virilios oder Jean Baudrillards, denn im Falle von *The Wire* geht es gerade nicht um Praktiken und Strategien der Simulation, sondern um rigideste Authentifizierung. Daß diese Authentizität selbst, wie oben schon dargelegt, eine Form der Simulation ist, ist Teil der paradoxen Situation medialer Vergesellschaftung, in der sich eine Serie wie *The Wire* positioniert. Die paradoxe Verfasstheit der Moderne besteht ja darin, dass sie auf der einen Seite die uns geläufige Unterscheidung zwischen Faktizität und Fiktion überhaupt erst erfindet und durchsetzt (Engell 2000, 167), zugleich aber angesichts grassierender sozialer und vor allem technologischer Komplexitätssteigerungen die Einholung gesellschaftlicher Faktizität nur über Instrumente der Fiktionalisierung möglich ist. Fiktionalität dient also nicht nur als Antipode des gesellschaftlich Realen, als Refugium des Geistes jenseits des Tatsachenzwanges, sondern bildet geradewegs den Take Off gesellschaftlicher Realität.

3.

Gehen wir also mit *The Wire* davon aus, dass sich eine soziale Wirklichkeitserfahrung nicht länger als unmittelbare Erfahrung herstellen lässt, sondern nur noch über eine Vermittlung von gesellschaftlicher Realität als mediale Repräsentation, die ihrerseits einem kulturellen Verfahren der Authentifizierung unterworfen wird. Soweit Gesellschaft darauf angewiesen ist, innerhalb ihrer Topographien Orientierung, Kontinuität, Legitimität und Normalität zu gewährleisten, bedarf es der Kommunikation eines allgemein anerkannten, geteilten Bildes der daraus erstellten sozialen Wirklichkeit. Sofern Gesellschaft dies nurmehr medial vermittelt leisten kann, erfolgt sowohl eine Virtualisierung als Fiktionalisierung, als auch eine Aufhebung von gesellschaftlicher Erfahrung in den Kulturtechniken medialer Repräsentation. Es dürfte sich von selbst verstehen, dass, gerade mit Blick auf das nicht abreißende Bemühen von Gesellschaft, solche Kontinuitäten und Normalisierungen herzustellen, also soziale Stabilität zu gewährleisten, diese Stabilität als eine Art Wunsch des Sozialen verstanden werden muß. Natürlich bleibt der Zustand einer störungsfreien, gesellschaftlichen Stabilität eine reine Sehnsucht, die sich nicht erfüllt – wie ja jede gesellschaftliche Alltagserfahrung und genauso das über permanente Störungen gesellschaftlicher Normalität sich weiterentwickelnde Narrativ von *The Wire* zeigt –, und natürlich kann vor diesem Hintergrund nur gelten, dass Instabilität der normale Zustand des Sozialen und umgekehrt gerade Stabilität erklärungsbedürftig ist. In diesem Punkt wäre Michael Cuntz' Argumentation in diesem Band ohne Abstriche zuzustimmen. Aus soziologischer Perspektive ist die von Cuntz formulierte These zur Einbeziehung der ANT in sozial- und kulturwissenschaftliche Analysen schon lange Bestandteil des etablierten Repertoires, sich gesellschaftlicher Realität und ihren Interaktionszusammenhängen zu nähern. Die Herausforderung besteht nun aber insbesondere darin, das Bemühen von Gesellschaft um Gewährleistung von Stabilität, Kontinuität und Ordnung zu rekonstruieren und zu erklären und, darüber hinaus, zu fragen, wie es ganz offensichtlich immer noch im großen Stil gelingt, eine Illusion gesellschaftlicher Stabilität zu erzeugen, die so faktisch niemals gegeben ist. Auch hierfür stellt *The Wire* und sein Verfahren einer medialen Authentifizierung der Fiktion eine geeignete Ressource dar.

Außerhalb der genannten Kulturtechniken medialer Repräsentation gibt es keine Erfahrung von Gesellschaft mehr, also einer Erfahrung jenseits unmittelbar lebensweltlicher Bezüge. Ganz im Sinne dieser Ausführungen bemerkt Lars Koch in seinem Beitrag zu diesem Band, fiktionale Erzählungen würden „gesellschaftlich wirksame Vorstellungsinhalte produzieren" (Koch 21), damit die Differenz zwischen Entertainment und politisch ambitionierten Kulturartefakten aufheben und „kulturelle Skripte" erstellen. Die hier dargelegte Position von kulturellen Artefakten als ebenso bedeutsamen Ressourcen, wie auch als Akteuren, im Rahmen einer sozialen und kulturellen Selbstverständigung bestätigt Koch, indem er in seinem Beitrag zu diesem Band den Begriff einer „Semantik des Sozialen" (Koch 25) einführt. In seiner sehr engen Anknüpfung an die ANT treibt Cuntz in seinem Beitrag die Definition dessen, wer oder was ein sozialer Akteur wäre, freilich noch viel weiter. Hier wäre es jedoch ratsam, zu differenzieren, was genau die Voraussetzungen wären, damit ein Ding sozialer Akteur sein kann – genügt seine bloße Präsenz in der sozialen Welt, in die es schon qua Präsenz eingreift oder muß, wie beim Film, noch eine spezifische Qualität hinzukommen? Der Verdacht liegt nahe, bei aller Sympathie, dass die ANT dazu tendiert, Dinge als Akteure zu etikettieren. Die defekten Streifenwagen beispielsweise, die Cuntz anführt (Cuntz 167), sind noch nicht notwendigerweise genuine Akteure, sondern zunächst handelt es sich um technische Artefakte, die schlecht funktionieren und darüber auch Auswirkungen auf ihr soziales und kulturelles Umfeld haben. Als defekte Artefakte erscheinen diese Dinge nur als Akteure innerhalb eines lebensweltlichen Kontextes, worin sie gerade in defektem Zustand als unmittelbar und als eingreifend in Handlungsstränge erscheinen. Hingegen hilft nun mittels imaginativer Konstruktionen, die allgemeine Verbindlichkeit erlangen, eine solche „Semantik des Sozialen", von der Koch spricht, jene über Simmel eingeführten „Vorstellungen von Gesellschaft" durchzusetzen. Zu bezweifeln wäre allerdings, ob es sich dabei tatsächlich nur um ein „Kurzzeitgedächtnis der Gesellschaft"

(Koch 26) handelt, oder ob hier nicht dezidiert langfristige Kontinuitätslinien angelegt sind. Auch wenn populärkulturelle Selbstbeschreibungsformeln kurzfristig auf Veränderungen in der Gesellschaftsstruktur reagieren, sind sie doch eingebettet in eine solche langfristig angelegte Perspektivierung. Da es aber gerade diese außerlebensweltlichen Bezüge sind, die Gesellschaft als Meta-Ensemble konstituieren, hebt sich die Erfahrung von Gesellschaft in ihrer Medialisierung auf, indem sie mit dem Vollzug ihrer Repräsentation identisch wird.

Insofern wäre Schulte gerade nicht beizupflichten, wenn er meint, *The Wire* lasse eine „metanarrative Ebene" vermissen (Schulte 93), gerade weil sich die Serie formal überwiegend an tradierte Erzählweisen und Ästhetiken halte. Wenn Schulte an diesen Befund anschließend kritisiert, die Serie öffne keine Perspektive für eine gelingende Veränderung der Gegebenheiten, dann muss dagegen festgehalten werden, daß ja genau der Zeigegestus der Serie (Schulte 109f.), die darin aufgehobene Gesamtschau gesellschaftlicher Verhältnisse, jene Meta-Ebene und damit die genuine Leistung der Serie ausmacht. Eine Erfahrung des gesellschaftlich Allgemeinen kann aktuell überhaupt nur noch über Medientechniken bereitgestellt werden; die sozialen Topographien hingegen entziehen sich dieser Möglichkeit, entweder weil sie zunehmend undurchschaubar werden oder aufgrund einer, in den USA sicher ungleich extremeren, verschärften sozialen Segregation. Beizupflichten ist Schulte aber ganz eindeutig darin, ein solcher Anspruch, Wirklichkeit adäquat abzubilden, folge einem heute überholten Wirklichkeitsbegriff (Schulte 109). Hier wird, was eben noch als Leistung der Serie betont wurde, zum Opfer ihrer eigenen Interessen. Denn natürlich folgt auch das Panorama, das *The Wire* seinem Publikum bietet, einer bestimmten Perspektive, und das ist diejenige, die die Macher der Serie, David Simon und Ed Burns, eingeübt haben. An dieser Scharnierstelle kippt der gesellschaftliche Panoramablick der Serie daher unweigerlich wieder um in die Perspektivrahmung des Autorenkinos.

In der oben thematisierten Szene der Bürgerversammlung bleibt es nicht bei der semi-dokumentarischen Übermittlung einer erschreckenden sozialen Wirklichkeit in den Quartieren – Familien, die unter ihren Betten schlafen müssen, weil sie Angst um ihr Leben haben; Bewohner, die nicht ohne weiteres – „in safety and with dignity" – die Treppen zu ihren Häusern betreten können, weil sich die Corner Boys darauf breit gemacht haben; schwindendes Vertrauen in die Polizei und in die Legitimität der gesellschaftlichen Ordnung. Zusätzlich tritt hier mit Major ‚Bunny' Colvin eine Art Kommentator auf, eine normative Stimme der Serie – ein Stilmittel, das häufiger gebraucht wird. Nicht nur, dass Colvin, der das Podium kurzerhand übernimmt, den anwesenden Bürgern wieder einen Hauch an Glaubwürdigkeit der gesellschaftlichen Institutionen vermittelt, er tritt auch auf als Positionierung der Serie selbst, die in keiner Weise mit ihrer kriti-

schen Position gegenüber dem hier ausgefochtenen „War on Drugs" und dessen
sozialen Folgelasten hinter dem Berg hält. Colvin tritt also auf als eine Autorität
der Beglaubigung der zuvor realisierten Bilder – verärgerte, verstörte Menschen,
die unter ihren Verhältnissen leiden und davon eindringlich berichten. Indes benötigt das Serienpublikum an dieser Stelle keine expliziten Bilduntermalungen;
die Szenerie des heruntergekommenen Baltimore kennt es zur Genüge, bislang
aber nicht die dort lebenden, ganz normalen Bürger. Konsequent antwortet Colvin beim Verlassen der Versammlung auf die Frage seines Adjutanten, was ihn
da gerade geritten habe, er sei „tired of the bullshit" (TW 3.4, 03:29), müde also
des immer gleichen ideologischen Geredes der Institutionen, das die realen Verhältnisse beschönigt und seiner formalen Aufgabe nicht nachkommt. Bezogen
auf Louis Althusser ließe sich sagen, *The Wire* mache keinen Unterschied mehr
zwischen dem einen repressiven Staatsapparat und der Vielzahl ideologischer
Staatsapparate (Althusser 2010, 55). Für Althusser scheidet sich hier noch der
repressive Staatsapparat als öffentlicher Bereich vom „größten Teil" der ideologischen Staatsapparate, die dem privaten Bereich angehörten, nämlich der Sozial-
sation, der Kultur, der Bildung und des Bekenntnisses. Nun zeigt sich aber, dass
die Kompetenz der ideologischen Staatsapparate, die erzieherische Vermittlung
gesellschaftlicher Perspektiven, Wissensbestände und Haltungen, keineswegs auf
die in einem engeren Sinne der Bildung dienenden Sozialinstitutionen beschränkt
ist, sondern schlicht jeder Institutionalisierungsform und Strukturmanifestation
innerhalb der Gesellschaft eigen.

Gerade die Polizei, indem sie Aufgaben der sozialen Vermittlung wahr-
nimmt, die eigentlich nicht die ihren sind, wird hier zu einem zentralen ideologischen Staatsapparat. Wenn Ideologie mit Althusser eine Repräsentation „des imaginären Verhältnisses der Individuen zu ihren realen Existenzbedingungen" ist
(Althusser 2010, 75), dann ist, ganz im Einverständnis mit ihm, auch für *The Wire*
die mit der Kommunikation mehr als mit der Realisierung öffentlicher Sicherheit
befasste Institution Polizei eine ihrer maßgeblichen Agenturen. Das heißt, speziell die eigentlich exekutive Funktion der Polizei wird zunehmend zu einer Inszenierung im Rahmen der sogenannten „Stat Games", also statistisch unterlegter
Vorspiegelungen sozialer Wirklichkeit: Auf fragwürdige Weise zustande gekom-
mene, geschönte und hemmungslos frisierte Kriminalitätsstatistiken verdecken
und ersetzen die wahre Existenz von Kriminalität im Raum von Gesellschaft.
Auch Michael Cuntz hebt in seinem Beitrag zu diesem Band hervor, der Einsatz
von Statistiken produziere zwar „visuell-diagrammatisch-quantitative Evidenz"
(Cuntz 182), führe aber zugleich zur „Ausblendung von Funktionszusammenhängen" (Cuntz 182), also von kulturellen und gesellschaftlichen Interaktionen,
Machtverhältnissen, symbolischen Formen etc. Genau darauf richtet sich Colvins

Unmut, weshalb er auch im Anschluss an jene Bürgerversammlung eine Strategie entwickelt, die Drogenkriminalität aus den Vierteln zu entfernen. Die als Drogenverkaufsstellen dienenden Corners werden radikal gesäubert und, da der Drogenhandel selbst nicht unterbunden werden kann, die den Verkauf tätigenden Corner Boys in drei sogenannten Free Zones, leer gezogenen Straßenzügen in West Baltimore, konzentriert. Das strikt geheim, da natürlich illegal ablaufende Projekt wird nach dem leicht falsch eingeschätzten Vorbild der Niederlande ‚Hamsterdam' genannt. Nach kurzer Zeit schon stabilisieren sich zwei völlig neu geordnete soziale Räume: Die Free Zones/‚Hamsterdam' und der Western District. Eine Sequenz in der sechsten Folge der dritten Staffel illustriert eindringlich die Intensität dieser Veränderung sowie die Gegensätzlichkeit beider Quartiere (TW 3.6, 05:20-05:50).

Diese mit einer halben Minute sehr kurze Sequenz stellt in programmatischer Weise Szenen aus dem Western District und aus ‚Hamsterdam' einander gegenüber. In den letzten Einstellungen der Sequenz ist zu sehen, wie sich in den Wastelands der Free Zones zunehmend ein Raum der kontrollierten Kriminalität herausbildet, in dem die Dealer offen um Kunden werben, beobachtet (aber nicht sanktioniert) von der Polizei. Prominent wird hier Colvin selbst ins Bild gerückt, der, auf dem Kühler seines Dienstwagens sitzend, die ganze Szene beobachtet. Hier ist ein Kriminalitäts- und Devianzreservat noch dabei, sich abschließend herauszubilden. Ganz anders dagegen die in der Sequenz zuerst gezeigten Aufnahmen aus den befriedeten Wohnvierteln des sich vormals in Folge der Drogenkriminalität im Ausnahmezustand befindlichen Western District. Diese Quartiere scheinen wie verwandelt, da das Leben in sie zurückkehrt: Jugendliche spielen Ball auf der Straße, Leute sitzen auf den Treppenstufen, begrünen die Gehwege, hängen im Freien ihre Wäsche zum Trocknen auf und, Inbegriff amerikanischen Alltagsfriedens, verkaufen auf der Straße selbstgemachte Limonade. Das alles sind grundsätzlich hochnormale Vorgänge; vor dem Hintergrund des geschilderten Ausnahmezustands aber, der an den heruntergekommenen Fassaden noch immer sichtbar ist, entfaltet sich hier eine geradezu arkadische Situation. Hier träumt *The Wire* und zeigt dies mit subtilsten Mitteln an, durch winzige Modifikationen seiner gewohnten Ästhetik – etwa durch den Einsatz nicht-diegetischer Musik. Es ist der Traum von einer besseren Gesellschaft – besser, weil sie pazifiziert ist und in dieser Pazifizierung Möglichkeiten der sozialen Vergemeinschaftung eröffnet; vor allem aber weil sie dies nicht über eine Militarisierung des öffentlichen Raumes erreicht, sondern mit Hilfe von Maßnahmen, die die hegemoniale Logik der sozialen Institutionen zum Wohle der Individuen aushebeln. Natürlich wird es dabei nicht bleiben und das Experiment ‚Hamsterdam' am Ende scheitern – nicht etwa an seinen eigenen Widersprüchen, die Major Colvin souverän und kreativ handhabt, sondern am Widerstand der etablierten Konventionen gesellschaftlicher Macht.

Hier kann der eben gefallene Begriff des Ausnahmezustandes helfen, den Giorgio Agamben als das „herrschende Paradigma des Regierens" in der Gegenwart adressiert (Agamben 2004, 9). Das Beispiel ‚Hamsterdam' zeigt, wie viel mehr den hegemonial wirkenden gesellschaftlichen Institutionen an einer Aufrechterhaltung dieses Ausnahmezustandes gelegen ist als an dessen Beilegung. Simon selbst bezieht diesen „grundlegenden Triumph der Institutionen über die Individuen" auf eine „fundamentale Inhumanität des 20. Jahrhunderts und darüber hinaus" (Simon 2008). Denn innerhalb des Ausnahmezustands gilt freilich immer noch die Logik der Ordnung, von der sich dieser Zustand absetzt: „Die Suspendierung der Norm bedeutet nicht ihre Abschaffung, und die Zone der Anomie, die sie einrichtet, ist nicht ohne Bezug zur Rechtsordnung" (Agamben 2004, 33). Das heißt nichts anderes, als dass innerhalb einer sozial und politisch instabilen Situation gerade der Ausnahmezustand Stabilität garantiert und deshalb im Interesse einer Regierung der Gesellschaft ist. Das wissen im Übrigen auch die Corner Boys in *The Wire*, weshalb sie die Polizisten, als diese mit dem Versuch der Einrichtung der Free Zones beginnen, auch anherrschen: „Look, we grind and you try to stop it. That's how we do. Why do you go on fuck with the program?!" (TW 3.4, 28:52). Umgekehrt bedeutet natürlich auch ‚Hamsterdam' selbst einen Ausnahmezustand, nämlich „als die legale Form dessen, was keine legale Form annehmen kann" (Agamben 2004, 7). Nur kann jede soziale Institution freilich ausschließlich den Ausnahmezustand anerkennen, dessen Form und Dynamik sie rational kontrollieren kann. Das Experiment ‚Hamsterdam' aber untergräbt die internen Struktur- und Regierungslogiken der sozialen und exekutiven Institution, weshalb es auch keinen Bestand haben kann. Mit dem von der Polizeiführung nach deren Öffentlichmachung eingeläuteten Ende der Free Zones und der Relegierung Major Colvins stellen sich die ursprünglichen Machtstrukturen innerhalb eines definierten Feldes sozialer Beziehungen wieder her. Daran kann auch die Balance einer sozialen Herrschaft wieder anschließen, die in Kauf nimmt, in einzelnen Enklaven nur noch symbolisch anwesend sein. Womit auch *The Wire* einmal mehr der nicht zu tilgenden Relevanz und Aktualität der weber'schen Kategorienbildungen von „Macht" und „Herrschaft" die Reverenz erweist (Weber 1980, 28), selbst wenn sich dies in Form einer realistischen Beschreibung souveräner Macht realisiert. Die Diskursmacht erhält hier ein Gesicht.

Die Akzentuierung des utopischen gesellschaftlichen Moments, das dem ‚Hamsterdam'-Experiment anhaftet, muss nicht nur zurückgenommen, sondern auch widerlegt werden, um eine Authentifizierung gesellschaftlicher Kontexte leisten zu können, die sich nicht mit utopischen Reminiszenzen verträgt. Die Wirklichkeit der Gesellschaft ist nicht utopisch, sondern vor allem tragisch – weshalb David Simon seine Serie verstanden wissen möchte als Wiedergängerin der antiken Tragödie:

> „It's a Greek tragedy, and everyone's trying to think Antigone or Medea or Oedipus out of the box. Which is understandable. When you go see those plays performed, if they're done well, you know the ending with absolute certainty—and yet you can't help but think somewhere in act two that the fates are not the fates. And, listen, American entertainment does nothing but sell redemption and easy victories 24-7." (Simon 2008)

Vor allem ist die Wirklichkeit der Gesellschaft aber dystopisch, denn ihre Institutionen sind keine olympischen Götter, die ebenso frivol wie grausam ihre Späße mit den ihnen ausgelieferten Menschlein treiben. Die sozialen Institutionen sind weit eher babylonisch als griechisch konnotiert. Niemand entkommt ihnen; alle, die ihnen ausgeliefert sind, konsumieren sie mit Haut und Haaren. Das muss im Laufe der dritten Staffel auch Major Colvin erfahren, der vorwitzig genug ist, um innerhalb des vorgezeichneten Legitimationsrahmens der gesellschaftlichen Institutionen eigenmächtig und unvernehmlich einen alternativen Lösungsansatz für jene Probleme zu verfolgen, die seine Institution, die Polizei, ohnehin nicht lösen kann, weil sie letztlich weder über militärische noch über sozialarbeiterische Kompetenzen verfügt, im War on Drugs aber beide benötigt. Doch während die von der ubiquitären Drogenkriminalität befreiten Viertel aufblühen, entfaltet sich ‚Hamsterdam' als eine Art Hades des sozialen Raumes. Schon bald nach der soeben thematisierten, kurz aufscheinenden Utopie im Rahmen jener Sequenz, die das Leben in den Free Zones und in den Wohnvierteln beschaulich abbildet, negativiert sich die Darstellung der Free Zones beträchtlich, den dokumentarischen Stil der Serie dabei wieder aufnehmend. Diese Zeichnung kulminiert in einer ebenso dystopischen wie theatralisch performativen Szene, in der mit dem drogenabhängigen Polizeiinformanten Bubbles ein Ensemblecharakter, der ohnehin für eine besondere Qualität der Zeugenschaft steht, nächtens durch ‚Hamsterdam' taumelt, als wäre es die metaphorische Illumination eines luziferischen Ortes.

Major Colvin selbst wird mit dieser Situation durch einen Diakon konfrontiert, der nur kurz zuvor fassungslos die soziale Enklave ‚Hamsterdam' durchstreift hat und daraufhin Colvin in dessen Büro aufsucht (TW 3.8, 12:40-13:42). Die beiden sitzen sich direkt gegenüber; kein Schreibtisch steht zwischen ihnen, sie sind sich ganz nah. Colvin bemüht sich, dem Diakon auseinanderzusetzen, alles, was er versuche, sei seinen Distrikt wieder lebenswert zu machen. Dazu müsse er sicher einige opfern, nämlich die Drogenabhängigen – „but I save the rest" (TW 3.8, 12:47). Der Diakon stimmt dem nicht zu, sondern verweist auf die sozialen und hygienischen Defizite des ‚Hamsterdam'-Areals. Alles das, was für eine derartige Zone notwendig sei, fehle hier: Trinkwasser, Toiletten, Strom, die Ausgabe von sauberen Nadeln für die Drogenabhängigen und von Kondomen für die Prostituierten. Colvin versucht das Problem herunterzuspielen, indem er einwendet, den Leuten gehe es nicht schlechter als zuvor, sie seien jetzt bloß an einem Ort konzentriert. Worauf der Diakon pointiert, dieser Ort sei schrecklich. Daraufhin steht Colvin entnervt auf, wandert ihm Raum umher und fertigt den Diakon schließlich ab, seine Mittel als Polizist seien eben begrenzt; all das was der Diakon an Infrastruktur für die Free Zones einfordere, könne er schlicht nicht leisten – „You're in the wrong shop" (TW 3.8, 13:41).

Damit ist die Serie wieder in ihrem alten Fahrwasser angekommen: „Can't you see?", fragt der Diakon in diesem Gespräch Major Colvin, den Polizisten und Schöpfer von Hamsterdam: „… A great village of pain. And you are the mayor" (TW 3.8, 12:56). Und er schließt mit den Worten: „That place is hell" (TW 3.8, 13:21). Die Utopie der Neighborhoods ist entwertet allein durch ihre Gegenüberstellung mit der Anomiehölle Hamsterdams, die der Preis für die Rückkehr zu einer sozialen Normalisierung in den Vierteln ist. Im Gespräch mit dem Diakon, aber auch bereits zuvor in diversen Einstellungen auf Colvins zufriedenes Gesicht, wenn er von seinem Beobachterposten aus in die Free Zones blickt, zeigt sich, dass auch Colvin durchaus noch an der Logik der Stat Games hängt – nicht zuletzt nämlich intendiert er die Präsentation sauberer Kriminalitätsraten, und dieser seinen Vorgesetzten zu kommunizierende Umstand soll sich zugleich in einen positiven Effekt für die betroffenen sozialen Topographien umsetzen. Daniel Eschkötter bemerkt, generell werde innerhalb der Serie gegen das Regieren und Regiertwerden, gegen die Korsette der statistischen Stadtmanagementsysteme und der normierten Tests eine den Institutionen vorgängige Naturgesetzlichkeit der Arbeit und der Professionen in Stellung gebracht" (Eschkötter 2012, 53). Diese, „natural police" genannte Attitude auf Seiten der Polizei naturalisiert in der Tat ihre Träger und definiert sie als ausgestattet mit dem Habitus des unverfälschten, charakterlich echten Polizisten. Damit zieht die Serie eine interessante Differenz zwischen der Polizei als Institution und dem einzelnen Polizisten ein, der gerade aufgrund seines polizeilich integren Selbstverständnisses rigoros gegen die Institution arbeiten kann. Diese ist zunächst die konkrete Institution, der er angehört, in diesem Falle also die Polizei, zugleich aber die gesamte Praxis einer modernen Regierung der Gesellschaft. Das Dilemma eines Polizeibeamten wie McNulty rührt nicht unerheblich aus dieser Konfliktkonstellation und trägt ihm jede Menge Schwierigkeiten ein. Anerkanntermaßen „natural police" zu sein, wie McNulty für sich in Anspruch nimmt, stattet die betreffende Person mit einer Art von Immunität gegen die der Institution „Polizei" strukturimmanente Korruption aus. Im Vergleich dazu verfolgt Colvin einen anderen Ansatz, denn „natural police" heißt nicht nur ein wahrer und habituell unbestechlicher Polizist zu sein, sondern alle Energie auf die ehrliche Verbrechensbekämpfung zu verwenden, die Bösen hinter Gitter zu bringen und selbst der Gute zu sein – auch wenn das in dieser moralischen Simplizität ganz gewiss nicht stimmt, wie nicht nur das Beispiel McNultys immer wieder deutlich macht.

An diesem ideologischen Gestus der „natural police" hat Colvin mit seinem Projekt ‚Hamsterdam' ganz offensichtlich keinen Anteil. Zwar ist auch ihm eindeutig an der Realisierung von Handlungsstrategien „gegen dieses Regieren und Regiertwerden" gelegen, dies aber nicht im Sinne des Habitus einer „natural police", geht es doch gerade darum, die Kriminalitätskonflikte zu entschärfen, anstatt sie ernstlich zu forcieren. Colvin ist viel eher interessiert an der Einführung einer *political police*. Sein Projekt scheitert denn auch insbesondere daran, dass weder die institutionelle Einheit Polizei als Agentur des „Funktionszusammenhangs der Gesellschaft" (Adorno), noch die Polizisten als Individuen innerhalb dieses Zusammenhangs sein Konzept auch nur im Ansatz tolerieren könnten. Was Colvin hingegen überhaupt nicht interessiert, weil dies weder die Stat Games noch die Schicksale der normalen Bürger tangiert, ist die Realität in den Free Zones, deren völlige soziale Verwahrlosung. Darauf muss ihn erst der christliche Diakon aufmerksam machen und ihn damit an die Grenzen seiner Möglichkeiten, auch seiner Ethik, stoßen: „Look", entgegnet Colvin dem Diakon einigermaßen aufgebracht auf dessen Predigt, die klar macht, dass ein Projekt wie ‚Hamsterdam' ohne eine sozialpolitische Rahmung nicht glücken kann, „I'm a police. So I can lock a man up or I can move his ass off the corner. I can't do anything more than that" (TW 3.8, 13:31-13:41). Das bedeutet letztlich nichts anderes als: Nicht nur die Free Zones sind ein Höllenort, Gesellschaft ist dies grundsätzlich. Und zwar nicht nur an den ihr eigenen, exponierten Orten einer anarchisch unreglementierten Devianz, sondern speziell in ihrer trägen Resistenz gegen Veränderung, wie sie hier ein gleichermaßen genervter wie tendenziell resignierter Major Colvin kommuniziert. Die Hölle der Gesellschaft ist nicht etwa der Einbruch des Chaos als Ordnungsprinzip im Ausnahmezustand, sondern insbesondere die Renitenz gesellschaftlicher Institutionen gegen transformierende Eingriffe, ganz unabhängig davon, dass Gesellschaft als Ganze sich natürlich immer in einem historisch und kulturell gebundenen Prozeß der Transformation befindet. Althussers ideologische Staatsapparate erweisen sich als ausgesprochen stabil. Die kurze Gesprächssequenz zwischen Major Colvin und dem Diakon verwendet exakt die gleichen Stilmittel der rhetorischen Bekräftigung dessen, was die Serie ihrem Publikum ohnehin permanent demonstriert, so wie in der zuerst behandelten Szene des *town hall meeting*, nur dass nun der Diakon die zuvor von Colvin beanspruchte Position der realen Verstärkung einnimmt. Hier amalgamiert die soziale

Dokumentation – also die reine Abbildung dessen, was ist – mit den filmischen Mitteln des Neorealismus – als der Authentizität des Ortes und der Schauspieler. Vor allem aber korreliert sie mit Stilelementen eines geradezu militant pädagogisch vorgehenden Agitprop-Theaters. Das aber ist einer der interessantesten Aspekte an *The Wire*: dass gerade der Eindruck einer enormen Authentizität sozialer Erfahrung und gesellschaftlicher Wahrheit letztlich erzielt wird durch ein Höchstmaß an theatraler Inszenierung. In der Sekundärliteratur und Kritikerrezeption zu *The Wire* spielt dieser Aspekt bemerkenswerter Weise kaum eine Rolle. Und natürlich heißt das auch, dass es sich beim Gestus des Dokumentarischen nicht im Mindesten um eine Reduktion filmischer Mittel handeln kann, sondern um deren gezielten und konsequenten Einsatz, wie Michael Cuntz in seinem Beitrag zu diesem Band hervorhebt (Cuntz 187).

Fassen wir vorläufig zusammen: Weder dokumentiert *The Wire* gesellschaftliche Realität im klassischen Stil, denn es handelt sich eindeutig um ein fiktionales Format, noch handelt es sich um ein gängiges Format einer kulturelle Zusammenhänge repräsentierenden Fiktion. Im Gegenteil bleibt *The Wire* sowohl hinter solchen Ansätzen zurück, als die Serie auch explizit darüber hinausgeht. Sagen lässt sich nur, dass in diesem speziellen Fall das filmische Format Fernsehserie – „Quality TV", um einmal den gebräuchlichen Neologismus zu benutzen – soziale Realität selbst, wie auch die Möglichkeit ihrer Erfahrung, überhaupt erst herstellt und begründet. Während die Fiktion Realität in der Ästhetisierung verdichtet und übertreibt und damit pointiert, im Grunde also eine hermeneutische Exegese kultureller Wirklichkeiten bedeutet, ein Reservat des tollen Geistes inmitten normalisierter Alltagsroutinen, lässt die Authentifizierung diese Realität in nuce überhaupt erst erkennbar werden und wird zu deren zentralen Scharnier. Dieser These korrespondiert die Bemerkung von Koch in diesem Band, *The Wire* beziehe dezidiert eine Beobachterperspektive und ermögliche einen „authentischen Blick in die urbane Wirklichkeit Amerikas" (Koch 43). Wenn Koch daran anschließt, *The Wire* frage insgesamt „nach den Bedingungen der Möglichkeit von gesellschaftlicher Evidenz", dann ist in der Konsequenz davon insgesamt die Validierung und die Kontextualisierung qualitativer Daten betroffen, die sich so gesehen immer an Verfahren und Kulturtechniken der Authentifizierung als Fiktionalisierung brechen. Koch hebt außerdem hervor, eine „Montage-Serie" wie *The Wire* sei sich darüber im Klaren, dass „Weltmodelle das Ergebnis von Produktionsprozessen" sind (Koch 45), also nicht abgetrennt werden können von ihren strukturellen, performativen und repräsentativen kulturellen Bedingungslagen. Zugleich aber tragen sie natürlich auch, wie oben mit Philipp Schulte vermerkt, einen intentionalen Index.

Die Kategorie der Authentizität, die an *The Wire* angelegt wird, muss somit sehr radikal gefasst werden; es geht hier nicht bloß um eine sehr wirklichkeitsgerechte Fiktion. Genau diese Qualität einer Authentifizierung gesellschaftlicher Wirklichkeit thematisieren Penfold-Mounce/Beer/Burrows, die davon sprechen, *The Wire* portraitiere authentisch sozio-politische Themen (Penfold-Mounce/ Beer/Burrows 2012, 155) und greife damit exemplarisch auf soziale Problemlagen zu. Dies wäre der übliche Ansatz, Fiktion als Platzhalter des kulturell und sozial Unverfügbaren anzuschreiben, sie also zu einem Medium zur Kommunikation der Anteile symbolischer Bedeutung zu machen, die gerade nicht selbstverständlich einholbar sind. In diesem Sinne schreibt die Germanistin Eva Horn mit Blick auf das Verhältnis von Fiktion und Geheimnis: „Fiktion ist der Reflexionsraum der modernen arcana imperii, ihr eigentliches Medium" (Horn 2007, 124). Sie ist also sowohl Repräsentation als auch Enthüllung des Verborgenen, weshalb Horn auch davon spricht, es gäbe eine „Rekursion des Fiktiven ins Wirkliche und des Wirklichen ins Fiktive" (Horn 2007, 505). Dazu bedarf es aber zu allererst einer distinkten Vorstellung dieses Wirklichen, die dann enttarnt wird als Arkanum, dem die Heuristik der Fiktion mit durchaus gesellschaftlichem Mehrwert beikommen kann.

Hingegen kehrt *The Wire* die Formel um, Fiktion fülle das Unverfügbare. Stattdessen bereitet die Serie überhaupt erst den Boden für eine Vorstellung von der Gesellschaft als Beziehungsgeflecht divergenter Vergesellschaftungspraktiken: „I think it's a dark show. I think it has a great deal of sentiment to it. [...] I think it's intensely political" (Simon 2008). Damit vollzieht The Wire exakt jene eingangs angeführte Bewegung einer Simmel'schen Soziologie und stellt eine „Vorstellung der Gesellschaft" (Simmel 1992, 17) bereit, die sich empirisch konstituiert als „Wechselwirkung von Elementen" (Simmel 1992, 18). Eine solche Empirie aber ist fast unmöglich zu realisieren, muss sie doch Simmel zufolge eine „Linie" erstellen, die, „alle bisher gezogenen durchquerend, die reine Tatsache der Vergesellschaftung, ihren mannigfaltigen Gestaltungen nach, von ihrer Verbindung mit den divergentesten Inhalten löst und als ein Sondergebiet konstituiert" (Simmel 1992, 22). Das wäre die Leistung, die von der Soziologie grundsätzlich gefordert wäre und der sie kaum nachkommen kann, weil sie selbst Teil dieser „mannigfaltigen Gestaltungen" ist. Schließlich hebt Simmel außerdem noch die enorme Bedeutung jener „unermessliche[n] Zahl von kleineren, in den einzelnen Fällen geringfügig erscheinenden Beziehungsformen und Wechselwirkungsarten zwischen den Menschen" hervor, die „doch erst die Gesellschaft, wie wir sie kennen, zustandebringen" (Simmel 1992, 32). Und genau diese Konstituierung der „Tatsache der Vergesellschaftung" leistet *The Wire* und macht in seiner Repräsentation der Verflechtung von offenbaren und virtuellen sozialen

Beziehungen Gesellschaft nicht bloß sichtbar, sondern überhaupt erst vorstellbar, wo deren Komplexität bis dahin nicht nachvollziehbar erscheint. Das Prinzip der Darstellung in *The Wire*, das durch ein strategisches Ineinandergreifen von Visualisierung und Narration erreicht wird, besteht darin, dass die Repräsentation der Serie identisch wird mit der Wirklichkeit des Dargestellten. Das heißt nicht, dass man glauben muss, es gäbe die Charaktere der Serie wirklich – obwohl sogar dies durch das Casting möglichst authentischer Laiendarsteller nahegelegt wird –, sondern die soziale Welt ist dann genau so, wie *The Wire* sie zeigt. Authentifizierung heißt hier, Wirklichkeit zu verbriefen, indem der normalen Erfahrung gleichsam entzogene Topographien des Sozialen, also massiv deviante Felder wie auch Orte einer hegemonialen sozialen Macht, dem quasi-dokumentarischen Blick der Kamera ebenso anheimgegeben werden wie die komplexe soziale Verstrickung individueller sozialer Existenzen. Passend dazu ist eine Vokabel, die generell am seltensten auf *The Wire* angewendet wird, die der Inszenierung.

Dabei ließe sich ja auch die These führen, es handle sich bei dieser Serie um eine Überinszenierung von sozialer Authentizität. Der ebenso massive wie innerhalb der Narration und ästhetischen Repräsentation subtil vollzogene Rückgriff auf Authentifizierungstechniken, die dem Dokumentarfilm und dem Neo-Realismus entlehnt sind, spielt strategisch, um nicht zu sagen: inszenatorisch, selbst mit einem filmischen Motiv. Denn was *The Wire* entfaltet, ist nicht zuletzt eine Art permanente, ununterbrochene High-Angle Einstellung, ausgeführt als Plansequenz, auf die Institution von Gesellschaft insgesamt. Wie in einer ausgedehnten Plansequenz folgt die Serie – allerdings dramaturgisch – den Verästelungen eines kontingenten sozialen Geschehens, das sich, beobachtet aus der Höhe einer totalen Perspektive, zu einem schlüssigen, in sich keineswegs mehr kontingent erscheinenden Gesamtbild zusammenfügt. Dieser Befund, scheint die Autoren dieses Bandes weitgehend zu einigen. Diesen Zusammenhang der Zeichnung eines nachvollziehbaren Bildes von Gesellschaft durch diese Serie thematisiert Eschkötter, wenn er schreibt, metaphorisch bedeute *The Wire* eben auch „das Drahtseil, auf dem alle tanzen müssen, das Band, das zwischen ihnen besteht, der große institutionelle und überhaupt soziale Zusammenhang" (Eschkötter 2012, 33); ergo der Gesamtzusammenhang gesellschaftlicher Verhältnisse. Auch hier wird also ein deutlicher Zusammenhang zwischen dem formalen Vorgehen der Serie und ihrer spezifischen gesellschaftsanalytischen Kompetenz hergestellt. Im Kern postuliert auch David Simon als Macher der Serie genau dies als Aufgabe oder als Mission von *The Wire*, denn er meint, die Serie leiste nichts weniger, als soziale Erfahrungen zu ermöglichen, die anders schlicht nicht möglich wären: „Bringing those pieces of America that are obscured or otherwise segregated from the ordinary and effectively arguing their relevance and existence to ordinary Americans" (Simon 2007). *The Wire* entpuppt sich so als eine Schule gesellschaftlich-sinnlicher Erfahrung. Just in der Absicht, auf die umfassende gesellschaftsdarstellende und analytische Geste von *The Wire* zu verweisen, benutzt McMillan die Begriffe „web" und „fabric", wenn er etwa von „the individuals and institutions woven into this web" spricht (McMillan 2012) – und knüpft damit interessanter Weise an die eingangs eingeführte simmel'sche Terminologie zur Erfassung von Gesellschaft an. Diese Verbindung führt letztlich weiter als die von McMillan etwas arg strapazierte Analogie zum foucault'schen Panoptikum, wo man doch im Falle des *wire* in *The Wire* gar nichts zu sehen, sondern höchstens etwas zu hören bekommt, und auch das versteht man nicht immer. Es kann nicht verwundern, wenn Penfold-Mounce/Beer/Burrows konstatieren, die Rolle, die die Konstruktion von Authentizität in *The Wire* spiele, sei mit Blick auf eine Einordnung der Serie als „social science-fiction" schwerlich zu ignorieren (Penfold-Mounce/Beer/Burrows 2012, 158). Als Serie und als kulturelles Artefakt nimmt *The Wire* eine dezidiert filmische Perspektive sich selbst gegenüber ein, da die Inszenierung und mise-en-scène sich immer auch reflexiv auf sich selbst bezieht. Im Kern entfaltet die Serie bild- wie narrationsstrategisch einen Panoramablick auf Gesellschaft und transformiert einen zunächst fiktionalen Ansatz in eine genuine Repräsentation des Authentischen als gültige Abbildung und Vorführung gesellschaftlicher Realität und Organisation. Dieses Authentische existiert daher für sich freilich nicht, gewinnt aber den sozialen Status sozialer Authentizität mittels der Form medialer Repräsentationstechniken.

Nun fällt dieser Ansatz im Falle von *The Wire* keineswegs neutral aus. Im Gegenteil, ganz im bereits angeschnittenen ideologiekritischen Gestus der Serie, ist das Ergebnis dieser Verschachtelungsstrategie als Authentifizierung sozialer Abstraktionszusammenhänge letztlich angelegt als eine Kritik der Macht sozialer Institutionen, ohne diese Macht deshalb schon zu widerlegen. Um abschließend diesen Punkt auszuführen, soll eine weitere Sequenz aus der Serie diskutiert werden. Wir bleiben im ‚Hamsterdam'-Szenario; das Experiment hat sich aus Sicht Major Colvins bewährt, die Kriminalitätsrate in den beteiligten Districts ist signifikant gesunken, deren Bewohner sind hoch zufrieden, der Kritik des Diakons wurde ansatzweise Rechnung getragen. Nun wagt Colvin den entscheidenden Schritt nach vorn und stellt sein Projekt quasi-offiziell im Rahmen der allseits gefürchteten Berichtsrunden der führenden Polizeioffiziere gegenüber dem Police Commissioner und dessen Deputy vor (TW 3.10, 44:30-46:52). Mittels einer slide show demonstriert Colvin seinen Kollegen und Vorgesetzten die gesäuberten Corners und pazifizierten Quartiere seines Districts. Die Kamera fährt die verwunderten Gesichter seiner Vorgesetzen ab, bis ihn der Deputy unterbricht: Er kenne diese Orte durchaus. Was er nicht wisse, aber sehr gern wissen wolle, sei:

„Where is the West Baltimore drug trade?" (TW 3.10, 44:56) Colvin stellt dazu
zunächst klar, seine Bilder seien nicht inszeniert; vielmehr habe er einen anderen Ansatz gefunden. Nachdem er noch etwas herumgedruckst hat, lässt Colvin
schließlich die Katze zaghaft aus dem Sack und beschreibt sein Vorgehen, die
Dealer seines Districts in bestimmten Areas zu konzentrieren. Diese Beschreibung gipfelt in dem Satz, er habe den Dealern ein unwiderstehliches Angebot
gemacht, welcher beim Deputy größte Verstörung auslöst. Nun sammelt Colvin sich, nimmt Haltung an, zeigt selbstbewusst eine Karte seines Districts, auf
der die drei Free Zones rot markiert sind und sagt, in diesen Arealen, sei „drug
enforcement not a district priority" (TW 3.10, 46:08). Dies sei sein Angebot an
die Dealer gewesen; wer darauf nicht eingegangen sei, habe die volle Härte der
ihm zur Verfügung stehenden Mittel zu spüren bekommen. Die Kamera schwenkt
hin und her zwischen Nahaufnahmen auf einen nunmehr ganz ruhigen, sicheren
Colvin und halbnahen Einstellungen auf Commissioner Burrell und seinen Deputy. Mit seiner Erklärung zum ‚Hamsterdam'-Projekt erntet Major Colvin zunächst
Irritation bei seinen Vorgesetzten, von denen die meisten nicht verstehen wollen,
was der Kern der Initiative ist. Der Commissioner versinkt in seinem Stuhl, sein
Gesicht kommuniziert grandioses Unverständnis. Auf dem Gesicht des Deputys
spiegelt sich das blanke Entsetzen. Nun hakt ein weiterer Vorgesetzter Colvins
nach: Er verstehe nicht; soweit er wisse, ließen sich gesäuberte Corners nur halten, indem dort Polizisten postiert würden. Er sehe aber keine Polizisten auf den
Bildern. An dieser Stelle platzt dem Deputy der Kragen und er unterbricht seinen
Kollegen: Ob er denn wirklich nicht verstehe, dass Colvin den Drogenhandel und
den Drogenkonsum faktisch legalisiert habe? „Jesus! Can't you see?" poltert er
los, „He's legalized drugs! [...] He's lost his fucking mind!" (TW 3.10, 46:28-
46:40) Colvins Versuch, die Situation durch die Bemerkung zu beschwichtigen,
er habe lediglich entschieden, diesen zu ignorieren, führt zu einem abrupten Ende
der Veranstaltung. Denn in diesem Moment erwacht auch Commissioner Burrell
aus seinem Koma der Ahnungslosigkeit, springt erbost auf, zitiert Colvin in sein
Büro und verlässt den Raum, während der Deputy, mit mehr Contenance und
Intellekt gesegnet, die Versammlung noch ordentlich beendet.

In dieser Sequenz zeigt sich exemplarisch – und im Rahmen der Serie ist
dies nur ein Beispiel von vielen –, wie Gesellschaft sich in Form von Institutionalisierungsleistungen realisiert, die durch eine massive Mehrdeutigkeit gekennzeichnet sind. Denn erstens realisiert sich in ihnen eine ausgesprochen starke und
deutlich funktionale Hegemonie der sozialen Wirklichkeit gegenüber den in ihr
handelnden Akteuren und zweitens wirkt diese Wirklichkeit darin trotzdem als
eine der Latenz. In der Latenz scheint durch, was gesellschaftlich auch möglich
sein könnte, jedoch nicht zur Verwirklichung gelangt, in dieser Möglichkeit aber

dennoch immer präsent ist. *The Wire* gestattet sich einige wenige utopische Ausblicke auf eine mögliche Realisierung dieser Latenz, nimmt diese aber gleich wieder zurück, weil die ausgeführte Latenz natürlich schon keine mehr ist, sondern in Immanenz umschlägt. Immanenz ist in *The Wire* aber behaftet mit der denkbar negativsten Konnotierung, der Ideologie und der Herrschaft sozialer Hegemonie. Colvins einzige Chance ist daher, auf den Erfolg seines Ansatzes zu setzen und von dort aus eine binneninstitutionelle Reform der Polizeiarbeit durchzusetzen. Soviel ist ihm bewusst; er weiß um den Spielraum an Handlungsmächtigkeit innerhalb einer gegebenen Diskursstruktur und er weiß auch, dass dieser Spielraum keinen offenen Horizont besitzt, sondern deutlich liminal organisiert ist. Auch Michael Cuntz diskutiert in seinem Beitrag zu diesem Band das Verhältnis von Individuum und Institution, kommt hier aber auf der Grundlage seiner sehr ausschließlichen Lektüre der ANT zu einem ungleich positiveren Schluß, da er meint, die Individuen würden halbwegs leichterhand Strategien entwickeln, um die Institutionen ihren eigenen Zielsetzungen dienstbar zu machen. Situativ mag das so sein; schon mittelfristig eignet sich aber in *The Wire* die Institution ihr Terrain jeweils wieder an und hegemonialisiert ihre Individuen nachhaltig. Der aus dieser Gemengelage resultierenden Konfrontation setzt Colvin sich nun aus, unter dem Schutz der größtmöglichen Sicherheit des Erfolgs, der seiner Initiative Recht geben und ihr eine gesellschaftliche, wenn schon nicht juridische Legitimation verleihen soll. Freilich ist ihm die ganze Zeit über nur zu bewusst gewesen, dass er gegen die Regeln und auch gegen die Reglements verstößt – weshalb er auch explizit nur sich selbst das Experiment ‚Hamsterdam‘ verantworten lässt und seine Männer davon ausnimmt: „Deputy, I don't know quite how to put this. But we... I mean, I [...]“ (TW 3.10, 45:27).

Womit Colvin nicht gerechnet hat, ist die jeweilige Eigengesetzlichkeit innerhalb einer Pluralität der sozialen Systeme, die er nicht in der Lage ist, gegeneinander auszuspielen, und die die Simmel'sche „Wechselwirkung von Elementen" sowohl übertreffen als auch zurücknehmen. „Colvin is a tragic reformer", resümiert auch Blake D. Ethridge. „He tries to work within the system of the police department and the schools, but his potential improvements are repeatedly destroyed because, although they might solve a problem, they become problematic for the particular institutions" (Ethridge 2008, 159). Als Protagonist der Exekutive hat Colvin innerhalb des spezifischen institutionellen Feldes der Polizei versucht, gegen die hegemoniale Logik der Institution zu arbeiten. Die besondere Leistung Colvins, nicht innerhalb einer überkommenen Struktur einer gängigen Heldenphantasie nachzuhängen, würdigt insbesondere McMillan, der hervorhebt, dessen eigentliche Leistung bestehe in dem Versuch, positive Veränderungen durchzusetzen, indem er sich der Disziplinarlogik eines gebrochenen

Systems verweigere. Allerdings lässt sich, obschon Colvin die grandiose Ineffektivität der bloßen Inhaftierungspraxis sieht, von ihm trotzdem nicht sagen, er habe erkannt, dass das Drogenproblem nach einer Lösung auf dem Wege einer neuen Gesundheitspolitik („public health solution") verlange (McMillan 2009, 58). Und wenngleich Colvin auch weiß, dass er mit seinem Projekt weder legal noch im Sinne der politischen Vorgaben vorgeht, so hat er zugleich nicht im Blick, dass es sich hier um mächtige eigenlogische Systeme handelt, die er mit seiner binneninstitutionellen Strategie nicht wird unterlaufen können. Der vermeintliche Erfolg seines Projekts – im Büro des Commissioners legt Colvin diesem einen ganzen Stapel Dankesbriefe vor, die er von Bewohnern des Western District erhalten hat – ändert nichts am politisch-juridischen Primat, dass der Drogenhandel grundsätzlich illegal und deshalb forciert zu bekämpfen sei. Die Lebenswelten der Quartiersklientels hingegen haben keine Priorität. Ihre Qualität soll dem Handlungsprimat der Institution erst folgen. Der aber ist an sich keineswegs rational, wie *The Wire* nicht müde wird zu zeigen, sondern läuft auf eine endlose Iteration exekutiver Maßnahmen im Katz und Maus-Spiel mit den Drogengangs hinaus – Wiederholung ohne Differenz.

4.

Die Struktur sozialer Herrschaft erhält sich selbst, gelegen ist ihr ausschließlich an der Behauptung der einmal errungenen, durchgesetzten Positionen sozialer Macht. Die Wechselwirkungsarten einer Pluralität von Individuen, noch ihrer geringfügigsten Beziehungsformen, um noch einmal Simmels Terminologie zu bemühen, wird gedeckt durch die hegemoniale Macht der Institutionen, die die Reichweite solcher Wechselwirkungen im Sinne rationaler Vergesellschaftungsmodi strategisch kanalisieren und der Fortsetzung sozialer Machtpositionen unterwerfen. Im Falle von *The Wire*, so Mittell, „the point of emphasis is much more clearly on institutions rather than individuals" (Mittell 2009, 430). Wenn daher Luhmann resümiert, Gesellschaft sei „ein vollständig und ausschließlich durch sich bestimmtes System" (Luhmann 1998, 95), dann heißt das, dass die hier von ihm angeschriebene soziale Kommunikation sich grundlegend in Form von Machtpositionen, also pointiert nicht-neutral realisiert. Damit gibt *The Wire* den Blick frei auf die grundlegende Totalität gesellschaftlicher Strukturen, die ihren Ausdruck findet in der Verzahnung von Handlungsebenen einerseits und repräsentierten sozialen Feldern andererseits. Das Handeln der Individuen in *The Wire* bricht sich entweder immer an den Grenzen der sozialen Institutionen, die es auf mannigfaltigste Art eingrenzen, reglementieren und sanktionieren – durch

Normsetzungen, Relegierungen, Mord, Scheitern und Betrug – oder das Handeln der Individuen vollzieht sich de facto als Handeln der Institution selbst und das hängt sichtlich nicht am jeweiligen Individuum, so sehr auch dessen Handeln an der Institution hängen mag.

Genau in diesem Sinne zeigt *The Wire*, wie Krause in diesem Band klärt, „Verfahren als soziale Technologien" (Krause 56) und insofern als ihren Individuen letztlich immer überlegen; die die Satzungen und Formeln im sozialen Raum durchsetzenden Institutionen wiederum erscheinen als „aufklärungsresistent". An diese Stoßrichtung anschließend, meint auch Koch, der Preis des geradezu hyperrealistischen Verfahrens von *The Wire* sei der, daß die Serie den gesellschaftlichen Status quo letztlich naturalisiere und die Suggestion einer „unabänderlichen Notwendigkeit" aufbaue (Koch 47). „The Wire demonstrates how a network of institutional forms [...] produces poverty, racism, corruption, and structural injustices" (Jagoda 2011, 190). Nichts hängt hier mehr an den Kompetenzen und vermeintlichen Entscheidungen des Einzelnen, alles aber an einer abstrakten sozialen Struktur der Machtorganisation und der Anerkennungsökonomie. Diese netzhafte Struktur identifiziert Jagoda sogleich als genuinen Ausdruck kapitalistischer Herrschaft und *The Wire* als „a critique of contemporary capitalism" (Jagoda 2011, 197). Dazu passt schließlich auch die Parallelisierung, die Cuntz zwischen der in der Serie häufiger kultivierten Praxis eines „manufacturing a case" (Cuntz 177) und der Konstruktion gesellschaftlicher und kultureller Realität herstellt. Cuntz sieht hierin „eine Form der Konstruktion, die dem Wirklichkeitsanspruch des so Konstruierten nicht entgegenläuft, sondern diesen im Gegenteil fundiert" (Cuntz 177). Deren Problematik läge dann natürlich in der immanenten und funktionalen Tendenz zu einer Verfälschung von Realität gerade aufgrund einer Überfülle von Information und Präsenz des Wirklichen.

The Wire beansprucht nicht weniger, als eine Totalitätsperspektive auf Gesellschaft zu erstellen, die binnengesellschaftlich unmöglich ausführbar wäre. Aus dieser Unmöglichkeit ergibt sich ihre das bloße Fiktionalisierungsprinzip umkehrende, authentifizierende Potentialität. Hier liegt auch die Bruchstelle des Authentifizierungsansatzes der Serie, die natürlich dem Paradox nicht entgeht, nicht bloß selbst Teil jenes Gesellschaftszusammenhanges zu sein, den sie erst erfahrbar zu machen gedenkt, sondern die auch diskursiv und ökonomisch dessen genuines Produkt ist. Dies schlägt sich insbesondere dort nieder, wo die Serie letztlich vom Authentifizierungsgestus abweicht und massiv auf Genrekonventionen der Stereotypisierung von Figuren oder der Melodramatisierung von Narrationen zurückgreift. Luhmann zufolge bleibt die moderne Gesellschaft letztlich unzugänglich, da sie zwar operativ zugänglich, also erforschbar, sei, jedoch jede einzelne „Operation des Kennenlernens und Kommunizierens" für sich selbst unzugänglich bleibe.

> „In der Welt kann beobachtet werden. Aber der Beobachter selbst fungiert in dieser Operation als der ausgeschlossene Dritte. Die Einheit der Welt ist somit kein Geheimnis, sie ist ein Paradox. Sie ist das Paradox des Weltbeobachters, der sich in der Welt aufhält, aber sich selbst im Beobachten nicht beobachten kann." (Luhmann 1998, 154)

Dieses Paradox wird in *The Wire* tendenziell, und innerhalb der genannten Grenzen, aufgehoben durch die absolute Beobachtungsleistung der Serie und ihr Prinzip der dramaturgischen Plansequenz. Hier etabliert sich das formale Prinzip der Serie als Position des Beobachters einer Gesamtheit von Gesellschaft. Und zwar wohlgemerkt der Serie, nicht etwa nur der Kamera, da es hier um eine zielgerichtete und passgenaue Synthese aus Bildführung und Dramaturgie geht. Die Serie will die binnengesellschaftlich unmögliche Aufgabe einer Beobachtung von Gesellschaft als Allgemeines leisten. Und dies erreicht sie doppelt medial, nämlich sowohl, indem sie selbst als Medium gesellschaftlicher Beobachtung fungiert, als auch, indem diese Beobachtungsleistung nur medial vermittelt, in diesem Fall über das Fernsehen, kommuniziert werden kann. Die Zuschauer hingegen entgehen so dem von Luhmann thematisierten Paradox; in ihrer Beobachtung der Gesellschaft in *The Wire* sind sie zwar in der Position des Dritten, dies aber nur höchst indirekt, weil nicht sie selbst beobachten, sondern eine Beobachtungsrepräsentation von Gesellschaft rezipieren. Sie nehmen damit, was das Medium angeht, durchaus jene Position des externalisierten Dritten ein, behaupten aber dennoch ihre binnengesellschaftliche Position im Moment der „Vorstellung" von Gesellschaft als Medienartefakt. Dass der Zuschauer „Zuschauer" heißt, und nicht etwa Beobachter, erweist sich an dieser Stelle als nur zu konsequent. Nun ist sich David Simon des enigmatischen Charakters dieser Form durchaus bewusst, wie sich im Interview mit Alan Sepinwall zeigt: „*The Wire* is always about subtext. What *isn't* happening?" (Simon 2008) Genau das macht die hier thematisierte Form der „Beobachtung" auch nicht unproblematisch, denn natürlich intendiert Simon eine komplett durchdachte Inszenierung jener Repräsentation, worin nicht die Serie selbst das Medium der Beobachtung wäre, sondern letztlich vielmehr ihr Schöpfersubjekt ganz im Sinne der oben diskutierten Kategorie der Simulation. So gesehen stellt *The Wire* die authentifizierende Repräsentation von Gesellschaft als deren Konstruktionsleistung bereit.

Wenn das Dokumentarische, der Appeal des sozial Authentischen an *The Wire* nurmehr eine Geste ist, die der Herstellung einer Erfahrung gesellschaftlicher Totalität dient – wie kann man sich dann einer Serie wie *The Wire* überhaupt und insbesondere auf sozialwissenschaftlicher Ebene sinnvoll nähern? Gegen die

Dokumentationsgeste, den fiktionalen Aspekt eines Kulturartefakts wie *The Wire* unterstreichend und es tendenziell abgelöst von der Meta-Intention seines Urhebers, nämlich vielmehr als medialer Akteur in einer polyphonen Konstellation kultureller Phänomene, Diskurslagen und Akteure verortend, wäre eine andere Akzentuierung denkbar. Dieser Zugriff würde an die oben ausgeführte These anknüpfen, *The Wire* ermögliche eine Erfahrung von Gesellschaft, welche Gesellschaft selbst unmittelbar sinnlich nicht mehr bereitzustellen in der Lage ist. Die Serie überführt also das filmische Prinzip der Plansequenz in eine ästhetisch gesättigte, im Kern aber sozialphänomenologische Darstellung von Gesellschaft insgesamt. Insofern wäre *The Wire* vor allem als sozialwissenschaftlich ertragreiches Gedankenexperiment zum Zwecke der „Vorstellung von Gesellschaft" (Simmel) zu verstehen. Auf die Bedeutung von ästhetisch-literarischen Gedankenexperimenten bei der Erkenntnisgenerierung haben eingehend Annette Wunschel und Thomas Macho hingewiesen und hervorgehoben, „nicht selten [eröffne] seine – methodisch unauffällige – Strategie verblüffende Perspektiven und Einsichten" (Wunschel/Macho 2004, 12). Geht es Wunschel und Macho noch sehr ausschließlich um das Verhältnis von Fiktion und Wissenschaft, so machen Penfold-Mounce/Beer/Burrows Begriff und Prinzip des Gedankenexperiments dezidiert stark für den Kontext der soziologischen Analyse: „By encouraging such thought experiments *The Wire* allows viewers to see, engage with and test out sociological ideas, such as season three's drug legalization project" (Penfold-Mounce/Beer/Burrows 2012, 157). Die experimentelle Vorstellung von Gesellschaft realisiert deren Wirklichkeit als Erfahrung, die aber nur medial vermittelt möglich ist.

Wie gezeigt, geht das Gedankenexperiment *The Wire* in der Erfassung einer Gesamtheit gesellschaftlicher Konstellationen sehr weit und formal wie konzeptionell radikal vor; gleichzeitig nimmt es, wie gerade am Beispiel ‚Hamsterdam' deutlich wird, sein utopisch-fiktionales Potential gezielt und programmatisch zurück zugunsten einer Betonung der Negativität gesellschaftlicher Strukturrealitäten. Wenn daher Penfold-Mounce/Beer/Burrows proklamieren: „*The Wire* might best be approached as a form of social science fiction" (Penfold-Mounce/Beer/Burrows 2012, 154), so trifft dies nur bedingt zu. Denn gerade die Fiktion bleibt hier ja nicht Fiktion und daher letztlich auch nur eingeschränkt der Logik des Experiments verhaftet, sondern schlägt um in eine Authentifizierungsstrategie einer gesellschaftlichen Wirklichkeit, die anders als medial, ästhetisch und fiktiv nicht mehr erfasst werden kann. So stellen filmische Repräsentationen eine spezifische und vor allem eine privilegierte Kulturtechnik der Moderne dar. An der Form, an den Codes und an der symbolischen Kommunikation und Repräsentation filmischer Artefakte lässt sich ablesen, wie Gesellschaft sich formiert, wie sie sich konkretisiert und wie sie das ihr eigene Selbstverständnis über ihren Individuen, die immer zugleich Rezipienten des Mediums sind, ausgießt wie ein niemals enden wollendes Pfingsterlebnis. Über filmische Modi der Wahrnehmung wird das abstrakt Entrückte, das den Individuen Uneinholbare der modernen Gesellschaft übersetzt in einen kulturellen und sozialen Imaginationsraum, der, obschon virtuell, so doch deren Nachvollzug in Szene setzt und ermöglicht, also auch Partizipation ermöglicht, Handlungsmächtigkeit erschließt, Verfahren der kulturellen Mimesis vollzieht – und der sich zugleich bricht an den Grenzziehungen einer institutionellen Liminalität. Wenn es deshalb überhaupt Möglichkeiten einer Abbildung gesellschaftlicher Wirklichkeit als einer Wirklichkeit der Latenz gibt, dann werden sie sich hier finden lassen, im filmischen Medium, speziell aber in einem Format wie *The Wire*.

It's all in the detail.
Uncharted territory und der Spielraum der Akteure

Michael Cuntz

„The only way to give some margin of manoeuvre to actors is to consider that at certain times and places some actors are able to transform, first locally, the rules of the game, to analyse the situation in which they are, and to develop some new strategies to deal with that situation. And the role of the social scientist is to identify these actors, to try to appreciate, to evaluate their capacities to transform the rules of the game, to reconfigure institutions and to produce results that can be transported to other places. They way to transform so-called macro-structures is to start with micro or local restructuring activities, and to make connections possible between these localities and other localities" (Callon 2002, 302).

Das Spiel

„It's all in the game" – dieser meistens fatalistisch geäußerte Satz scheint nicht nur für die Welt der Kriminellen, für die einander ablösenden Drogendistributionsringe zu gelten, denen wir in *The Wire* begegnen, sondern letztlich für alle Akteure, denen wir in der Serie folgen.

Play by the rules or stay out of the game – das ist die zentrale Alternative, die sich für *The Wire* als Serie wie für ihre Protagonisten zu stellen scheint. Was aber, wenn diese in/out-Dichotomie von der dritten Möglichkeit durchkreuzt wird, die Regeln zu ändern?

Ein Spiel besteht aus einer Anzahl von Regeln, die ein Programm darstellen, Züge vorgeben, Abläufe, Prozeduren, Funktionsweisen. Wer nicht nach den Regeln spielt, ist dysfunktional. Die konventionelle Spielmetapher könnte allerdings ebenso viel verdecken wie sie erklärt, denn es ist fraglich, ob die zentralen

Komponenten derartiger Spiele mit vorgegebenen Regeln sich tatsächlich auf das Soziale übertragen lassen. Zweifellos verleiht sie bestimmten Lesarten des Sozialen Evidenz, indem sie bestimmte Grundannahmen motiviert: Ein Spiel wie Schach – das *The Wire* selbst schon früh als Allegorie oder *metaphora continua* einführt (TW 1.3, 10:45) – charakterisiert sich unter anderem durch die folgenden Merkmale, allesamt Konventionen, die den Rahmen des Spiels a priori abstecken: Es gibt eine festgelegte Zahl von Figuren, die sich jeweils klar einer Mannschaft zuordnen lassen. Festgelegt sind auch ihre Funktionen, die konkrete Spielfigur ist völlig austauschbar, solange man sie gegen eine Figur mit gleicher Funktion und gleichem Wert ersetzt. Das Spielbrett ist klar definiert, was seinen Aufbau und seine Grenzen angeht, man weiß, wo es endet, was innen und was außen ist. Und die Figuren, selbst der König und die Dame, werden in Wahrheit von allmächtigen Händen gelenkt, die über das Geschick der Figuren entscheiden, Hände die von außerhalb und oberhalb des Spielfelds eingreifen, angesiedelt auf einer anderen ontologischen Ebene, die von den Zügen der Figuren, die ja diktiert werden, in keiner Weise affiziert wird.

Die so verstandene Spielmetapher taugt weitaus eher als eine, immer noch unbefriedigende, Reflexionsfigur von Autorschaft gegenüber den Figuren der Fiktion,[1] als dass sie ein zufriedenstellendes Modell sozialer, und sei es krimineller Abläufe und Verfahren lieferte. Die Anordnung auf dem Spielbrett wie das Spielbrett selbst bilden ein stark gereinigtes Konstrukt,[2] dessen Formalisierung auf der Exklusion wesentlicher Elemente beruht. So gibt es darin keine Parasiten (Serres 1997). Wo aber wäre dann Omars Platz auf dem Schachbrett?

Das Spiel, das wir in *The Wire* beobachten, ist eines, in dem in einigen Hinsichten recht wenig im Voraus festgelegt ist. Ausdehnung des Spielbretts, Zuordnung zu Mannschaften (jedenfalls mehr als zwei), Zahl der Spieler, Funktion, Zahl der Spiel, *nature of the game*, Regeln – bietet schon jedes der konventionellen Spiele den Spielern Spielraum selbst innerhalb der Regeln oder durch das Schummeln,[3] so zeigt uns *The Wire* Spiele, in denen viele Elemente variabel sind und neu definiert werden – und dies geschieht auch beständig. „In all honesty, this is uncharted territory" mahnt eine der beiden Sozialwissenschaftlerinnen angesichts der Entwicklungen in Bunny Colvins Sonderklasse für schwierige Schüler

---

1   Weil sie nicht in Betracht zieht, was die Spielfiguren den Spieler tun lassen. Für eine unter vielen möglichen anderen Auffassungen neben Derridas Grammatologie oder *différance*, die dem *make do*, der Handlungsmacht des Werks gegenüber dem Autor Rechnung trägt, vgl. Souriau 2009b.

2   Zur Idee der Reinigungsarbeit des Sozialen vgl. Latour 1997b.

3   Auf Niederländisch heißt Schaukelstuhl *schommelstoel*. Folgt man dieser semantischen Spur, so dient das Schummeln in erster Linie dazu, sich zusätzlichen Bewegungsspielraum zu verschaffen.

zur Vorsicht (TW 4.8, 46:10). „Where do you go from here?" fragt daraufhin Colvin und der zweite Sozialwissenschaftler stellt die Gegenfrage: „How about we just let this ride, see where it takes us?" Wort steht gegen Wort: It's all in the game vs. ein Plädoyer für das Experiment. Beide Aussagen sind performativ. Interessant ist *The Wire* aufgrund jener Akteure, die, aller Widerstände zum Trotz, das zweite Performativ wählen. Die Spielanordnung, um die es dabei geht, ist die offene eines Experiments, in der das Spielbrett erst gezeichnet werden muss. So spielt das *detail* Schiffeversenken gegen unsichtbar und dispers agierende Drogennetzwerke[4] auf einem Spielplan mit offenen Abmessungen, dessen Koordinatensystem es selbst erfinden muss – jeder Treffer lässt nach und nach einen neuen Abschnitt eines Netzwerks erscheinen.

Für einige Spieler eröffnen sich also, ohne dass dies im eigentlichen Sinn ihr Projekt oder ihre Intention gewesen wäre, in bestimmten Krisensituationen[5] Spielräume dafür, an der Transformation der Regeln zu arbeiten. Dies birgt in jedem Fall ein hohes Risiko für sie, am Ende scheitern sie alle. Was die Gründe für das Scheitern sind, ist zunächst eine offene Frage – ob ihr Scheitern tragisch ist, darf man zumindest in Zweifel ziehen. Weshalb das Risiko, das man beim Versuch trägt, die Spielregeln seines Netzwerks zu ändern, sehr unterschiedlich hoch sind, je nachdem, in welchem Netzwerk man agiert und aus welchen Akteuren es sich zusammensetzt, ist eine zweite Frage, die mich beschäftigt. Die Annahme, dass es Spielräume im Sozialen gibt, wird hier in erster Linie auf Grundlage der Akteur-Netzwerk-Theorie (ANT) entfaltet. Diese folgt in weiten Teilen der Analytik der Macht Foucaults (Foucault 1975), das heißt Macht wird weder als rein repressive oder als „von oben" oder von Mächten „hinter" den Akteuren ausgeübte gedacht – auch Foucault schreibt, dass man nach den wirklichen Agenten suchen muss, anstatt von der Bourgeoisie im Allgemeinen zu reden, die er für einen inhaltslos Begriff hält (Foucault 2001, 182f.). Wie Foucault geht die ANT, die sich neben diesem auch auf Gabriel Tarde (Tarde 2001) stützt, der seinerseits für Foucault eine gewisse Rolle gespielt haben dürfte, von der Analyse konkreter Praktiken und von einer Mikromechanik oder Mikrophysik der Macht aus, die das Soziale wie Kapillargefäße durchzieht. Die ANT fügt dem vor allem die Einbeziehung nichtmenschlicher Akteure hinzu, ohne die sich nicht erklären lässt, wie aus einigen dieser Kapillargefäße Hauptschlagadern werden (Callon/Latour 2006; Latour 2005).

---

4   Zu dieser Strategie des Seekriegs, die auch für das Drogengeschäft gilt, vgl. Siegert 2012.
5   Zugrunde lege ich ein Verständnis von Krisen als Entdifferenzierung, Desadaptation und Freisetzung von Potentialen wie von Gilbert Simondon etwa in Simondon 2011 entwickelt. Diese Krisen sind die Bedingung der Möglichkeit für eine Restrukturierung zur Lösung von Problemen oder Dissonanzen, die in der zuvor stabilisierten Struktur nicht lösbar waren.

Mächte und Akteure, Institution und Narration

Folgt man einer weit verbreiteten Lesart zu *The Wire*, mit der auch in diesem Band eine intensive Auseinandersetzung zwischen weitgehender Affirmation und der Suche nach mehr oder weniger weitreichenden Ausnahmen stattfindet, so liefert die Serie über fünf Staffeln eine exemplarische Erzählung darüber, wie die Gesellschaft, das System, die Institutionen meist früher als später jeden Versuch der Individuen oder Subjekte zunichtemachen, Veränderung und Verbesserungen zu bewirken.[6] Mehr noch, jede Prätention der Figuren auf Individualität und Handlungsmacht wird zurückgewiesen, es wird gezeigt, wie sehr ihr Handeln an der jeweiligen Institution hängt (Ahrens, 143), so dass sie letztlich als austauschbare Marionetten dieser Übermächte und ihres „Mastercodes" (Koch, 32) entlarvt werden, Übermächte, deren Wirken zwar nie selbst sichtbar wird, aber zweifelsfrei deduziert werden kann, weil es sich logisch aus der Ohnmacht des Einzelnen erschließt. In dieser strikten Dichotomie zwischen Individuum und Gesellschaft scheint das einzige Gegenmittel gegen Heldennarrative, die, und darüber dürfte Konsens in diesem Band bestehen, ideologisch sind, weil sie die Macht des Einzelnen in einer Weise überbewerten, die durch jede Realitätserfahrung widerlegt wird, in der Betonung des Systemischen zu liegen. In dieser Reduktion auf die unsichtbaren, gleichwohl einzig wirklichen Mächte, die nicht nur gegen, sondern auf wundersame Weise auch gänzlich ohne die Mitwirkung der Individuen oder der Akteure wirken und fortwirken, besteht, so muss man schließen, denn auch ein Teil der Aufklärung, welche die Serie leistet. Man muss sich dann aber fragen, wie stark sich die Hauptfiguren in *The Wire* dann noch von den „schwachen, hilflosen Opfern" unterscheiden würden, die Marcus Krause treffend als Dickensches Stereotyp beschreibt (Krause, 66). Dadurch, dass sie nicht Opfer anderer Menschen, sondern der Institutionen sind?

Dagegen interessiert sich auch Lars Koch in seinem Beitrag, in dem Störung als zentrale Kategorie fungiert, für den Spielraum jener Parasiten wie Omar und Bubbles, die in der Schachmetapher keinen Platz haben. Gilt seine Aufmerksamkeit in erster Linie also jenen Personen, die nolens volens ganz auf eigene Rechnung spielen, werde ich stärker auf jene Figuren abheben, die *innerhalb* der großen Netzwerke, die in der Serie inszeniert werden, Spielräume finden, schaffen und zu nutzen suchen.

Der tendenziell deterministischen Lesart, in der sich selbst reproduzierende Systeme in höheren Sphären ungestört ihre Kreise ziehen, könnte es auch zusätzlich Evidenz verleihen, wenn man sich auf den als deterministisch geltenden Na-

---

6   Auch Daniel Eschkötter sieht nur kurze Ausbruchsmomente, offenbar ohne Konsequenz, aus
     der institutionellen Determination (Eschkötter 2012, 71f.).

turalismus bezieht, und die Akteure *in The Wire* als „als Produkte der Umstände" (Schulte, 91) sieht, „in denen jenes Walten der Kausalgesetze sich ausdrückt." (Merian 1871, zitiert bei Schulte, 90). Philipp Schulte, der andererseits explizit von „Spielräumen" (Schulte, 105) spricht, gibt sich aber nicht mit den Spuren des Deterministischen und Tragischen zufrieden, die *The Wire* ausstreut, sondern sucht seinerseits nach Ausbruchsmöglichkeiten – aus den Gefängnissen der Milieus und er findet sie in den Netzwerken der Zirkulation, welche die Milieus miteinander verbinden, bzw. bei jenen Figuren, die ihren Spielraum dahingehend nutzen, über diese Kanäle ihrem Milieu zu entfliehen. Die Zirkulationen erweisen sich also als *pharmakon* (Derrida 1993), sowohl was ihren Inhalt, die Drogen, als auch ihre Struktur angeht: Fluch und Segen in einem.[7]

Den „Determinismus" des Naturalismus hat Gilles Deleuze zumindest für die französische Variante dieser literarischen Strömung selbst, Zolas *Rougon-Macquart*-Zyklus, überzeugend zugunsten komplexerer Verhältnisse der Wechselwirkung revidiert. Für Deleuze ist die Vererbung bei Zola nichts anderes als der Riss selbst, also das, was die Individuen nicht determiniert, sondern gerade auf das Unbestimmte öffnet (Deleuze 1969). Einen solchen *crack* sieht Jameson aber auch in und durch *The Wire* geöffnet (Jameson 2010, 371)[8] – ein Riss im Realismus, für den sich auch Lars Koch in seinem Beitrag besonderer Weise interessiert und der, hierin stimme ich mit ihm überein, über die Offenlegung und Reflexion der eigenen narrativen Verfahren funktioniert – eben dadurch, durch die Störung konventionalisierter Evidenzen sozialer Selbstbeschreibungen, die Öffnung schwarzer Kisten, schafft *The Wire* selbst Potential zur Veränderung. Der Unterschied der Positionen liegt eher im *detail*: Zum einen in der Frage, *wo* dieses selbstreflexive Moment am ehesten zu verorten ist. Abhängig davon, wo man dies tut, oder wo man dies in *The Wire* dezidiert vermisst, wie es Philipp Schulte tut (Schulte, 93f.), wird man dann stärker auf die unterbrechend-destruierende Dimension der Selbstreflexivität setzen (Koch) oder, und dies ist meine Position, angesichts der Tatsache der Unhintergehbarkeit der Konstruiertheit nicht von der

---

7   Schultes Ausführungen zu Milieuwechslern sind interessant, ließen sich aber vielleicht noch weiter differenzieren. Denn Milieuwechsler wie Damon bedürfen der Fluchthelfer, also Personen, die Verbindungswege schaffen. Legt *The Wire* nicht noch mehr Gewicht auf letztere, also jene Trickster, die Verbindungskanäle zwischen den Milieus schaffen und mit Figuren „der anderen Seite" paktieren? Und wäre dies nicht auch ein Unterschied gegenüber den Narrationen des 19. Jahrhunderts, in denen das Aufstiegssujet, gerade bei Balzac oder Zola, eine so große Rolle spielt? Was aber ist der Parvenu anderes als ein Milieuwechsler? Das Verschalten ist wichtiger als das individuelle Entkommen (übrigens ein hochideologisches Narrativ, solange es dem Zuschauer suggeriert, dass es immer die Richtigen schaffen, weil sie es „verdient" haben), das an den Umständen selbst nichts ändert.

8   Jameson erwähnt zwar nicht Deleuze, sehr wohl aber an exponierter Stelle Zola (372), so dass man davon ausgehen darf, dass die Rede vom Riss alles andere als ein Zufall ist.

absoluten Kontingenz und Beliebigkeit aller Konstruktionen ausgehen, sondern, und hier vertritt Marcus Krause, ANT hin, Systemtheorie her, eine ganz ähnliche Auffassung, nach qualitativen Differenzen in den Konstruktionen und nach – für einen jeweiligen Moment – fruchtbaren Ansätzen für Gegenkonstruktionen fragen – eben das wäre Aufklärung. Dies, so meine These, tut und reflektiert aber *The Wire* über fünf Staffeln. Gute und schlechte Konstruktionen von Realität, hinreichende und unzureichende Narrationen, Montagen, Faltungen werden einander gegenübergestellt: *Alle* werden in ihrer Konstruiertheit vorgeführt – aber nicht alle werden deswegen als bedeutungslos verworfen. Umgestellt wird von der *Dass*- auf die *Wie*-Perspektive: Dass es konstruiert ist, ist klar – und muss auch immer wieder klar gemacht werden, aber dann muss man auch noch weiter fragen: Wie genau und wie gut ist etwas konstruiert?

Genährt wird die Determinismus-These aber vor allem durch den Serien-Autor oder „Schöpfer" selbst,[9] genauer durch David Simons Verweis auf die griechische Tragödie als der – äußerst wirkmächtigen – Gattung, in der sich das Aufbäumen des tragischen Helden gegen sein Schicksal, das ihm die Götter bereitet haben, als von allem Anfang an hoffnungsloses Unterfangen erweist. Nun ist das Heranzitieren großer Literatur aus dem abendländischen Kanon eine wohlerprobte Strategie zur Legitimation der neuen US-amerikanischen Serien und die Inanspruchnahme von Sophokles oder Euripides allemal origineller, als Dickens zu bemühen. Die Freilegung roher, elementarer Kräfte bietet gegenüber der Gefühlsseligkeit des 19. Jh. nicht nur den Vorzug größerer Sexiness, sondern scheint auch über die Jahrtausende hinweg von allgemein menschlichen Wahrheiten zu künden. Sie hat weiterhin den Vorteil, das verglichene Werk in größtmöglicher Ferne zum von Simon in Grunde zutiefst verachteten Fernsehen, und sogar zu jeder Genealogie „schlechter" Serialität zu situieren, die eben im Fortsetzungsroman des 19. Jh. eine starke Wurzel hat.

Den Zuschauern von *The Wire* dürfte allerdings auch bekannt sein, dass man nicht jedem, der eine griechische Tragödie vor Kameras und Mikrophonen schwenkt, um eine Identifikation einzufordern, unbedingt vertrauen sollte. Wenn Clay Davis (TW 5.7, 32:05) von sich behauptet, ein gefesselter Prometheus zu

---

9   Die Bezugnahme auf „den Autor selbst" ist natürlich aus den verschiedensten Gründen ohnehin problematisch: Erst recht bei einer kollektiven Produktion wie der Fernsehserie *The Wire*. Dass ich im Folgenden häufig *The Wire* als Quasi-Personifikation benutze, ist also eine stenographische Abkürzung am Rande des Legitimen. *The Wire* ist jedenfalls kein homogener Akteur, sondern ein komplexes und heterogenes Akteursnetzwerk. Doch selbst wenn Serien-*creators* wie David Simon so „allmächtig" gegenüber ihren Mitarbeitern und den medientechnischen Akteuren wären, wie es etwa Dreher (Dreher 2010) annimmt, so wäre weder von einer dekonstruktiven Position mit Derrida noch von einer ANT-Position mit Latour und Etienne Souriau ernsthaft davon auszugehen, dass dieser sein Projekt, seine „Kreation" beherrschen könnte.

sein, wie er bei Aischylos im Buche steht, dann nimmt er für sich eben jenes Narrativ von dem Einen in Anspruch, der sich im Dienst der Aufklärung – das Feuer – tragisch aufbäumt gegen höhere Mächte, die sich dafür grausam an ihm rächen und immer schon gerächt haben. Interessanterweise ist Prometheus dem Mythos zufolge ja nicht nur an einen Felsen gekettet, sondern ein Adler zerfetzt in endloser Wiederholung seine Leber.

Dann muss man aber zunächst konstatieren, dass die Serialität von *The Wire*, anders etwa als bei der wegweisenden britischen Serie *The Prisoner* (Patrick McGoohan/George Markstein, UK 1967-68), nicht mit dieser Form von Wiederholung arbeitet, die sicher der These von der Absurdität jeder Anstrengung, etwas zu bewirken, am besten entsprechen würde. Auch wenn leberschädigendes Verhalten in der Tat Stoff für regelmäßig wiederkehrende Rituale abgibt – allen voran die Saufrituale Jimmy McNultys und Bunk Morelands: Interessanterweise gibt es offenbar weitaus mehr zu erzählen.

Zentral für *The Wire* ist der radikale Verzicht auf jede episodische *closure* und selbst noch auf *echte closure* am Ende der Staffeln.[10] Zwar widmet sich jede Staffel einem Bereich der Gesellschaft, doch selbst der Hafen und sein Personal, erst recht nicht *The Greek*, weder Gott noch tragischer Held, sondern sehr weltlicher, gut vernetzter Gangster, verschwinden vollkommen aus der Serie, nachdem sie in Staffel 2 im Zentrum standen. Nichts kann als erledigt ad acta gelegt werden, sondern alles dient zur Akkumulation für eine immer komplexere und verzweigtere Beschreibung.

The Wire ist daher kaum als ein *flexi-narrative* (Nelson 1997) zu fassen. Wo die Serie serientypisch mit Wiederholungen arbeitet, sind es Wiederholungen in den Prozeduren – Überwachen, Drogen verkaufen, Drogen konsumieren, Menschen umbringen etc. – sowie bestimmte Momente, die den Alltag oder das Leben der Protagonisten rhythmisieren. Diese Rhythmisierungen des Alltags markieren in *The Wire* einen *relief* in einer Arbeit, in der wirkliche *closure* nicht vorkommt. Jedes Schließen der Akte eines Kriminalfalls erscheint nicht nur als unbefriedigend, sondern als Täuschung, welche die tatsächliche Funktionsweise, vor allem aber die Ausdehnung des Spiels verschleiert. Hierin wird die Struktur der Vorgängerserie *Homicide – Life on the Street (Paul Attanasio, USA 1993-1999)* aufgenommen und radikalisiert. Die Auflösung von Spannung durch das Gefühl für den Zuschauer, ein Problem sei befriedigend gelöst, ein Etappenziel erreicht, auf der die narrative Ökonomie des *flexi-narrative* – klassisch etwa in der Ausschaltung

---

10   Zum Thema *closure* sei es gestattet, über *The Wire* hinaus auf die Nachfolgeserie *Treme* (David Simon/Eric Overmeyer, USA 2010-) zu blicken. In seinem letzten resignierten Plädoyer an seine Studenten sagt Creighton Bernette über Kate Chopins Buch *The Awakening*: „Unlike some plot-driven entertainments, there is no closure in real life. Not really" (*Treme*, 1.9, 5:20).

eines Gegenspielers[11] oder der Auflösung eines Rätsels – in aller Regel beruht, wird verweigert (zu ähnlichen Befunden vgl. Schulte, 92). Und dennoch, trotz aller Widerstände und Rückschläge, macht die Ermittlung Fortschritte. Selbst die Wiederholung des Scheiterns im Ziel, den Drahtziehern des Verbrechens das Handwerk zu legen, produziert immer weiter reichende Erkenntnisse, Einblicke in die Funktionsweise des beobachteten Netzwerks. Scheitert häufig die polizei-lich-juridische Konstruktion von Fällen, die vor Gericht verhandelt werden kön-nen, so gelingt dafür die Konstruktion des Sozialen.

Das Maß, in dem jede Folge, jede Staffel auf der vorhergehenden aufbaut und sie weiterführt – und mithin der lange Atem der Serie – stellen ein Aus-nahmephänomen innerhalb der viel gelobten neuen Qualitätsserien des US-TV dar. *The Wire* dürfte auch aufgrund der Kompromisslosigkeit, mit der die Se-rie die gängigen Spielregeln der narrativen Ökonomie des Formats Fernsehserie ignoriert und somit neu definiert hat, um auf der anderen Seite im antiquierten 3:4-Bildschirmformat (Eschkötter 2012, 16) immer wieder etwas wie ein Funk-kolleg Gesellschaftsanalyse zu bieten, in dem herumsitzende oder herumstehende Menschen, die auf Papiere oder Bildschirme zeigen, minutenlang besprechen, wie was funktioniert, so viel Aufmerksamkeit erhalten haben. Somit ist sie aber ein exemplarisches Beispiel dafür, wie die Institutionen Fernsehen und Fernseh-serie transformiert[12] und somit völlig neue Spielräume für die Entwicklung neuer Formate eröffnet worden sind.[13] Weder ist hier a priori eine starre Struktur gege-ben, an die eine bloße Anpassung erfolgt wäre, noch hat sie sich von selbst und ohne Zutun der Akteure verändert. Ebenso wenig ist sie natürlich allein der Ini-tiative großer Autorensubjekte zuzuschreiben (Dreher 2010). Stattdessen ist von einer komplexen Wechselwirkung verschiedener Faktoren und Akteure auszuge-hen – Ökonomie, technische Entwicklungen in Aufnahme- und Postproduktions-techniken, Kreative, Publikum (Caldwell 1995), ohne dass die Reduktion auf eine monokausale Ursache möglich wäre, aber auch ohne dass Akteure wie David Simon, die sich eine Situation zunutze machen können, ohne sie herbeigeführt zu haben, darin vollkommen machtlos wären. Dass es *The Wire* gibt, widerlegt also

---

11   Dies gilt ja sogar für *The Sopranos* (David Chase, USA 1999-2007), wo am Ende so gut wie
      jeder Staffel ein Gegner Toni Sopranos aus dem Weg geräumt wird – auch wenn natürlich die
      Pointe darin liegt, dass dies nicht das Geringste an den grundsätzlichen Problemen ändern kann.
12   Für eine Analyse, die zeigt, dass das Medium TV niemals stabil gewesen ist, sondern immer in
      Transformationsprozessen begriffen vgl. Keilbach/Stauff 2013.
13   Was man selbstverständlich nicht idealisieren muss: Zu den Produktionsbedingungen in der
      TV- und Serienindustrie vgl. Caldwell 2008, der allerdings seinerseits den nicht-menschlichen
      Akteuren nicht allzu viel Aufmerksamkeit schenkt.

am Fernsehen die These von ewig stabilen Institutionen, deren Regeln sich nicht ändern lassen oder in einer Weise evoluieren, der die Akteure nur ohnmächtig zuschauen können.

Parasiten

Nun ist die Figur Clay Davis, anders als ihre „Erfinder", sicherlich niemand, dem an Veränderung zum Besseren gelegen ist, aber ist er deswegen eine bloße Marionette, die blind der Logik des politischen Systems gehorcht? Der State Senator ist alles andere als ein ohnmächtiges Individuum, sondern hält sich mit geschickten Schachzügen, Listen und Taktiken an der Macht. Als Parasit (Serres 1997) oder Mediator (Latour 1994) ist er immer wieder in der Lage, sich von der Kommunikation und den Netzwerken, vor allem von dem Wunsch von Akteuren, etwa Bürgermeisterkandidaten oder aufstrebenden Drogenhändlern, nach Zugang zur oder Bewahrung der Partizipation an diesen Netzwerken zu nähren. Ist die Logik des Systems, sein Wesen selbst, die Korruption? Warum aber reden wir – aus gutem Grund – überhaupt davon, dass ein System *korrumpiert* ist? Diese Zustandsbeschreibung setzt eigentlich bereits eine Alteration, eine Abweichung gegenüber dem Zweck dieses Systems voraus. Dies aber bedeutet, dass es Kräfte geben muss, die erfolgreich ihre eigene Agenda verfolgen, die nichts mit der des Systems zu tun hat.

Aber auch dies kann sich die Alle-Macht-dem-System-These problemlos einverleiben: Es handelt sich, für System wie These, um nicht mehr als ein herausfilterbares Störgeräusch, das sich auf einer Ebene ansiedelt, welche die Steuerungsebene der Systeme, ihren Mastercode, unangetastet lässt. Auch wenn ein Clay Davies ein Parasit ist, der in einer Weise von der Macht zehrt, die den Mitgliedern der Familie Rougon bei Zola Respekt abverlangen würde:[14] Das Programm ist so robust, dass das System unbeschadet dieses Befalls immer weiterläuft. Welche Kulturdiagnostik aber folgt dann daraus: Egal was geschieht, im großen Rahmen geht alles seinen gewohnten Gang weiter? Ist dies die Geschichte, die wir in *The Wire* verfolgen? Und ist dieser *account*[15] die einzig mögliche Gegenerzählung zu naiven Geschichten von autonomen Helden, die im Alleingang die Welt retten, verändern, verbessern? Liefert dies die einzige Erklärung dafür, dass in der Tat, und darüber kann es keinerlei Dissens geben, die Verhältnisse, Geschehnisse und Zustände jeden einzelnen der Akteure bei weitem überschreiten?

---

14 Vgl. etwa die beiden ersten Romane des Zyklus, *La Fortune des Rougon* und *La curée*.
15 Ich benutze diesen Begriff Latours, weil er die Narration mit dem Zählen verbindet, also der Notwendigkeit, sowohl der Vielzahl der Akteure wie ihren Relationen Rechnung zu tragen, vgl. Latour 2005, z.B. 80f.

Wenn *The Wire* immer wieder den Konflikt zwischen der Funktionalität der Institutionen und dem Karrierismus der Einzelnen zeigt – und den Karriereerwartungen, die an sie gestellt werden, wie im Fall von Cedric Daniels, dessen Ehe über die Nichterfüllung dieser Erwartungen zerbricht – so stellt diese Form des Parasitismus aber ganz offensichtlich in diesem Serienuniversum ebenso ein echtes Problem dar wie der Impuls *der Individuen*, keine Angelegenheit so zu behandeln, dass ein Problem gelöst wird, sondern so, dass möglichst großes politisches Kapital aus ihr zu schlagen ist. Um es noch einmal deutlich zu sagen: Diese Individuen gehorchen damit nicht den Gesetzen und Vorgaben der Institutionen, sondern sie *verraten* diese gerade.[16] Beides trägt in wesentlichem Maße zur Dysfunktionalität der Institutionen bei und zehrt diese aus. Der Egoismus der Einzelnen hat also offenbar sehr wohl eine Auswirkung auf die Institutionen und es ist nicht so sehr die Machtlosigkeit der Individuen, die hier vorgeführt wird, sondern ihre Teilnahmslosigkeit, das Versäumnis, den Institution zu dienen, die offenbar nicht ganz von alleine, ohne Mitwirkung und Mitdenken der Einzelnen funktioniert.

Mit der Beschreibung des *Karrierismus* als Sozialität wie Wissen über das Soziale zerstörende Kraft bezieht *The Wire* auch klar Position gegen die neoliberale Neuauflage der Behauptung, dass allseitiger Egoismus das Gemeinwohl befördere. Mit dieser Kritik an den Ideologemen des Neoliberalismus steht *The Wire* in der zeitgenössischen Serienlandschaft nicht allein, sondern trifft sich mit anderen Seriennarrativen, die politische oder soziale Gemeinschafts- oder Kollektivbildungen adressieren: Verwiesen sei nur auf *The West Wing* als utopische Zeichnung, wie politische Herrschaft auch funktionieren könnte oder *LOST*, wo die Überzeugung von der wohltätigen Wirkung des Egoismus an der Figur Sawyers ad absurdum geführt wird (wobei der Aufopferungsdiskurs, den *LOST* dem entgegensetzt, nicht weniger problematisch ist). Der Egoismus der einzelnen summiert sich nicht zum Wohl des Sozialen und der Institutionen auf, er wird von diesen auch nicht neutralisiert, vielmehr zersetzt er die Institutionen und das Soziale.

Diesem Widerspruch lässt sich zur Verteidigung der alle-Macht-dem-System-These nur entkommen, indem man argumentiert, dass das System in der Tat wesentlich korrupiert ist, dass die Idealvorstellung eines nicht korrupierten Systems die Rechnung nicht ohne den Wirt, wohl aber ohne die Parasiten macht,

---

16   Achtet man auf den Text von Tom Waits' *Way down in the hole*, das man in verschiedenen Interpretationen fünf Staffeln lang hört, dann wird damit ein weiterer Subtext und eine ganz andere Kampfzone aufgemacht, um die es untergründig in *The Wire* auch geht: Die Versuchung und somit eben die negative Anthropologie der christlich-postlapsalen Welt.

die sich auf seine Kosten schadlos halten. Diese Sichtweise läge die Einsicht zugrunde, dass die Figur des Parasiten bei Serres, die übrigens viel Zolas Parasitenfiguren verdanken dürfte,[17] keineswegs uneingeschränkt positiv ist, sondern hochgradig ambivalent, dass es also Parasiten gibt wie etwa den Kritiker, für die Serres wenig übrig hat (Serres 1974, 222ff.). Die reine Kommunikation des ideal gedachten Systems ist also in der Wirklichkeit von Anfang an verderbt, von ihrem eigentlich Kurs abgelenkt und im Französischen bedeutet *détourner* nicht umsonst sowohl ablenken, umleiten als auch unterschlagen. Dies stimmt zwar fraglos.

Aber wollte man auf dieser Grundlage ein System, eine Gesellschaft, eine Institution als *auf stabile und vorhersehbare Weise* korrupt beschreiben, so wäre auch diese Rechnung zu einfach, weil sie übersieht, dass sich mit den Parasiten so nicht rechnen, das Ergebnis nicht im Voraus berechnen lässt. Das System auf diese Weise zu denken, hieße, es als durch die Parasiten in seinen Abläufen, seiner Funktionsweise a priori *determiniert* zu denken und dies steht in flagrantem Widerspruch zur Logik des Parasiten wie des Latourschen Mediators. Durchaus verwandt mit der Derridaschen *a-destination* (Derrida 1980), derzufolge eine Nachricht immer auch nicht im gewünschten *sens*, als im gewünschten Sinn und/oder in der gewünschten Richtung, also anderswo als bei ihrem vorgesehenen Empfänger ankommen kann, wirkt diese gerade in Sinn und Richtung der Indetermination eines Systems und dies allein schon deswegen, weil sie eine Logik *der* Parasiten und sogar der Parasiten der Parasiten ist. Jeder kann in die Position des Parasiten einrücken: Der Parasit kann seinerseits parasitiert und dies heißt eben nicht nur bestohlen werden, sondern auch seine Handlungen können gestört oder angezapft – um was sonst geht es im *wire tap?* – und umgeleitet werden (Serres 1997, 43ff). Von einer determinierten „strukturimmanenten Korruption" (Ahrens, 134), gegen die nicht angegangen werden kann, auszugehen, hieße dann aber gerade, die multiple Handlungsmacht der Parasiten auszulöschen zugunsten einer geheimen, unsichtbaren Macht, die in Wahrheit alle widersprüchlichen Interventionen der Parasiten zu einem höheren Zweck mit unsichtbarer Hand lenkt.

---

17   Idealtypisch der Abbé Faujaus in *La conquête de Plassans*. Serres hat wenige Jahre vor der Abfassung von *Le parasite* ein umfängliches Zola-Buch geschrieben (Serres 1975). Zu diesem Zeitpunkt hat ihn das Parasitenprojekt schon umgetrieben.

Funktionieren

Argumentiert man im Sinn der Existenz einer höheren Ebene, kann man diese
Problem auch außen vor lassen und argumentieren, dass

> „sich legislative, administrative und judikative Verfahren nicht an Wahrheiten orientieren oder
> auf Wirklichkeiten reagieren, sondern vorrangig dazu dienen, durch die Herbeiführung von
> Entscheidungen Komplexität zu reduzieren und Anschlussoperationen zu ermöglichen [...] Die
> Verfahren, mittels deren sich moderne Gesellschaften regieren, erhalten ihre Legitimität nicht
> dadurch, dass sie sich auf intersubjektiv akzeptierte Einsichten beziehen, sondern eben dadurch,
> dass sie Legitimität produzieren" (Krause, 55)

Diese Passage zeigt in exemplarischer Verdichtung die Problematik eines Verfahrens, dem ich skeptisch gegenüber stehe: Sie besteht darin, das Geschehen
von *The Wire* in die Sprache der Systeme zu übersetzen und dabei eine Deutung
dieses Geschehens hinzuzufügen, das die Serie, anders als ihr ‚Schöpfer', so gar
nicht gibt. Immer dann, und das gilt nicht nur für Marcus Krause, sondern gerade
auch für Jörn Ahrens, wenn jene Kräfte benannt werden, die den so genannten
Individuen entgegen stehen, wird umgestellt auf abstrakte Größen oder Personifi-
kationen wie System, Institution, Struktur und Strukturrealitäten – andere würden
mit „dem Markt" und seinen ehernen Gesetzen argumentieren, denen wir uns
alle zu unterwerfen haben – die aus einer ANT-Perspektive aber als Kollektivsin-
gulare erscheinen, welche sich eben auch wieder in ein Kollektiv oder ein weit
verzweigtes Netz von Akteuren auflösen lassen.

Der Vorteil der systemischen Vorgehensweise scheint darin zu liegen, dass
viele der Schwierigkeiten, die sich in der Serie stellen, als reine Scheinprobleme
beiseite geräumt werden können, die nur aufgeworfen wurden, weil bei Akteuren
wie Bunny Colvin offenbar kein Verständnis über die Funktionsweise moderner
Gesellschaften vorlag.

Ohne der „follow the actors"-Emphase der ANT dahin folgen zu können, dass
diese alle Erklärungen selbst lieferten, man diese nicht zu hinterfragen und ihnen
nichts hinzufügen bräuchte – was praktisch auch für die ANT selbst vollkommen
unmöglich ist[18] – halte ich es im Fall von *The Wire* durchaus für bedenkenswert,
viele der in der Serie gelieferten Beschreibungen und Erklärungsmuster ernst zu
nehmen. In Übersetzungen wie der zitierten wird aber etwas hinzugefügt, das vor
allen Dingen etwas wegnimmt, sie lassen etwas erscheinen, um in erster Linie
tatsächlich etwas verschwinden zu lassen. Die Komplexitätsreduktion nimmt also
die Theorie selbst vor: Reduziert wird das Gewimmel – und Schulte insistiert ja
nicht nur in seinem Titel aus gutem Grund auf dem Gewimmel der Akteure und

---

18   Vgl. Cuntz 2014. Überzeugender ist der skeptische Umgang mit den Selbstdarstellungen der
      Akteure in Caldwell 2008.

Situationen (Schulte, 82) – all der Parasiten und Mediateure, der Kollektive, die in *The Wire* am Werk sind. Die grammatikalische Struktur der gerade zitierten Sätze ist keine bloße Rhetorik, das aktantielle Schema, das darin formuliert wird, will ernst genommen sein: Es sind die Verfahren, die reagieren, ganz von selbst, es sind die modernen Gesellschaften, die sich regieren, ganz von selbst.

Geht man hingegen die Beschreibung der ANT mit, dann erklärt sich die relative Machtlosigkeit einzelner Akteure nicht daraus, dass verborgene Kräfte einer ganz anderen Kategorie die tatsächliche Macht ausüben. Sie erklärt sich nicht aus einer qualitativen Differenz zwischen inkommensurablen Ordnungen, wie man sie von Descartes (*res cogitans – res extensa*) oder Pascal (Ordnung des Körpers – des Geistes – des Herzens) kennt, die letztlich jede Form der Intervention von vornherein als vergeblich erscheinen lassen und damit durch den Verweis auf ein Geschick, auf das Individuen keinen Einfluss haben, gewollt oder ungewollt in erster Linie eine Apologie der Macht oder besser der Art, wie sie verteilt ist, betreiben. Macht ist demnach vielmehr eine Frage der Quantität und des Gewichts: Einzelne Akteure können allein angesichts der Vielzahl der Akteure und der Menge an Handlungsmacht, die delegiert wurde und sich dabei – Logik des Parasiten und des Mediators, die stets etwas hinzufügen – gleichzeitig vermehrt hat, wenig ausrichten:

„Ein Akteur wächst mit der Anzahl von Beziehungen, die er oder sie in sogenannten „Black Boxes" ablegen kann. Eine Black Box enthält, was nicht länger beachtet werden muss – jene Dinge, deren Inhalte zum Gegenstand der Indifferenz geworden sind. Je mehr Elemente man in Black Boxes platzieren kann – Denkweisen, Angewohnheiten, Kräfte und Objekte –, desto größer sind die Konstruktionen, die man aufstellen kann" (Callon/Latour 2006, 83).

Im Grunde ist also schon der einzelne Akteur eine unzulässige Abstraktion, denn in jeder Situation ist ein „Individuum" eine Vielheit, ein Knotenpunkt aus Delegationen, Einschreibungen etc. – und in jeder Situation eine andere – das meint die Rede vom Netzwerk-Akteur. Wer Einfluss ausüben will, muss andere Akteure als seine Verbündeten gewinnen – und es gibt selbstverständliche privilegierte Zentren der Macht, der Kalkulation und der Inskription, an denen seit langer Zeit viele solcher Akteure gebündelt sind, so dass natürlich starke und stärkste Asymmetrien bei der Verteilung von Macht bestehen – zumal die Akteure beileibe nicht alle gleich oder gleich mächtig sind: Makro-Akteure haben im Vergleich zu Mikro-Akteuren ein Vielfaches an wohlverschlossenen Black Boxes hinter sich. Anders als Marcus Krause sehe ich eben nicht nur einen Gegensatz zwischen trägen Verfahren und unzufrieden machtlosen Handlungsträgern, sondern auch einen Kampf zwischen an Veränderung interessierten Akteuren und innovationsfeindlichen (Makro)-Akteuren. Dementsprechend schwierig ist es, etwas zu verändern, wenn man an keiner Schaltstelle sitzt – schwierig, aber nicht unmöglich. Das *detail* entwickelt sich zu einem Kalkulationszentrum aus menschlichen und nichtmenschlichen Akteuren, von dem aus sich ein Netzwerk aus den Angeln heben ließe: Denn das Öffnen von Black Boxes, das es betreibt, ist, wenn man der Erklärung von Callon und Latour folgt, nichts anderes als eine konkrete Machtanalyse.

Auch Stringer Bells Initiative ist bei aller Ambivalenz eine Chance, den Drogenhandel zu befrieden; Hamsterdam, Colvins und Pryzbylewskis Lehrexperimente könnten Keime sein, von dem aus ein soziales Milieu restrukturiert und ein Problem redefiniert wird.[19] All diese Unterfangen scheitern, weil die Genannten zwar Verbündete finden,[20] aber eben nicht (lange) genug. Beispielsweise ist Richter Daniel Phelan zunächst ein Verbündeter McNultys und Rhonda Pearlmans, bis er es im Konfliktfall vorzieht, Verbündeter seiner Partei zu bleiben, um als Kandidat für ein politisches Amt aufgestellt zu werden. Colvin wird mit seiner Klasse für schwierige Schüler von den Sozialwissenschaftlern allein gelassen, für die das wichtigste Resultat des Experiments eine wissenschaftliche Publikation ist.

Man benötigt dann kein System, das über den Akteuren existiert, um diese Vorgänge zu erklären. Man hat genug damit zu tun, diejenigen zu *zählen* und zu *wiegen*, die als Verbündete je zusammenwirken, die Seiten wechseln etc. und ihre Interessen zu beschreiben. Dass die Geschichten so ausgehen, wie sie ausgehen, ist kein unabwendbares Schicksal, sondern es sind Niederlagen, die angesichts der Kräfteverhältnisse natürlich weitaus wahrscheinlicher sind als Erfolge.

Nichtsdestotrotz entwirft *The Wire* mit Lester Freamon, Jimmy McNulty, Cedric Daniels, Rhonda Pearlman, Bunny Colvin, Ellis Carver, Stringer Bell, Dennis Cutty Wise, Roland Pryzbylewski, auch mit Carcetti, Spieler, die an Krisenpunkten damit beginnen, die Spielregeln zu verändern, und die in der Lage sind, neue, andere Analysen zu liefern und vielleicht eher Taktiken als Strategien zu entwickeln, die diesen Situationen nicht zuletzt dadurch gerecht zu werden suchen, dass sie diese transformieren, was ihnen unter Mobilisierung nichtmenschlicher Entitäten wie Abhörgeräten, Fotoapparaten, Kartonladungen ausgefüllter Formulare und geschriebener Berichte, Anträgen, Abhörprotokollen, Grundbuch-

---

19   Also verstanden als transduktiver Prozess, vgl. Simondon 2011.
20   Dass es diese Verbündeten bei Hamsterdam eben sehr wohl gibt, lässt Jörn Ahrens in seiner
       Analyse unerwähnt. Bunny Colvin mobilisiert aber nicht nur einen Pfarrer, Sozialarbeiter wie
       Waylon und Ärzte, sondern auch weite Teile der mittleren Führungsebene unter den Drogen-
       händlern, den Polizisten Carver etc. Damit nicht genug: Der Bürgermeister und sein Kabinett
       diskutieren ernsthaft die Möglichkeit, Hamsterdam fortzuführen (TW 3:11, 5:40). Hier ent-
       scheidet sich das Schicksal dieses Experiments: Colvin hat das Material in der Hand – etwa
       Briefe von Bürgern –, um die öffentliche Meinung für Hamsterdam zu mobilisieren.

einträgen, sowie leerstehenden Häuserblocks,[21] Boxhandschuhen, aufgefundenen Computern und Schulbüchern etc. etc., und mithilfe ihres Erfindungsreichtums auch teilweise gelingt. Die Akteure haben also einen Spielraum, der nicht auf wundersame Weise da ist, sondern erarbeitet, ausgehandelt und erfunden werden muss. Gleichwohl existiert er und *The Wire* macht dies sichtbar. Deshalb gibt es mehr zu erzählen als die endlose Wiederholung des Immergleichen.

Was *The Wire* vorführt, ist nicht die essentielle Vergeblichkeit solcher Bemühungen, sondern ihr Scheitern daran, dass das so entstehende Momentum nicht weitergetragen wird. Die Aufklärung der Serie kann dann auch darin bestehen, die *Analysen* weiterzutragen und zu propagieren und gleichzeitig zu zeigen, woran Veränderung scheitert: Die Gründe für dieses Scheitern vorzuführen ist aber nicht dasselbe wie zu behaupten, Veränderung sei unmöglich. Die Serie leistet damit im Medium der Fiktion, was auch Sozial- und Kulturwissenschaftler mit ihrer Arbeit leisten können. Ganz offenkundig gehen Vertreter der ANT wie Callon und Latour davon aus, dass ihre Analysen sich nicht auf einer fundamental anderen Ebene ansiedeln als die Handlungen und Situationen der Akteure und deren eigene Analysen ihrer Handlungen und Situationen. Somit affirmieren sie ihre Partizipation an diesen Situationen und die Performativität ihrer Beschreibung dieser Situationen. Es ist eben die Unmöglichkeit, diesem Involviert-Sein zu entgehen, die eine Verantwortung des Forschers erfordert. Teilt man diese Einschätzung, so kann man nicht umhin, entsprechende Rückschlüsse nicht nur gegenüber den Prätentionen von sozial- und kulturwissenschaftlichen Ansätzen zu ziehen, eine erhöhte Beobachtersituation einzunehmen, sondern auch gegenüber den Effekten, die ein Diskurs hat, der die *essentielle* Machtlosigkeit der Akteure behauptet:

> „By putting aside the practical means, that is the mediators, through which inertia, durability, asymmetry, extension, domination is produced and by conflating all those different means with the powerless power of social inertia, sociologists, when they are not careful in their use of social explanations, are the ones who hide the real causes of social inequalities" (Latour 2005, 85).

Wie Latour recht scharf bemerkt, kann ein solcher Diskurs, der ja auch immer performativ ist, Wissenschaftler und Akteure gleichermaßen anästhetisieren. Was vielen entgeht, ist dass die ANT Handlungsmacht nicht ins Ungefähre verstreut, wenn sie die Zahl der Akteure gegenüber den gängigen Erzählungen massiv multipliziert. Im Gegenteil ist das Ziel dieses *account* eminent politisch – es zielt darauf ab, den Akteuren Handlungsmacht zurückzugeben und zu beschreiben, an wen Handlungsmacht delegiert wurde. Ohnmachts- wie Allmachtserzählungen werden dabei gleichermaßen hinterfragt.

---

21   Der andere Gebrauch der leerstehenden Häuser – als Särge – ist natürlich auch ein Verweis darauf, dass die Regeln sich jederzeit auch zum Schlimmeren verändert werden können. Eben dies ist ja die Folge der Niederlagen: Nichts bleibt wie es ist, alles wird noch schlimmer als zuvor...

Ebenso wäre dann zu hinterfragen, ob „das System sich aber letztlich immer wieder von selbst regeneriert und optimiert im Sinne einer reinen Funktionalität" (Schulte, 84). Die Verfahren, die modernen Gesellschaften emergieren nach dieser Sichtweise offenbar aus dem Nichts, sie sind nicht nur mehr als ihre Teile – was jederzeit zu unterschreiben wäre – sie sind sogar vollkommen unabhängig von ihren Teilen, führen ein Eigenleben. Dabei stellt sich nicht nur die Frage, woher es eigentlich seine Ressourcen bezieht – wo und wovon lebt sich dieses geheimnisvolle Leben, das von den Relationen der Akteure, die offenbar unter dem Dach einer Gesellschaft leben, ohne diese zu bilden, total abgekoppelt ist? Es wäre eine Form der Autonomie, die solipsistische Züge trägt, die Selbstreferentialität, vermeintlich Ausweis höherer Intelligenz, ist eine Autologie, die in erster Linie Tautologien produziert: Verfahren erhalten Legitimität dadurch, dass sie Legitimität produzieren. Naiv wäre dann vor allem zu fragen, *wie* diese Legitimität zustande kommt, welche Arbeit in Produktion wie Reproduktion dieser Legitimität fließen muss – und wie und woran deren Zustandekommen und vor allem deren ständige Reproduktion möglicherweise scheitert. Die Gesellschaft funktioniert, um zu funktionieren. Schon Simondon hat aus gutem Grund vor den Auswüchsen der Übertragung kybernetischer Theoreme auf die Gesellschaft gewarnt (Simondon 2012, 135ff.): Gesellschaften sind keine Maschinen. Dennoch kann man aus dem Blick in das Innere von Maschinen auch etwas über Institutionen lernen:[22] Denn was auch Maschinen können müssen, ist sich ein Milieu zu schaffen, mit dem sie ko-existieren können (Simondon 2012, 47ff.) Ihre Funktionieren ist also Beweis für eine *erfolgreiche performative Referenz* auf eine Umwelt, an die nicht einfach eine Anpassung erfolgt – denn es entsteht etwas Neues –, die aber auch nicht mit brutaler Gewalt als passiver Stoff dem Formwillen der Maschine oder ihres Konstrukteurs unterworfen und die erst recht nicht ignoriert werden kann (Simondon 2012, 236). Wenn die Maschine sich also nicht an externen Wahrheiten orientiert oder im Zusammenspiel mit Wirklichkeiten agiert, dann wird sie nicht laufen, sie ist dysfunktional. Die *Erfindung* ist der performative Akt, in dem eine lebensfähige Relation zwischen einer Maschine und einem Milieu, die es beide so vorher nicht gegeben hat, antizipiert wird (Simondon 2012, 52ff.). Ohne diesen Abgleich, ohne diese Interaktion kann es keine Evolution geben. Dies wird im Ideal des kybernetischen Automaten (Simondon 2012, 123ff.) und jenem Gesellschaftsmodell ausgeblendet, das in Analogie dazu in der Systemtheorie entwickelt worden ist und das behauptet, soziale Systeme oder Institutionen seien nicht nur autopoetisch, sondern könnten auch problemlos

---

22   Ich nehme hier aus Platzgründen eine Abkürzung: Die Maschine ist für Simondon Mediateur einer offenen Gesellschaft, die die gleichen Anforderungen erfüllen muss, um zu funktionieren, wie die Maschine: Öffnung auf das Milieu, vgl. Simondon 2008.

ohne Außenreferenz funktionieren, solange ihre interne Codierung konsistent ist – auch dies eine performative Beschreibung, die entsprechende Folgen zeitigt. Das heißt nicht, dass man die falschen Dinge von einer Institution verlangen darf, etwa moralische Urteile vom juridischen System, aber eine Institution, die nur ihren eigenen Regeln folgt, wird zum Problem. Dies fällt so lange nicht auf, wie man von der Existenz säuberlich getrennter Teilsysteme ausgeht.

The Wire stellt diese Thesen auf den Prüfstand und falsifiziert sie. So ist das Schulsystem in der Krise, weil es nicht gänzlich abgekoppelt von der sozialen Umwelt existieren kann, in der die Schüler leben und keine Möglichkeiten findet, neue Formen zu erfinden, die sich nicht einfach an das Milieu adaptieren, sondern in denen es zu einer Transformation des Schulsystems wie der sozialen Umwelt kommt: Die Lehrmethoden und -inhalte der Schule entsprechen so nicht mehr den sozialen Wirklichkeiten, die Institution wird dysfunktional, weil sie auf diese nicht reagieren kann.[23]

Der Versuch, die Schüler dazu zu bringen, sich an ein System von Lehrformen und -inhalten anzupassen, das keinerlei Bezug mehr zu ihrer Lebenswirklichkeit hat, scheitert. Um überhaupt Respekt und Aufmerksamkeit seiner Schüler zu erlangen, muss Pryzbylewski zur Entwicklung von Listen übergehen oder anders gesagt: Er muss sich in den Lehrmethoden seinerseits an der Lebenswelt seiner Schüler ausrichten. Exemplarisch dafür ist die Vermittlung von Stochastik: Es ist eigentlich nur ein kleiner Schritt von der abstrakten Erklärung ihrer Prinzipien über Würfelwürfe zur konkreten Vermittlung darüber, den Schülern beizubringen, wie sie in den Würfelspielen gewinnen können, die an jeder Straßenecke gespielt werden (TW 4.7). Doch solche Versuche, durch Reaktion auf den Horizont der Schüler diese zu erziehen, d.h. sie zu verändern und somit auf die Seite der Gesellschaft zu ziehen, erweisen sich stets als prekär: Dies schlägt schnell in die Instrumentalisierung des Wissens für ein (klein)kriminelles Straßenleben um, vor dem die schulische Erziehung die Schüler gerade bewahren soll. Es gibt keine klare Abgrenzung zwischen beiden Milieus oder Netzwerken, weil die Schüler selbst abwechselnd Netzwerk-Akteure beider sind, so dass es ‚in' ihnen zur beständigen Interferenz kommt, mittels derer sich die Netzwerke gegenseitig parasitieren.

---

23 So betrachtet ist der Moment der Dysfunktionalität jener Moment, in dem eine Realität nicht mehr länger übersehen oder ignoriert werden kann, weil sie ihre Mitwirkung verweigert bzw. nicht mehr integriert werden kann. Natürlich heißt dies nicht, dass es nicht zuvor schon eine Diskrepanz gegeben hätte (vgl. Krause, 58f.), sondern dass diese ein Ausmaß erreicht, das zur Disparation (Simondon 2011) führt.

Schule wie Polizei haben ihre Funktionsweise de-optimiert, so die Diagnose weiter, weil sie in der Schönung von Statistiken eine Strategie verfolgen, die sich zwar perfekt dazu eignen mag, Legitimität zu produzieren, weil die Behauptung einer Gleichheit der Schüler, die Gleichbehandlung a priori einfordert, ebenso Komplexität reduziert wie die Beschränkung der Kriminalitätsbekämpfung auf *street busts*, die das Verbrechen auf ein geschlossenes System, nämlich ein unterprivilegiertes Ghetto-Milieu beschränkt halten, die aber jeden Bezug zu einer Realität verloren haben. Diese Realität ist real, nicht obwohl, sondern weil auch sie nicht einfach gegeben ist, sondern produziert werden muss, etwa in Sonderklassen für problematische Schüler (TW 4.5ff.) oder in *details*, die dem Geld durch heterogene Netzwerke folgen. Aber nicht erst die Investigationsarbeit des *detail* widerlegt die These von der Organisation von Gesellschaft in autonomen Teilsystemen, sondern bereits die Widerstandsfähigkeit des angeprangerten Gebrauchs von Statistiken: Diese Stabilität entsteht in Feedbackprozessen zwischen Polizei, Politik und Presse und somit öffentlicher Meinung; die Formatierung dieser *accounts* hat konkrete Auswirkungen auf die Funktionsweise und Strategien jeder einzelner dieser Institutionen. Ein ganz analoges Beispiel bringt Marcus Krause, der die Teilsystemthese verteidigt, selbst (Krause, 71): Carcetti nutzt die Lancierung einer Pressemeldung über die Entlassung Burrells als Sonde zur Antizipation von Reaktionen: Hier sind also wiederum mindestens Presse, öffentliche Meinung, Politik und Polizei miteinander verschaltet.

Eine der Arbeitshypothesen, die *The Wire* dem entgegensetzt, ist dass Komplexitätsreduktion nicht immer eine Lösung ist, sondern sich in ein ernsthaftes Problem verwandeln kann. Das kollektive Seriennetzwerk von *The Wire* antwortet darauf mit einer komplexen Narration, die eine Unmenge von menschlichen und nichtmenschlichen Akteuren involviert, ohne deswegen eine „Abbildung" oder „Repräsentation" vorgefundener Wirklichkeit zu sein.

Stabilität – Verfall – Metastabilität

Nicht nur mit Latour, sondern auch mit Michel Serres und Simondon kann man aus den Gesetzen der Thermodynamik, die für jede Form von Organisation gelten, den Schluss zu ziehen, dass Unordnung wahrscheinlicher und stabiler ist als Ordnung (Serres 1980, Simondon 2011), und dass es auch für die Gesellschaft und ihre Institutionen nicht die Instabilität ist, die erklärungsbedürftig, außergewöhnlich und prekär ist, sondern die Stabilität. Welche technischen und medialen

Verbündeten eine Institution oder ein Netzwerk[24] gewinnen bzw. erfinden kann und welche nicht, hat entscheidenden Einfluss darauf, wie sich dieses Netzwerk stabilisieren und ausdehnen kann, wie seine Spielregeln aussehen und wie viel Spielraum diese den Akteuren lassen.

Übereinstimmung besteht innerhalb aller Beiträge dieses Bandes darüber, dass die Stabilität des Sozialen nicht gleichzusetzen ist mit seiner Immobilität, sondern nur durch dessen beständige Wandlung und Evolution gewährleistet bleibt. Ein Unterschied besteht hingegen hinsichtlich der Beschreibung der Faktoren, die für diese Stabilisierung sorgen und hinsichtlich der Einschätzung, wie verlässlich stabil und störungsfrei die Reproduktion des Sozialen – und auch der Macht – „normalerweise" erfolgt.

Insbesondere Latour hat immer wieder auf den Aufwand hingewiesen, dessen es bedarf, um Netzwerke, Infrastrukturen, Institutionen zu stabilisieren und die Beschreibung dieser Tatsache ist jüngst in seine Modellierung der Existenzweisen eingeflossen, wofür er auch die Formel „être en tant qu'autre", Sein als Anderes verwendet. Die Kontinuität auch und gerade einer Gesellschaft oder einer Institution entsteht durch Diskontinuität: „Pour obtenir de l'être, il faut bien de l'autre. Le même se paie, si l'on peut dire, en ALTÉRATIONS" (Latour 2012, 118f.).[25]

Es ist schon so etwas wie ein Gemeinplatz der ANT, dass es jener Moment ist, in dem etwas aufhört zu funktionieren, die Panne, die Störung etc., der wieder den Blick auf das lenkt, das völlig unsichtbar geworden war, solange es als eine wohl verschlossene Black Box funktioniert hat. Dies ist eine der Ausgangspositionen für einen *account* (Latour 2005, 81f.). Auch die ANT geht davon aus, dass das Black Boxing für das Funktionieren des Sozialen vollkommen unverzichtbar ist und dass wir durch die Vermehrung der Zahl dieser Boxes in einer technosozialen Gesellschaft leben, die kompliziert, gerade aber deswegen weniger komplex ist als frühere Gesellschaften, weil eine massive Selektion dessen vorgenommen wird, was in den jeweiligen Boxen relevant ist (Latour/Hermant 1998, 53). Anders als Soziologien des Sozialen wie die Systemtheorie geht sie aber nicht davon aus, dass in diesen Boxen der magische Geist des Sozialen, der Institution etc. *hinter* den Akteuren wirkt, sondern eine Vielzahl von Akteuren und häufig kleinteiligen, banalen Operationen, die sich zu verzweigten Ketten oder eben Netzen verbinden, in denen Techniken und Medien als Mediatoren oder Intermediäre mitwirken

---

24 Das Umschalten auf den Begriff des Netzwerks geschieht hier mit gutem Grund: Keiner kann definieren, wo ein Netzwerk aufhört – es sei denn, in der konkreten Untersuchung (Strathern 1996).

25 „Um Sein zu erhalten, wird viel Anderes benötigt. Das Gleiche wird, wenn man so sagen kann, mit Alterierungen bezahlt" – und *altération* heißt auch Verdrehung und Verfälschung.

(Callon/Latour 2006). Was übersehen wird, ist keine unsichtbare Macht, sondern eine Vielzahl der Akteure und Operationsketten, die aus einem verengten Begriff des Sozialen exkludiert worden sind und die es zu rekonstruieren gilt – nichts anderes unternimmt für das Drogennetzwerk das *detail*. Wenn in *The Wire* die Dysfunktionalität von Institutionen und des Sozialen als Quelle für die Beschreibung und das Verständnis jener Operationen und Akteure genutzt wird, die deren Funktionieren ermöglichen, so wächst das Erklärungspotential in dem Maße, wie es sich dabei nicht um momentane Unterbrechungen des Funktionierens, also bloße Pannen handelt, sondern um lang anhaltende Störungen, die teilweise in Verfallsprozesse übergehen.

The Wire erteilt Anschauungsunterricht darüber, wie die Reproduktion der Institutionen und des Sozialen weder automatisch noch von selbst funktioniert, welche enormen Kosten sie verursacht – die Weigerung oder Unfähigkeit, in die Institutionen zu investieren, ist eines der Hauptprobleme, die verhandelt werden – und wie sie von ihren Akteuren abhängt oder auch, wie generative Regeln, Codes oder Strukturen in keiner Weise ausreichen, um diese am Laufen zu halten. Im Gegenteil wird auch deutlich – und diese Inversionsfigur kennen wir aus Derridas Kritik am Strukturalismus – wie nicht Strukturen Performanz generieren, sondern wie die Performanz die Struktur re-aktualisieren muss, um sie aufrechtzuerhalten, wie etwa Autorität nicht einfach verliehen werden kann, sondern verkörpert werden muss. Was fehlt, ist Erneuerung, aber auch Innovation und die Fähigkeit, auf Veränderung reagieren zu können. Die Serie demonstriert also nicht nur die Stabilität von Institutionen, sondern auch ihre Fragilität. Oder, mit anderen Worten: Ebenso wie die Parasiten ist die Störung immer schon im System – etwa, was die Störung der Fähigkeit zur evolutiven Reproduktion anbetrifft.

Was die Reproduktion, auch im Sinn von Sein als Anderes angeht, so sei nur auf die erste Folge der fünften Staffel verwiesen, deren Titel, *More with Less*, ironisches Programm ist: Nicht umsonst fragen sich Polizisten und Journalisten in dieser Folge, wie es wohl wäre, für eine echte Polizeibehörde, für eine echte Zeitung zu arbeiten.[26] Eine echte Zeitung müsste nicht von anderen Zeitungen abschreiben, weil ihr Personal wie etwa ein *transport reporter* für die eigene Recherche fehlt (TW 5.1, 35:20). Eine echte Polizeibehörde könnte ein *detail* zur Überwachung einer Drogenorganisation am Laufen halten; sie könnte ihre Wagen reparieren und ihren Polizisten Überstunden bezahlen. Weil aber die Streifenwagen als die gleichen, d.h. bedingt oder gar nicht fahrbereit weiterexistieren müssen, also ohne dass die defekten Teile ausgewechselt werden können, und

---

26   Einer der Redakteure: „Some day, I wanna find out what it feels like to work for a real newspaper"; McNulty: Wonder what if feels like to work in a real fucking police department" (TW 5.1, 24:25; 53:20).

Polizeiarbeit in einer Großstadt auf die Akteure Streifenwagen angewiesen ist, ist Streifendienst und somit Verbrechensbekämpfung nur noch eingeschränkt möglich.[27] Doch destabilisiert diese Situation die Institution auch nach innen: Schlägereien im Fuhrpark bei der Schichtübergabe sind die Folge (TW 5.1, 11:05). Gekoppelt mit der Unterbezahlung entsteht ein explosives Gemisch, was Carver als SIC bei der Lagebesprechung am eigenen Leib erfahren muss. Mit äußerster Mühe und unter massivem physischem Einsatz – dem Niederschreien seiner Untergebenen –, gelingt es ihm, Insubordination und Dissidenz niederzuhalten (ein Detective verlässt aus Protest beinahe mitten in der Besprechung den Raum) (TW 5.1, 7:35). Und schließlich endet die Sitzung doch im allgemeinen Aufruhr. Es gibt keine autonome Struktur, die das Hierarchiegefüge automatisch aufrecht erhielte: Diese wird von den Akteuren selbst mitgetragen bzw. muss gegen bestimmte Akteure immer wieder neu durchgesetzt werden: Geld, Ausrüstung, Freizeitausgleich gehören zu den Faktoren, die die Assoziation Polizei zusammenhalten und deren Fehlen die Institution lokal an den Rand des Zusammenbruchs führt.[28]

Weitaus komplexer ist der Fall des Hafens von Baltimore in Staffel 2: Dort wurde zwar das Programm zur Abwicklung der Logistik erneuert und von Papier auf Computersoftware umgestellt, um den Weg der Container zu verfolgen, aber selbst im ganz Buchstäblichen reicht die Anpassung der Programme nicht aus, um den Hafen zu stabilisieren – eine Stabilisierung, die eben nur durch Innovation, durch Veränderung möglich ist – es sind die physischen, die Transportmedien selbst, die riesigen Containerschiffe, die sich nicht länger in die natürlichen Gegebenheiten des zu flachen Gewässers der Bucht von Baltimore integrieren lassen. Nicht Stabilität ist es, an der die Individuen, hier die Hafenarbeiter, verzweifeln, sondern die Instabilität des Welthandels, der sich durch konkrete technische Akteure – Container und Containerschiffe –, wandelt. Was ausbleibt, ist die Antwort, entweder in Form von Frank Sobotkas „utopischem Projekt" (Jameson 2010, 370f.) des Ausbaggerns des Zugangs zum Hafen – oder aber in Erfindung einer neuen Strategie, eines neuen Konzepts, um Arbeitsplätze auch außerhalb des Finanzsektors zu schaffen.

---

27 Die Pointe allerdings ist, dass im Zusammenbruch des Fuhrparks sogar eine Chance bestehen könnte, die aber niemand zu erkennen imstande ist. Die Fußpatrouille und das Gespräch mit den Bürgern wäre das Medium der Aufrechterhaltung der Ordnung, des Attachement und der Informationsgewinnung auf ganz andere Weise als durch *wire taps*. Deswegen ist McNultys Rückstufung zum „walking the beat" nur *career-wise* ein Rückschritt (TW 3.12)

28 Natürlich ist dies bloß ein lokales Phänomen – dies ist aber nur quantitativ etwas anderes als ein globales Phänomen: andernfalls gäbe es nämliche keine Aufstände, Revolutionen oder auch nur Restrukturierungen. Zur Ausbreitung von Revolutionen ausgehend von vorrevolutionären Zuständen als metastabilen Zuständen, die von lokalen Keimen aus restrukturiert werden vgl. Simondon 2011, 244f.).

Auch was das *detail* beobachtet, bleibt nicht stabil. Entgegen aller Beteue-
rungen, das *the game* das Gleiche bleibe, verändert sich die Situation ständig. Es
werden eben nicht nur die Spielfiguren von den Bauern bis zu den Königen ausge-
tauscht, das Spielbrett selbst und die Regeln verändern sich. Deswegen kann eine
Überwachung auch nicht ein- und ausgeschaltet werden wie ein Schachcomputer,
je nachdem, ob gerade Geld und politischer Wille zur Aufklärung vorhanden ist:
Wird die Evolution, die Weiterentwicklung der Netzwerke nicht ständig beobachtet, verliert die Beschreibung ihre Gültigkeit – dies wäre kaum der Fall, wenn
ein geheimes Programm alle Züge vorgäbe – dann wäre es nämlich ausreichend,
dies einmal zu knacken. Was Jens Schröter in seinem Text zu *The Wire* minu-
tiös als Kampf um die Medien nachzeichnet, ist eben dies: Der ewige Rückstand
zwischen dem „Gegenstand" der Überwachung und den Beobachtern (Schröter
2012). Aus ANT-Perspektive stellt es keine große Überraschung dar, dass die Beschreibung durch die Beobachter umso akkurater ist, je stärker sie sich an den
Praktiken und Selbstbeschreibungen des Gegenstands orientiert. Doch nicht nur
die Beobachter analysieren den „Gegenstand", sondern auch der „Gegenstand"
analysiert sich selbst beständig, beobachtet seine Beobachter und reagiert in einer
Rückkopplung auf die Beschreibung durch die Beobachter, die sie zur Veränderung seiner Praktiken zwingen – ein neues Kommunikationsverfahren muss
erfunden werden. Was sich stabilisiert, und darauf baut das *detail* für die Decodierung, sind keine abstrakten Strukturen, sondern die konkreten Operationsketten
der Kommunikation. In diesen bildet sich früher oder später ein Muster heraus,
das beobachtet und decodiert werden kann. „They're gonna get lazy, fall into a
pattern. They all do, over time" (Lester Freamon, TW 5.1, 18:35).

Latours Betonung der unausweichlichen Alteration des vermeintlichen Gleichen führt auf eine Spur, die sich mithilfe von Simondons Kritik am klassischen
Formbegriff weiterverfolgen lässt: Simondon hat dargelegt, dass die Orientierung
an der stabilen Form als guter Form für alle Bereiche des Lebendigen[29] ein Irrtum
ist, ja dass es so etwas wie wirklich stabile Formen außerhalb der Sphäre des Technischen und der in ihr gespeicherten und übertragenen Informationen nicht gibt.
Eine Form, die ‚stabil' ist, ist in Wahrheit, wie es für die Institutionen Baltimores
der Fall ist, „starr" (Eschkötter 2012, 69) und das bedeutet, nicht fähig zur Mo-
difikation, die allein ihr Fortbestehen sichert: Die gute Form ist metastabil, weil
sie weiterhin Potentiale zur Re-Aktualisierung enthält, die stabile Form hingegen
ist ab dem Moment, in dem sie Stabilität erreicht hat, der Entropie ausgesetzt:
Sie beginnt zu zerfallen, weil sie ihre Potentiale ausgeschöpft hat (Simondon
2011). Insofern gibt es keine Wiederholung des immer Gleichen: Was als sol-

---

29 Um es verkürzt zu sagen: Tatsächlich gilt dies auch für unbelebte Individuen, aber das führt hier
    zu weit. Im Zentrum steht der Gegensatz zwischen Lebendigem und Technik.

ches erscheint, beruht auf einer Re-Aktualisierung, also de facto auf Veränderungen, die nicht als solche wahrgenommen werden, und die man mit Simondon als kontinuierlich-kleine Weiterentwicklungen fassen könnte (Simondon 2012, 34f.). Diesen stellt Simondon diskontinuierlich-große Weiterentwicklungen gegenüber. Während die kontinuierlich-kleinen Weiterentwicklungen auf keinen Widerstand treffen, ist dies bei den diskontinuierlichen anders, denn diese stellen einen jähen Sprung ins Ungewisse dar – der Risiken birgt und scheitern kann. Dennoch bedarf es immer wieder jener jähen und riskanten Sprünge, um zu einer wirklichen Lösung sich akkumulierender Konflikte und Probleme zu gelangen. Die kleinen Weiterentwicklungen können dies nicht nur nicht leisten, sondern „[i]n diesem Sinn kann man sagen, dass die kleinen Weiterentwicklungen den großen Weiterentwicklungen abträglich sind, denn sie können die wirklichen Unvollkommenheiten [...] verdecken, indem sie durch unwesentliche Kunstgriffe [...] die echten Antagonismen kompensieren" (Simondon 2012, 36). *The Wire* zeichnet aber eine spezifische Situation, in der die kleinen Weiterentwicklungen einer tatsächlichen Stagnation, dem Zerfall der Institutionen und des Sozialen Platz gemacht hat. Der Riss ist hier nicht, wie bei Zola laut Deleuze, die Vererbung, sondern es ist der Zerfall selbst: Aus den Rissen, die das Gebäude durchziehen, ergibt sich somit auch eine Chance für die diskontinuierliche Weiterentwicklung und somit für eine echte Erfindung.[30]

Hierin liegt, wie Jameson in seinem Text zu *The Wire* herausgearbeitet hat, ein entscheidender poetischer Einsatz der Serie. Der Riss sei demnach der Riss in einer Ideologie des Realismus, der deswegen realistisch wirke, weil die Beschreibung mit unseren Konventionen koinzidierte und uns „reality itself" als „both the irresistible force and the unmovable obstacle" erscheinen lasse (Jameson 2010, 371).

Es ist die formelhafte Darstellung, die dem Dargestellten überhaupt erst einen „institutional status" verleiht: „such recognition confirms a feeling that society is static and stable" (Jameson 2010, 360). Was Jameson dagegensetzt und in *The Wire* findet, ist das Bestehen auf dem Möglichkeitssinn. Die Wieder-Erfindung von Polizeiarbeit im Detail, Bunny Colvins Hamsterdam,[31] Bunnys und Pryzbylewskis Schulprojekte und selbst Stringer Bells Versuch zur Befriedung des Drogenhandels sind solche Erfindungen oder Innovationen, die stets lokal

---

30 Mit Simondon 2011 formuliert kann der Verlust einer Form auch eine vorübergehende Entdifferenzierung sein, in der sich Potentiale zur Bildung einer neuen Form akkumulieren. In der Situation, die *The Wire* beschreibt, ist es für einen Moment offen, ob diese Potentiale genutzt werden können oder der Verfall weiter geht. Dass Letzteres schließlich der Fall ist, bedeutet eben nicht, dass es die andere Möglichkeit nicht gegeben hätte.

31 Ich stimme also nicht mit Jamesons Liste überein, auf der sich das *detail* nicht findet, dafür aber die Serienmörder-Erfindung Jimmy McNultys und Sobotkas Baggerprojekt.

beginnen: „genuine revolt and resistance must take the form of a conspiratori-
al group, of a true collective" (Jameson 2010, 363) – nur dass dieses Kollektiv
Verbündete gewinnen muss, um als strukturierender Keim zu wirken und dass
es, anders als Jameson meint, nicht nur aus Menschen besteht, die alleine völlig
machtlos wären – und auch nicht nur gegen Menschen kämpft.

Jameson verweist aber hellsichtig auch auf die konkreten Praktiken und den
Erfindungsreichtum innerhalb dieser Dynamiken und hebt Lester Freamon hervor,
der sich tatsächlich als *der* Erfinder schlechthin im *detail* herausstellt.[32] Es ist der
erfinderische Umgang mit technischen und medialen Akteuren, der das Gegengift
gegen das Statisch-Werden des Sozialen darstellt. Wenn Latour verdeutlicht, dass
es diese Akteure sind, die das Soziale *stabilisieren* und dafür häufig die Figur
der Delegation durch Inskription benennt, so hilft Simondon, zu verstehen, wie
diese Stabilisation zur Erstarrung wird: Anders als lebendige Organismen, die mit
metastabilen Formen operieren und kommunizieren, ist die Kommunikation von
technischen Objekten und deren Speicherung von Information – und man muss
erweitern, dass dies prinzipiell für jede Form der tertiären Retention (Stiegler
2005, 48ff.; zur Aufzeichnung als *technè* aber auch Derrida 1967) gilt – auf stabile Formen angewiesen (Simondon 2011). Eben dies sind die Inskriptionen im
Latourschen Sinn: Ohne diese Stabilisationen ist die raumzeitliche Ausdehnung
des Sozialen nicht möglich – Menschen sind, sobald sie sich Techniken bedienen,
biotechnische Lebensformen. Stabile Formen sind hingegen nicht zur Erfindung
fähig. Die Kehrseite des massiven Operierens mit technischen Objekten, Formularen (Star 2010), Vorschriften, technischen und anderen Standards (Bowker/
Star 1999) sowie der Habitualisierungen durch einen unerfinderischen Gebrauch
(Simondon 2008, Latour 2012) etc. ist eine zunehmende Erstarrung der Formen
und somit eine Beeinträchtigung der Funktionsweise, die nur durch erfinderische
Interventionen wieder fluider gemacht werden kann.

Nicht-menschliche Akteure

Es ist also vor allem die Einbindung von Technik und Medien, daher die Rede
vom Technosozialen, welche diese Assoziationen *stabilisiert* (Latour/Strum
1987; Latour 2005), aber auch erstarren lassen und jene Asymmetrien produzieren kann, die wir als Machtverhältnisse adressieren. Die Trägheit des Sozialen
beruht auf keiner Kraft, die sich all dem hinzufügt und nichts mit all dem zu tun

---

32   Es ist vielleicht angesichts der Debatte um die *race*-Frage in *The Wire* nicht uninteressant, dass
      viele der wichtigsten Erfinder in dieser Serie – Bunny Colvin, Lester Freamon, Stringer Bell
      – Afroamerikaner sind. Aus einer Genderperspektive ließe sich hier weitaus eher Kritik anbrin-
      gen.

hätte, sie ist das Resultat einer langwierigen Stabilisierungsarbeit des Technosozialen, die beständig wiederholt und erneuert werden muss – und dies gilt auch für die „Satzungen und Formeln" (Kant, zitiert nach Krause, 54), die als diskursive Stabilisierungen massiven Anteil an der „social inertia" haben –, die aber, wie der letzte Teil meines Beitrags zu zeigen versucht, als echtes *pharmakon* keineswegs nur ein Fluch ist, und die immer auch scheitern kann. Es gilt nicht nur für Infrastrukturen (Star/Bowker 2002; Schabacher 2013), dass diese nur deswegen für ihre Benutzer unsichtbar bleiben, weil eine Heerschar von Akteuren mit ihrer Aufrechterhaltung beschäftigt sind, nicht nur für Organismen, dass sich die „Substanz", aus der sie bestehen, kontinuierlich austauscht. Ohne ihre „Infra"-Strukturen, die mehr als das *infra* sind, gibt es keine Gesellschaft.

Demnach ist Marcus Krauses Befund absolut zuzustimmen, dass „*The Wire* anders als Serien wie beispielsweise *CSI, House, M.D.*, Instrumente als soziale Technologien erkennbar werden [lässt], die sich der Beherrschung einzelner Nutzer entziehen, wenn sie sich ihnen nicht sogar entgegenstellen" (Krause, 56) und somit die Illusion einer Autonomie und Beherrschbarkeit von Instrumenten – d.h. nicht allein technischen Instrumenten, sondern Verfahren, Prozeduren – widerlegt, die als Mediatoren eben nicht nur eine unkontrollierbare parasitäre Eigenlogik entwickeln können, sondern auch die Inskriptionen und vor allem Präskriptionen einer Vielzahl anderer, häufig mächtigerer Akteure tragen, die ihre Umcodierung zu einem äußerst schwierigen und selten von Erfolg gekrönten Unterfangen machen.

Eben mit dieser Ausweitung des Sozialen hat die traditionelle Soziologie große Schwierigkeiten. Bei dem zuvor Ausgeführten handelt es sich im Grunde um die Übersetzung dessen, was Jörn Ahrens bemerkt: „Gesellschaft ist ganz offenbar nicht bloß eine niemals endende Bewegung der performativ vollzogenen Konstitution sozialen Sinns und der Legitimation sozialer Institutionen; sie ist ebenso, wo sie sich auf Dauer stellt, geronnene Abstraktion" (Ahrens, 114) – mit dem Unterschied, dass andere Akteure benannt werden und das *auto* des „sich selbst" getilgt ist.

Wenn Simmel von der „unermessliche[n] Zahl von kleineren, in den einzelnen Fällen geringfügig erscheinenden Beziehungsformen und Wechselwirkungsarten zwischen den Menschen" spricht, die „doch erst die Gesellschaft, wie wir sie kennen, zustandebringen" (Simmel, 1992, 22), so blendet dies eben vollkommen aus, dass wir diese Beziehungsformen praktisch nie ohne die Mitwirkung nichtmenschlicher Akteure vollziehen, die die Wechselwirkungen durch ihre Spezifiken umleiten, ablenken und modifizieren. Die ANT wählt, ausgehend von Simmel eben diese Richtung, anstatt davon auszugehen, dass die „Eigengesetzlichkeit einer Pluralität der sozialen Systeme [...] die Simmel'sche „Wechselwirkung von Elementen" sowohl übertreffen als auch zurücknehmen" (Ahrens, 141). Entsprechend findet es Ahrens auch wenig überzeugend, Streifenwagen als soziale Akteure[33] anzuerkennen. In diesem – zentralen und irreduziblen – Punkt jedenfalls ist diese Theorie eines anderen Sozialen noch lange nicht etabliert.

Die Exklusion der nichtmenschlichen Akteure bei der Behandlungen einer Fiktion ist umso erstaunlicher, als die Demokratisierung, die Rancière für das ästhetische Regime in der Aufteilung des Sinnlichen seit dem 19. Jahrhundert beobachtet, gerade in dieser Inklusion des Nichtmenschlichen, der Dinge, der Gebäude etc. besteht. Dies bildet für ihn die Crux des literarischen Realismus (Rancière 2000, 17f., 57ff., 2003, 21ff.). Wer Flaubert oder auch Zola liest, wird dies leicht nachvollziehen können. Mit anderen Worten: Der Realismus fügt einer klassischen Verteilung von Handlungsmacht und einer Benennung der Elemente des Sozialen wie den Evidenzen, auf denen ihre Exklusionen beruhen, dort Risse zu, wo er auf der Inklusion der nicht-menschlichen Akteure besteht und die ästhetische Logik dieser Weise der Sichtbarkeit in der „lecture des signes sur le corps des choses, des hommes et des sociétés" (Rancière 2000, 52) sieht.

Es ist aber das fotomechanische Bild, das dieses Regime aufnimmt und weiterträgt (Rancière 2003, 23), und schließlich ist diese Artikulation von der Literatur auf die neue Kunst der Erzählung, das Kino, übergegangen (Rancière 2000, 60). In *dieser* Hinsicht, in der Versammlung der menschlichen und nichtmenschlichen Akteure (und nicht bloß ihrer Zeichen (Pasolini 2012, dazu Engell 2012a) besteht gerade die Logik der Weiterführung eines realistischen Projekts im Medium der audiovisuellen Narration (Engell 2008) und Rancières Befund trifft sich dann auch mit Deleuze' Verweis auf die Tendenz zum Kinematographischen, die dem Naturalismus innewohnt (Deleuze 2001, 19f.).

Dies auszublenden hat aber weitreichende Konsequenzen: Nichtmenschliche Akteure, von denen in den anderen Texten dieses Bandes eher wenig die Rede ist, treten dann nur in Gestalt der Massenmedien auf, also wenn sie hinreichend abstrakt geworden sind, um auf gleicher Ebene zu agieren wie Institutionen, Systeme etc.

---

33   Was vielleicht mit dem Missverständnis zu tun hat, dies hieße, sie als Menschen gleichberechtigt oder gleichwertig anzuerkennen. Das hat aber niemand behauptet, jedenfalls weder die ANT noch Simondon oder ich.

Attachements, Zirkulation, Produktion

Wer das Soziale beschreiben will, muss nach dieser Auffassung nicht nur die technischen Objekte und die Medien integrieren, weil diese nicht einfach die nachträglich ins Spiel kommenden Werkzeuge sind, mit denen ein a priori gegebenes Soziales, das nur Menschen und ihre Institutionen beträfe, „umgesetzt" oder „ausgeführt" würde, sondern auch weitere nichtmenschlichen Entitäten. In dem Maße, wie *The Wire* der Rolle dieser nicht-menschlichen Akteure auf die verschiedensten Weisen Rechnung trägt, ist die Serie in eben dem Sinn episch, in dem Deleuze Zolas Rougon-Macquart als episch bezeichnet (zu einer anderen naturalistischen Dimension des Epischen, der Ent-Dramatisierung vgl. Schulte, 90).[34]

Etwas anderes als Einblicke in diese Black Boxes kann *The Wire* nicht liefern, etwa Menschen an Computern, die Telefonüberwachung betreiben, demokratische Bürgermeister, die stundenlang auf republikanische Gouverneure warten, die keine Zeit für sie haben oder schwarze Kids, die Drogen so verkaufen, dass der Akt des Verkaufs sich nie einem Personennamen und somit einem Delinquenten zuschreiben lässt, weil Geld und Droge über mehrere Stationen und getrennt zirkulieren.

Zwischen diesen Akteuren, Menschen, technischen Objekten, Medien wie Logistikprogrammen, Überwachungskameras oder Formularen, mit denen man Genehmigungen einholt, um Abhörmaßnahmen zu ergreifen, entsteht das Soziale als Assoziationen zwischen den verschiedensten Materialien, Zeichen, Entitäten und Handlungen und nur diese sind es, die Institutionen und die Gesellschaft in Gang halten.

Es geht um die Frage, welche Akteure etwas tun oder andere dazu veranlassen, etwas zu tun, so wie *Drogen* sehr viele Menschen in Baltimore *dazu veranlassen*, etwas zu tun. Das Soziale ist nichts anderes als diese Assoziationen selbst, seien sie gut oder schlecht. Folgt man Michel Serres, so ist es überhaupt erst die Zirkulation bestimmter Quasi-Objekte, welche die Gesellschaft konstituiert (Serres 1997, 401ff.) – was in Baltimore aber in erster Linie zirkuliert, sind Drogen, sie sind es, die die Relationen weiter Teile der Bewohner der Stadt formen – als *user* und/oder als *seller*.

---

34 Allerdings in der Konsequenz, vor der Deleuze dann doch wieder zurückschreckt, indem er die Objekte zu Symbolen stilisieren muss. Die Lokomotive aber ist kein Symbol der Thermodynamik, sondern einer der wichtigsten thermodynamischen Akteure, der die Welt wie kaum ein anderer transformiert. Ebenso wenig ist das Abhörnetzwerk des *detail* ein Symbol, sondern ein technisches Ensemble aus Mensch und Maschine.

In Baltimore lässt sich das Soziale nicht mehr denken, ohne die Bedeutung der Drogen als Akteure anzuerkennen – es ist die Sucht nach diesen, der Handel mit diesen, die als überwiegend schlechtes *attachement* (Gomart/Hennion 1999) die Assoziationen zusammenhält und die Stelle etwa von *family ties* einnimmt (vgl. die Analyse der komplementären Rolle der legalen Droge Alkohol für die Ermittler bei Schulte, 104f. Wenn Schulte darauf hinweist, dass die Ermittler damit im Gegensatz zu den souveränen – und man kann ergänzen autonomen Ermittlersubjekten normalistischer Fernsehserien wie CSI stehen, dann lässt sich dieser Befund hier nahtlos anschließen: Alkohol ist in den absurden Wiederholungen des Katz- und Maus-Spiels mit Gangstern und Vorgesetzen das einzige, was diese zusammenhält).

Diese Anerkennung der Drogen als soziale Akteure hätte weitreichende Konsequenzen: Sie würde verlangen, Drogenkonsum und -handel nicht mehr als kriminelles, sondern als soziales und ökonomisches Phänomen zu konstruieren. Zwei der besagten Experimente gehen in diese Richtung: zum einen Stringer Bells Versuch, den Drogenhandel mittels einer ökonomischen Analyse in reinen Wettbewerb auf Basis einer Einkaufskooperation der Anbieter umzustellen, anstatt auf der Aufteilung in protektionistisch organisierte und mit Waffengewalt zu verteidigende Territorien zu beharren. Zum anderen Bunny Colvins Hamsterdam, das diese Verkaufsstrategie mit der lokal begrenzten Entkriminalisierung, dann mit zaghaft einsetzender Sozialarbeit verknüpft. Beide machen den Fehler, an eine saubere Abgrenzung zu glauben: Stringer Bell will bis zuletzt glauben, alles in den Kategorien reiner Ökonomie abhandeln zu können,[35] inklusive dem Verrat an Barksdale, so als wäre seine lebenslange Beziehung zu ihm ausschließlich geschäftlicher Natur – „no it's just business", wie erst er, dann, ironisch, Avon selbst bemerkt (TW 3.11, 32:00, 48:20); Colvin glaubt, Hamsterdam tatsächlich abschirmen zu können, anstatt daran zu arbeiten, *wie* es vernetzt wird und es zu einer sozialen Angelegenheit zu machen, in der das Soziale redefiniert werden kann.

Niemand aber kann sich von den Banden des Drogenhandels und der Drogenabhängigkeit durch die Rückbesinnung auf abstrakte soziale Normen oder die Rückgewinnung von Autonomie freimachen. Sie lassen sich nur ersetzen durch andere konkrete *attachements* – etwa jene, die durch Boxsport und regelmäßiges Trainieren entstehen, dies ist das Projekt von Dennis Cutty Wise. Dass das *Geld* dafür ausgerechnet von Avon Barksdale kommt, zeigt wie Pryzbylewskis Lehrtaktik die Ambivalenz der Relationen: Die Frage, wer hier wen parasitiert, lässt sich einmal mehr nicht in eine Richtung auflösen.

---

35   Stringer Bell fällt angesichts des Betrugs durch Davis aber selbst ins Kriegsspiel zurück.

Dass Geld in Baltimore zirkuliert, ist selbstverständlich, ist Geld doch das Medium der Zirkulation schlechthin und vermeintlich Medium reiner Quantifizierung, universell und eigenschaftslos, Mittel des Austauschs über alle Bereiche der Gesellschaft hinweg. *The Wire* demonstriert, dass die Frage nach der Qualität der Relationen sogar und vielleicht sogar erst recht in Bezug auf Geld gestellt werden muss: Weder lässt sich das Geld selbst ohne weiteres von der Art seiner Erwirtschaftung ablösen – Drogengeld muss gewaschen werden –, noch, dies ist Stringer Bells Lektion in Staffel 3, öffnet Geld alle Türen, geschweige denn dass die Art, wie es zirkuliert und Relationen schafft, in allen Bereichen der Ökonomie die gleiche wäre, worüber ihn Maurice Levy schließlich aufklärt (TW 3.11, 8:05) .

Es ist aber die Ausschließlichkeit von Zirkulation, genauer gesagt von *Distribution*, die in der Diagnostik der Serie als ein Hauptproblem der Stadt Baltimore anzusehen ist. Baltimore ist eine Stadt, in der so gut wie nichts mehr produziert wird. An keiner Stelle der Serie haben wir es mit der Produktion materieller Güter zu tun. Insofern ist der Hafen als Schauplatz des Eingangs von produzierten Waren emblematisch – und zeigt zugleich die Anfälligkeit des Umschlagplatzes Baltimore an: Selbst die Distribution andernorts in globalem Maßstab produzierter materieller Waren – Endprodukte und Bauteile – droht, wie schon bemerkt, an Baltimore aufgrund der zu geringen Tiefe des Hafenzugangs mit dem zunehmenden Gigantismus der Containerschiffe vorbeizugehen. Selbst die Drogen werden, anders als etwa in *Breaking Bad* (Vince Gilligan, USA 2008-2013), an anderen Orten hergestellt. Die lokalen Drogenorganisationen sind ausschließlich *drug distribution organisations*.

Das einzige, was in Baltimore angesichts dieses von der Serie deutlich als Dysfunktionalität dargestellten Mangels also noch, dafür vielleicht um so besser produziert wird, sind epistemische Objekte im weiteren Sinn – Objekte des kriminologisch-juridischen Wissens: Es ist die Produktion von Wissen, Fällen, Beweisen durch die Ermittlungsbehörden sowie die Produktion von Geschichten durch die Zeitung. Gleichzeitig bedeutet dies: Das *detail* liefert die Dokumentation der logistischen Transaktionen und Bewegungen der kriminellen Organisationen, die eben aufgrund der Kriminalität dieser Distributionsbewegungen von den darin involvierten Akteuren nicht geliefert werden können – denn selbst der bestinformierte Akteur kennt nur Teile dessen, was zum Vorschein kommt (was weiß etwa Avon über The Greek?) – insofern wird eine Wirklichkeit durch die Ermittlung konstruiert, die so vorher nicht existiert hat.

Baltimore ist also schon insofern nicht lokal, als es verbunden ist etwa mit Politik auf der Ebene des Staats Maryland und der Bundesebene (die Direktiven nationaler Prioritäten bei der Verbrechensbekämpfung – *the war on terror*) und

mit dem globalen Handel, auch und erst recht mit Drogen und Frauen. Vor allem aber ist die Übersichtlichkeit und Eingrenzbarkeit, die das Lokale impliziert,
nicht gegeben.

Case studies

Wenn man sagt, etwas, gar eine Gesellschaft, könne sich „von selbst" reprodu-
zieren oder gar optimieren, verbleibt man in der Haltung des Herren, der nicht
einmal in die Werkstatt eintritt, um nachzusehen, was dort tatsächlich geschieht
(Simondon 2012, 224f.). Es trägt nicht der Arbeit, den Kosten, den Spielräumen
und der Veränderungen Rechnung, derer es bedarf, damit sich etwas reproduzie-
ren kann.

Einem Neuankömmling, einer Person von außen Zutritt zu einer Werkstatt
zu verschaffen, damit dieser die Spielregeln mit frischen Augen sieht, die für die
mit dem Ort Vertrauten in Fleisch und Blut übergegangen sind, ist eine gute Strategie, um schwarze Schachteln zu öffnen. Das wusste auch schon Zola, der dieses
Verfahren bei seiner Exploration der französischen Gesellschaft des Second Empire mit schöner Regelmäßigkeit anwandte (Hamon 1972). Auch in *The Wire* begegnen die Zuschauer immer wieder solchen Neuankömmlingen – Kima Greggs
als Rookie in der Mordkommission, deren „eyes" erst recht „soft" sind, weil ohne
Routine die Unvoreingenommenheit des Blicks leichter fällt (TW 4.2), Tommy
Carcetti, der die Spielregeln der großen Politik kennenlernt oder Stringer Bell,
der in die Welt der legalen krummen Geschäfte mit Immobilien vordringt (beides Staffel 3). Der wichtigste dieser Akteure ist aber kein Individuum, sondern
ein Kollektiv, das *detail* selbst. Dessen Ermittlungsarbeit, die nicht projektiert
ist, sondern aus der Aufklärung dessen erwächst, was zunächst nur als irgendein
weiterer Mordfall erscheint, ist zunächst einmal Forschungsarbeit im besten Sinn,
die ihren Gegenstand mühsam, Stück für Stück konstruiert, ohne dass irgendeiner
der Beteiligten im Voraus wüsste, was ihn erwartet. Es ist kein Puzzle, denn weder kann zu Beginn ein Rahmen des *big picture* abgesteckt werden, noch wüsste
irgendjemand, wie viele Teile man zusammensetzen müsste. Mehr noch, das heterogene Netzwerk oder besser, die heterogenen, miteinander verschalteten und/
oder sich bekämpfenden Netzwerke verlaufen nicht nur über Institutionengrenzen
hinweg (auch das organisierte Verbrechen ist eine Institution (nicht nur) in Baltimore) und quer durch vermeintlich einheitliche Institutionen hindurch: Denn
gehört man zum gleichen Netzwerk, weil man im Feld der Politik arbeitet oder
ist eher entscheidend, ob man den gleichen Anwalt hat – und genau der Name des
Anwalts erlaubt es, die durch Strohmänner verdeckten Geschäftsbeziehungen zu

rekonstruieren[36] –: Nerese Campbell, Avon Barksdale, Stringer Bell...? Natürlich gehört man beiden an und ist somit immer schon Parasit, Verräter oder Trickster, und dies macht die reale Komplikation der Verhältnisse aus. Vor dieser Ermittlung ist sich auch niemand der involvierten Akteure über das Ausmaß der Vernetzungen, die wechselseitige Durchdringung und Überwucherung der Netzwerke im Klaren. Was dabei sichtbar wird, ist aber weniger ein geheimer, abstrakter Mechanismus hinter den Aktivitäten der Akteure, sondern vielmehr ihre konkreten kleinen Praktiken, ihr Erfindungsreichtum und die Vielzahl derer, die involviert und mobilisiert sind.

Ausdrücklich wird den Polizisten in der Serie mehrfach die Wendung „to manufacture a case" in den Mund gelegt. Dies nicht im Sinn von Betrug und Manipulation, sondern im Sinn der Konstruktion der Wahrheit. Insbesondere das *detail* konstruiert Fälle, es praktiziert im besten Sinn der ANT eine Form der Konstruktion, die dem Wirklichkeitsanspruch des so Konstruierten nicht entgegenläuft, sondern diesen im Gegenteil fundiert: Es ist gleichzeitig Figur und Agent eines performativen Realismus.

Und es ist diese Konstruktion, die ausführlich gezeigt wird, um klar zu machen, dass es *street work* und *paper work* gleichermaßen bedarf als Bestandteilen a) eines Prozesses der Transformation von Dingen in Zeichen und vice versa, und b) der Montage von Elementen, die vor Ort eingefangen und transformiert werden mit anderen Elementen, die entweder nur aus der Ferne zu beobachten sind, indem man vor einem Monitor und einem Lautsprecher sitzt, oder mit Akten, Dokumenten etc. die das Ergebnis der Transformationsarbeit anderer Institutionen sind. Dies bedeutet, dass es nie einen Tatort *hier – jetzt – nun* gibt, sondern stets eine Kette von Ereignissen, Handlungen und Zeichnungen, die über den vermeintlichen „Tatort" und seine – beispielsweise forensische – Analyse hinausgehen. Wir haben es bei effektiver Polizeiarbeit hier also stets mit *raumzeitlichen Montagen* zu tun, die auf Untersuchungs- wie auf Täterseite eine Vielzahl menschlicher wie nichtmenschlicher Akteure involvieren, um, wie beschrieben, eine Kontinuität zwischen Handlungen und Akteuren herzustellen.

Zu eben diesem Zweck werden auf Lester Freamons Initiative legale Dokumente herangezogen, die eine solche Kontinuität zwischen einer Handlung – dem Erwerb einer Immobilie –, einem Besitzer und dem Ding selbst der (*real estate*) herstellen.

Diese Produktion lässt sich im Kontext von *The Wire* mit der Logik der Black Box zusammenführen und in die Dichotomie von *case* und *container* überführen.

---

36   Lester Freamon: „While they use front names, you know, as corporate officers, they usually use the same lawyer to do the charter filing" (TW 1.9, 11:20)

Der *case* ist in *The Wire* nicht nur der abstrakte Kriminalfall, sondern es ist auch der Fall, der sich in einem Hefter (oder vielen Heftern) materialisiert hat, der eingesehen werden und zirkulieren kann. Dies sind die *immutable mobiles* des Falls (also seine Akte(n)), gewissermaßen die Kiste(n) oder Kartons, aus denen er besteht (denn ohne diese *gibt* es keinen Fall, der stabil genug wäre, um weiterbearbeitet oder wiederaufgenommen zu werden). Die Arbeit des *detail* besteht nun darin, nach eigenem Ermessen und nach Fortgang und unvorhersehbarer Entwicklung der Ermittlungen zu entscheiden, was in die Kiste hineingehört und wie groß die Kiste eigentlich sein muss. Der Fall ist epistemisches Objekt, das Handlungsmacht gegenüber dem Ermittlungsnetzwerk hat, welches dorthin geht, wohin es vom Fall geführt wird – diese Offenheit, auch was die Ausdehnung der Ermittlung angeht, ist die Veränderung der Spielregeln, die den Widerstand auf der Führungsebene aller involvierten Institutionen provoziert.

Denn natürlich ist eine solche Ermittlung mit offenem Ausgang und das lange und langwierige Narrativ, das sie erzeugt, ohne einen Abschluss, also *closure* und somit ein präsentables und übersichtliches Resultat zu zeitigen, das weitergeleitet und veröffentlicht werden kann, zeit- und ressourcenintensiv. *Zeit- und Ressourcenknappheit* ist aber eine weitere Erklärung, die *The Wire* realistisch gegen die Hightech-Visionen von *CSI* ins Feld führt, in denen Geld keine Rolle spielt und alles im Handumdrehen zur allgemeinen Befriedigung aufgeklärt werden kann (vgl. hierzu auch Schulte und Krause). Dass Ressourcen aber knapp sind – „Technologie ist in *The Wire* schwer erhältlich" (Schulte, 103) und somit das Serienkillerfake der fünften Staffel kein unendliches Füllhorn öffnet, sondern a) Ressourcen – auch solche der Aufmerksamkeit (Krause, 68) – von anderen Fällen abzieht und b) der Ergebnisdruck weiterhin besteht, ist, was McNulty bei seinem *scheme* übersehen hat, so dass er selbst in die Situation kommt, Lester anzuhalten, eine Ende zu finden – und dies schon in der Mitte der letzten Staffel–, während dieser, kaum erstaunlich, weil er nicht im Voraus wissen kann, wohin ihn seine Ermittlung führt, immer neue Ressourcen – Genehmigungen, Personal, technisches Equipment – benötigt: McNulty: You're every supervisor's nightmare – Lester: I'm just following the thread (TW 5.6, 44:10).

Freamon besteht als letzter darauf, dass die Untersuchung wie eine offene Forschungsanordnung funktioniert. Das Objekt verhält sich nicht nach den einmal im Voraus festgelegten Regeln. Was denn das haarige, vernetzte Netzwerkobjekt, was eigentlich genau der Fall ist, kann und wird sich erst im Lauf der Untersuchung herausstellen und dies erfordert auch, dass man seine Untersuchungsmethoden verändert, der Entwicklung anpasst. Die *supervisors* aber wollen, dass nur das herauskommt, was von Anfang an feststeht.

Diese Offenheit geht damit einher, dass das *detail* mit der Netzwerkanalyse des organisierten Verbrechens eine Büchse der Pandora öffnet, die kategoriale – das FBI lehnt den Drogenfall ab, weil es nach politischer Korruption und Terrorismus sucht, so als ob nicht alles verbunden wäre – wie politische Komplikationen mit sich führt, die (fast) keiner will. Kybernetisch gesprochen soll bestenfalls untersucht werden, was in die Box eingeht und darin prozessiert wird – die Drogen – nicht aber, was aus der Box herauskommt, nämlich das Geld, das nach mühseliger Transformation von schmutzigen Scheinen in saubere Kontobewegungen seinen Eingang in die legal stabilisierte Welt findet: „And here's the rub. You follow drugs, you get drug addicts and drug dealers. But you start to follow the money, and you don't know where the fuck it's gonna take you" (Lester Freamon, TW 1.9, 12:50).

Der Container, der in der zweiten Staffel, die sich um den Port von Baltimore dreht, explizit eine prominente Rolle spielt, ist in diesem Kontext nicht allein Figur einer globalen Wirtschaftsordnung, die jede lokale Spezifizität (der Kanal, der nicht tief genug ist) und jede lokale Produktion zerstört.

Der Container ist auch eine epistemologische Figur: Die Container bringen nicht nur die Leichen der osteuropäischen Frauen, sie sind auch Symbol für die Art, wie Commissioner Rawls Mordfälle behandelt wissen will: als Container, die am Eingang des Homicide Department ankommen und die dort abgefertigt werden. Sie werden bearbeitet, aber sie werden nicht *produziert*. Wie die Drogencocktails, die die Barksdale-Organisation in *vials* zusammenmixt, bestehen sie aus Fertigkomponenten, die nicht analysiert werden. Insofern sind die Fälle *black boxes*, die nach festen Regeln funktionieren, die also niemand aufmacht, um den Mechanismus zu überprüfen oder nach Drähten zu suchen, die weiter reichen, es sind Container, die mit ihren Abmessungen die Grenzen der Ermittlung vorgeben und deren Inhalt *vorgefunden* wird.

Symptomatisch für diese Container-Logik ist die Reaktion im Homicide-Department, als Bunk Moreland und Lester Freamon jene Leichen zum Vorschein bringen, die Snoop und Chris in den leerstehenden Häusern abgelegt haben, die so selbst zu Containern/Black boxes werden. Ginge es nach Rawls oder Jay Landsman, sollten die Leichen dort auch verbleiben, um die Aufklärungsquote des Departments nicht weiter zu belasten. Diese haben kein Interesse an einer Freamonschen erfinderisch-experimentellen Untersuchungsreihe:

Landsman „What the fuck do you think you're doing now?"

Freamon: „An experiment"

L: „An experiment? Fuck me. I am dealing with Madame Curie here." (TW 4.12, 5:15).

Der Unterschied des *detail* zu einer Forschungseinrichtung besteht natürlich darin, dass Beweise über personale Zuschreibungen konstruiert werden müssen: Es geht um die Autorschaft von Taten, um persönliche Anwesenheit oder um die Autorschaft von Befehlen, die Rückverfolgung von Besitzverhältnissen über Strohmänner hinweg. Die Operationsketten des *detail* funktionieren als eine Art hybride Kombination jener Existenzweisen, die Latour unter den Begriffen [REF] und [DRO], Referenz für die zirkulierende Referenz epistemischer Produktionen (Latour 2007) und die Produktion juridischen Wissens (Latour 2002) auf die folgenden Formeln gebracht hat: Zugang zu den Fernen erlangen – also jenen, denen mit einer phänomenologischen Autopsie nicht beizukommen ist *(accéder aux lointains)* und die Kontinuität zwischen Handlungen und Akteuren gewährleisten (Latour 2012, 485): konkrete Handlungen konkreten Akteuren zuschreiben *(assurer la continuité des actions et des acteurs)* (Latour 2012, 135ff.). Anders gesagt: Die Ketten der Intermediäre und Mediatoren müssen gerade rekonstruiert werden, um über sie hinweg einen Handlungsfaden zu einem Urheber zurückzuverfolgen: Alle Akte des Auskuppelns, Faltens und Delegierens, die etwa ein Avon Barksdale vornimmt, um seine Autorschaft zu verwischen, müssen durch die Zurückverfolgung zum Ausgangspunkt neutralisiert werden (Latour 2011, 135 f.) Diskontinuität muss in Kontinuität transformiert werden (ohne dass der Anteil der Mittler annulliert würde, die, sofern juristisch belangbar, ebenfalls zur Rechenschaft gezogen werden müssen).

Poetik, Fiktion, Fakt – performativer Realismus

Schon lange bevor also Presse und Journalismus auf den Plan treten, ist das *detail* selbst die Reflexionsfigur für die narrative und analytische Arbeit der Serie – und nicht allein deshalb, weil das Detail, wie die Serie selbst, Staffel für Staffel wieder um die Neu-Finanzierung durch die Entscheider bzw. die Inhalte ihrer Ermittlung kämpfen muss oder weil auch das *detail* kontinuierlich mit audiovisuellen Dispositiven der Übertragung und Aufzeichnung arbeitet: Als eine kollektive Sonde, die eine Neubeschreibung einiger der Assoziationen unternimmt, die „Baltimore" ausmachen – und die dabei beständig Komplexität multipliziert anstatt sie zu reduzieren und permanent den Wahrheitsbezug seiner Konstruktion gewährleisten muss. Die gute Konstruktion von Realität, performativer Realismus, ist auch das Prinzip des guten Journalismus, dessen Niedergang in Staffel 5 beschrieben wird: geduldige Recherche, der Blick für die versteckten, unscheinbaren Details, die

Absicherung durch Archivarbeit, quotes etc. Das Gegenmodell ist die Erfindung reißerischer und simplifizierender Geschichten, die deswegen enorm anschluss-fähig sind, weil sie vertrauten Mustern folgen.

Ohne die Serie darauf reduzieren zu wollen, ist für sie doch ein ethnome-thodologischer Ansatz charakteristisch, so dass man, um einen Begriff von Marc Augé aufzunehmen, *The Wire* als Ethnofiktion (Augé 2011) bezeichnen könnte, wobei die Ethnofiktion sich in den Verfahren der performativen Beschreibung von Gesellschaft zwischen den Extremen der Statistik und der auf moralische Rührung abzielende Dickensianischen Narration von Einzelschicksalen situiert – Extreme, die die Serie beide (vor allem in Staffel 4 bzw. 5) als Abstoßungspunkte für die eigene Konstruktion, Sichtbarmachung oder besser: Verstehbarmachung von Gesellschaft aufzeigt (vgl. dazu auch Krause).

Kennzeichen des ethnomethodologisch-ethnofiktionalen Ansatzes oder der „ethnographischen Ästhetik" (Schröter 2012b, 34) wären dagegen die ausführ-liche Beschreibung spezifischer Kulturen anhand der konkreten Praktiken ihrer – nicht allein menschlichen – Akteure, das Herauspräparieren bestimmter Muster in der Organisation etwa von Raum und Zeit und, gerade auch im Hinblick auf das Programm, das die ANT formuliert, vor allem: Die Betrachtung konkreter Fälle und die Problematisierung der Möglichkeit, von dieser Betrachtung aus ohne weiteres zu verallgemeinern, also zu generalisieren, zu abstrahieren, zu re-duzieren und zu vereinfachen, um somit auf eine ‚höhere Ebene' oberhalb der Ebene der Einzelfälle zu gelangen und Totalität oder Generalität behaupten zu können. Der ethnomethodologische Ansatz in der Serie arbeitet, in dem Maße wie er ethnofiktional ist, fraglos auch mit bewährten Strategien des realistischen und naturalistischen Romans. Wie Philipp Schulte in seinem Beitrag verdeutlicht, ist dies auch kaum als Widerspruch aufzufassen: Gerade etwa die Aufmerksamkeit für Sprachvarietäten der jeweiligen Milieus, die man erst recht im Medium des Romans natürlich als Diskursmimesis fassen kann, oder auch, wie man gerade im Blick auf Zola ergänzen kann, das journalistische Vorarbeiten durch die intensive Protokollierung von Abläufen, Details etc. vor Ort verdeutlichen, wie stark Lite-ratur selbst hier zur Entwicklung dieser Methode beigetragen hat. Zu den Stra-tegien der Fiktion gehört aber natürlich auch etwa die Formung exemplarischer Figuren, die in der Akkumulation von Merkmalen die Verhältnisse verdichten – aber Verdichtungsarbeit ist die Arbeit nicht nur jeder Fiktion,[37] sondern auch jeder Produktion von Fakten –, so wird doch eher über die minutiös-detaillierte

---

37 Die Herstellung „unwahrscheinlicher" Koinzidenzen, die Krause bemerkt, ist eine solche Ver-dichtungsarbeit. Zu Recht weist Krause darauf hin, dass dieser Bruch mit der Wahrscheinlich-keit auch eine – wie immer in der Serie diskrete – Ausstellung der eigenen Fabrikationsarbeit und Fabriziertheit ist (Krause, 70).

Beschreibung in der Extension und vor allem die detaillierte Beschreibung von *Relationen, Interaktionen* und *Wechselwirkungen* etwas erreicht und gezeigt, das nicht immer schon generisch ist. Wenn *The Wire* sich dagegen von den *Statistiken* durchaus auch als den Medien der Sichtbarmachung konkurrierender Darstellungen des Sozialen – eben jenen der Sozialwissenschaften und der Administrationen – abgrenzt, muss man keine generelle Ablehnung von Statistik per se daraus ableiten, sondern kann deren Problematik spezifizieren:

Diese liegt demnach weder in der Faltung noch der Montage, welche die Statistik gegenüber einer – inexistenten – reinen und planen, vorgegebenen Wirklichkeit vornähme, die unverfälscht wiedergegeben werden könnte. Ausgangspunkt ist nicht die Annahme, Statistiken könnten aufgrund dieser Operationen Wirklichkeit nicht repräsentieren – während eine Serie wie *The Wire* einen Spiegel lieferte, der dazu in der Lage wäre. Hier bewegt sich aber kein Spiegel durch die Straßen, sondern ein weitaus komplexeres human-medientechnisches Kollektiv. Es ist gerade der *Dickensian Aspect*, der zurückgewiesen wird als das trügerische Versprechen, eine direkte, unvermittelte, von einem Subjekt erlebten, von einem anderen unmittelbar aufgezeichnete Geschichte *plain and simple* anstatt gefaltet, montiert und komplex erzählen zu können – nichts ist je falscher als das angeblich Unvermittelte. Für die Narration von *The Wire* muss nicht weniger gefaltet und montiert werden als für Statistiken,[38] sondern anders und in einem anderen Maßstab. Das Problem liegt vielmehr darin, dass die Statistiken nominalistisch werden und der Nachvollzug der Referenzkette hin zum Terrain nicht mehr gewährleistet ist.

Letzteres wird allerdings dadurch begünstigt, dass Statistiken als *immutable mobiles* funktionieren (Latour 1986), das heißt als Medien, in denen Wissen übersichtlich gehalten wird – sie lassen sich mit einem Blick erfassen, die Benennung einer Zahl schafft die Evidenz des Faktischen, auf das allgemein referiert werden kann und mittels dessen das Wissen über ein lokales Milieu (Verbrechensraten in Viertel oder Distrikten), eine Institution (die Erfolgsquote der Schulen), eine Stadt etc. aus diesen heraus transportiert und in einem größeren Netzwerk verhandelt werden kann. Dies kann aber dazu führen, dass der allgemeine Referenzpunkt nicht mehr länger das sondierte Terrain, sondern das *immutable mobile* selbst ist, dessen Werte nun stabilisiert werden, anstatt Indikator für etwas zu sein. Die Stabilisierung des Wissens geht in seine Erstarrung über, die zur Immobilität des Systems führt, dieses selbst *immutable* macht, wo die Veränderung der Regeln anstünde. Im Spiel des „juke the stats", das Polizei- wie Schulsystem im Würgegriff

---

38 Zu den Operationen des Faltens in einer in vielen Belangen ähnliche Fragen, allerdings auf ganz andere Weise verhandelnden Serie vgl. Cuntz 2013.

hält, entsteht ein negatives Modell der Zurechtmachung von Wirklichkeit, der Konstruktion eines schlechten *faitiche* (hierzu gleich mehr) zur Produktion einer visuell-diagrammatisch-quantitativen Evidenz, die in langen Netzwerken nur um den Preis der Ausblendung von Funktionszusammenhängen und singulären Qualitäten zirkulieren kann.

Ob aber gerade das Serienkillernarrativ in Staffel 5 eine Reflexionsfigur[39] für das eigene Vorgehen ist (Koch), oder doch eher, ganz analog zum gleichzeitigen Fake der Dickensian story das Andere (vgl. Krause) eine Abstoßungsfigur des *how not to,* darüber lässt sich hingegen füglich debattieren. Denn dieses Narrativ ist die Karikatur von Journalismus, es ist eine verzweifelte List McNultys, die nach hinten losgeht, es ist ein Narrativ, das der Überprüfung nicht standhält, sondern in sich zusammenfällt. Zudem, und dieser Umstand könnte im Hinblick auf Kochs Argumentation wichtig sein, die ja gerade auf die Zurückweisung jeder „illusorischen Individualverantwortlichkeit" (Koch, 42) in *The Wire* abzielt, lenkt das Narrativ von den eigentlichen Ursachen der tatsächlich von McNulty und Freamon investigierten Gewalt und ihrer systemischen oder, wie ich es sa-

---

39   Koch (Koch, 39) nennt aber beim Umschalten von der Analyse der *histoire-* auf die *discours-* Ebene eine Figur, die selbstreflexives Potential hat, was Koch auch ganz deutlich hervorhebt: Bubbles, der eben durch die Narration seiner Lebensgeschichte aus dem Teufelskreis von Straße und Drogen ausbrechen kann. Eine gut konstruierte Narration hat also einen performativen Effekt und führt Veränderung herbei. Dies kann man natürlich nicht schreiben, ohne den Blick auf die nächste Generation der *pawns* zu werfen: Die Leerstelle von Bubbles wird von Dukie besetzt, so dass wir es prima facie in der Tat mit einem tragischen Nullsummenspiel zu tun haben. Dies um so mehr, wenn man den Blick auf Dukies Freunde ausweitet: Randy, als *snitch* gebrandmarkt, wird zwischen Ehrencodex der Straße und Unfähigkeit der Institutionen zerrieben, Michael wird der neue Omar und allein Namond gelingt der Ausstieg aus dem Straßenmilieu. Die Schicksale sind vollkommen kontingent und somit wären es auch die Personen, die in diese Geschehnisse involviert sind und die Narrative, die zum Einsatz kommen. *The Wire* operiert jedoch nicht im luftleeren Raum mit bewährten Figurenkonstellationen, Typisierungen und Formelhaftigkeiten. Solche Zuschreibungen und Erklärungen sind ebenso gut Teil der alltagsweltlichen Strukturierung von Wirklichkeit und der Ausfüllung sozialer Rollen: Randy, Dukie und Michael wird zum einen zum Verhängnis, dass es jeweils keine andere Narration, keinen anderen Figurentyp gibt, der für sie greift: Michael erfüllt die Anforderungen der Straße besser als jeder andere, weil er sich aber gegen die Partizipation an Stanfields Terror-Regime entscheidet, bleibt ihm nur der Typus des einsamen Trickster oder Parasiten. Dukie hat hingegen ebenso wenig eine Wahl wie Randy: Er erfüllt genausowenig die Virilitätsklischees jenes Typen, der sich auf der Straße durchsetzen kann, wie Bubbles vor ihm und wird somit zum infamen Outcast (im Gegensatz zu Omar und Michael als Outlaws mit Fama). Diese Typisierungen und Narrationen sind nicht kontingent, sondern schlecht und es reicht nicht aus, alle Narrationen als kontingent auszuweisen, sondern vielmehr muss man bessere Narrationen an die Stelle von schlechteren rücken. Was Dukie und den anderen also zum einen gefehlt hat, sind Narrative und soziale Typologien, die ihnen einen anderen Platz eingeräumt hätten. Zum anderen aber fehlt es natürlich an Unterstützung: Dukie ist ebenso intelligent wie Namond, Namond ebenso wenig zur Verkörperung der Rolle des virilen Gangster fähig wie Dukie. Den Unterschied macht einmal mehr Bunny Colvin als Mediator zwischen den Milieus.

gen würde, kollektiv verteilten Agentur wie dem rationalen Kalkül des durch sie
verbreiteten Terrors durch die Zuschreibung an einen irrationalen, sexualpatho-
logischen Einzeltäter ab.[40] Zudem ist es auch eine sarkastische Referenz auf die
Serie *Dexter* (James Manos Jr., USA 2006-2013), von der man sich hier glaubt
abgrenzen zu müssen. (Ob man der *Dexter* damit gerecht wird, steht natürlich
auf einem eigenen Blatt.) Eine ganz andere Frage ist, weshalb hier eine Differenz
nivelliert werden soll, die die Serie selbst nachdrücklich behauptet, und *The Wire*
damit vor einer Naivität durch den Nachweis einer Selbstreflexivität *an dieser
Stelle* gerettet werden soll, die die Serie *in dieser Form* nicht benötigt.

Eine Erklärung hierfür könnte in der Dichotomie, im radikalen Bruch liegen,
den „die Modernen", also wir alle insbesondere auch als Sozial- und Kulturwissenschaftler, zwischen Fakten und Fetischen vorzunehmen gelernt haben und gewohnt sind. Eine Dichotomie, der Latour den Begriff des *faitiche* entgegenstellt
(Latour 1996, 1997a). Die Fakt/Fetisch-Unterscheidung beruht, um es kurz zu
machen, darauf, dass, gegen jede Etymologie des Wortes, die etwas ganz anderes
sagt, ein Faktum als etwas verstanden wird, das als solches gegeben ist und von
Wissenschaftlern gefunden wird, ohne dass sie durch ihre Arbeit dem Faktum
etwas hinzufügen. Fetisch ist hingegen alles, das von Menschen hergestellt wurde, an dessen Wahrheit und Handlungsmacht die Naiven unter ihnen dennoch
glauben, bis die Aufgeklärten kommen und ihre Trugbilder zerschlagen. Es ist
deutlich, dass nach dieser Logik eine Fiktion, die unzweifelhaft etwas Hergestell-
tes ist, unbedingt den Fetischen zuzuordnen ist. Damit eine Fiktion intelligent und
nicht naiv ist, muss sie also unbedingt auf ihre Gemachtheit nicht nur einfach hin-
weisen, sondern sich auch selbst als Fetisch dadurch zu erkennen geben, dass sie
auto-ikonoklastisch sich selbst und jegliche Prätention auf Erkenntnis zerschlägt.
Folgt man dieser Logik, so verwechselt man dieses – mittlerweile – kostenfreie
Ritual oder das Hantieren mit Klischees *per se* mit einem Qualitätsmerkmal
(Schulte, 109f.) – gerade so, als wäre dies nicht nur ein mögliches, vornehmlich
postmodernes Verfahren der Selbstreflexion und als gäbe es nicht eine Unzahl
schlechter Romane, Filme etc., die durch *diese* Form der „Selbstreflexivität" auch
nicht aus ihrer Belanglosigkeit gerettet werden können. Schulte weist ja selbst auf
den Umstand hin, dass *The Wire* die Evidenz narrativer Konventionen dadurch
stört, dass es einst innovative, mittlerweile aber formelhaft gewordene Inszenierungsstrategien verweigert. Nimmt man dagegen das selbst-reflexive *detail* und

---

40   Eine weitere Frage wäre, weshalb ein Autorenkollektiv, das den Anspruch hat, eine intelligente
      Serie zu machen und dies sehr kompromisslos tut, das Risiko eingeht, Selbstreflexivität erst in
      der fünften Staffel einzubauen – obwohl nichts und niemand garantieren konnte, dass die Serie
      bis zu einer fünften Staffel verlängert wird, denn die Weiterfinanzierung stand mehrfach auf der
      Kippe. Auch in dieser Hinsicht ist die Selbstreflexion im beständig um die Fortsetzung seiner
      Tätigkeit kämpfenden *detail* mehr als bloße Koketterie.

seine Konstruktionsarbeit als epistemische Arbeit, als performativen Realismus ernst, dann wird in der Serie gerade keine „Echtheit" des Dargestellten im Sinn eines unvermittelt-unverfälschten angestrebt. Zwar gibt es sicher praktisch keine Durchbrechung der fiktionalen Illusion – abgesehen vielleicht von den Anspielungen etwa auf *CSI* und *Dexter* – aber in dem Maße, in dem das *detail* selbst eine Narration montiert und dies nicht zuletzt mit audiovisuellen Medien, wird ja gerade jede Illusion, es gäbe eine echte, direkt und ohne massive Arbeit, Kosten, ,Manipulation' und Mitwirkung einer Myriade von Medien und Mediatoren zu habende ,Repräsentation' eines schon Gegebenen zugunsten einer performativen Konstruktion des Gezeigten zurückgewiesen. Wo ist aber die trügerische Evidenz-Behauptung, wenn die Verfahren der Konstruktion ständig mit thematisiert werden?

Die Grundfigur der modernen Haltung gegenüber der Fiktion ist die Gleiche wie für die Erklärung des Sozialen: Intelligent ist nur, wer sich keinen Illusionen über die eigene Machtlosigkeit hingibt – besser, als sich ohnehin vergeblich mit der Produktion von Realität abzumühen, ist es dann, direkt mit Genre-Versatzstücken zu operieren. Eine erklärende Wirkung in Bezug auf die Realität kann eine Fiktion demnach nur dadurch entfalten, dass sie auch Elemente der sozialen Wirklichkeit selbst, etwa Institutionen und ihre Verfahren, als Gemachtes bloßstellt und damit ihre Gültigkeit widerlegt, indem diese „entnaturalisiert" wird.

Man muss nicht Latour bemühen, um dies zu kritisieren, sondern man kann auch auf Jacques Rancière und sein Konzept des Unvernehmens verweisen. Denn es geht Rancière eben nicht darum, jede Repräsentation des Sozialen unterschiedslos zu verwerfen, sondern darum, die Exklusionen der herrschenden Repräsentation offenzulegen und im politischen Streit bessere Repräsentation zu erwirken, in denen jene, die keinen Anteil haben, Anteil und Stimme bekommen (Rancière 1995).

Interessanterweise sind es häufig dieselben Autoren, welche die Entlarvung der sozialen Wirklichkeit als pures Artefakt als Erkenntnisgewinn der Fiktion beschreiben, die wenige Sätze später wieder die absolute Machtlosigkeit der Subjekte gegenüber den Institutionen deklarieren: Das Nichtige ist gleichwohl allmächtig und seine Entlarvung somit vergebliche Mühe, weil sie an der Unantastbarkeit des Entlarvten nichts zu ändern vermag. Ausgehend von der Behauptung der ontologischen wie epistemischen Nichtigkeit des Fiktionalen wird die ontologische Nichtigkeit des Sozialen selbst postuliert, das aber dennoch uneingeschränkt mächtig bleibt, weil die Frage nach der Ontologie immer schon verfehlt war.

Der Fakt-Fiktion-Dichotomie korrespondiert die Vorstellung der Trennung zwischen Wirklichkeit und Zeichen: Fakten existieren ebenso unabhängig von Zeichen wie von konstruktiven Handlungen. Entweder Zeichen repräsentieren defizitär eine Wirklichkeit, die sich ihnen entzieht, oder aber, noch schlimmer, sie interferieren mit den Fakten und verfälschen diese.

Für Fiktionen greift diese Überzeugung, es bestehe ein unüberwindlicher Abgrund zwischen Zeichen und Realität, natürlich erst recht.[41]

Auch nach dieser Logik muss eine intelligente Fiktion sich, ganz kantisch-frühromantisch, stets selbst nichten. In dieser neuralgischen Frage stimme ich der vielleicht zentralsten These von Jörn Ahrens zu, der ganz entgegengesetzt die positive Kraft der Fiktion affirmiert und ihr dabei nicht nur die traditionell immer wieder konzedierte Komplementärfunktion zuweist, als Medium des Imaginären das andere des Wissens zu verkörpern, sondern auf dem Anspruch von *The Wire* auf Authentifizierung des Sozialen und eines Wissens über das Soziale besteht: Für Ahrens ist die Fiktion unter den Bedingungen der Moderne sogar ein privilegiertes Medium der Sichtbarmachung des Sozialen. Allerdings erwirbt die Fiktion *The Wire* dieses Privileg bei ihm um einen hohen Preis: Jenen der Unmöglichkeit der Eröffnung jeglichen Möglichkeitsraumes, da diese der Authentifizierung entgegenlaufe.[42] Deshalb muss das Narrativ tragisch sein. In diesem Punkt wiederum teile ich die Auffassungen von Lars Koch, der, ebenfalls in Auseinandersetzung mit Jameson, gerade auf die Eröffnung solcher Möglichkeitsräume beharrt (Koch, 34). Interessanterweise thematisieren Koch und Ahrens in ihren Bezugnahmen ihren recht grundsätzlichen Dissens nicht. Meine Position würde eine Auflösung dieses Gegensatzes anbieten, die auf der Annahme basiert, dass der Dissens eben daher rührt, entweder auf die Fetisch- oder die Fakten-Seite Position beziehen zu müssen: Für Lars Koch gibt es Möglichkeitsräume nur dann, wenn die Fiktion sich als Fetisch zerschlägt, für Jörn Ahrens Authentifizierung nur, wenn die Fiktion jede Abweichung vom gegebenen Fakt der Gesellschaft kassiert, die ihm zufolge in The Wire „schlicht als Datum gesetzt wird" (Ahrens, 122). Von der Position des *faitiche* aus, der seine Gültigkeit gerade dadurch erwirbt, dass er seine Gemachtheit und die Performativität seiner Konstruktion für eine Überprüfung offenlegt – deshalb erachte ich auch das *detail* als die Kollektiv-Figur der Selbstreflexion – bestünde aber gerade keinen Widerspruch zwischen Authentifizierung und der Eröffnung von Möglichkeitsräumen.

---

41   Für die Infragestellung dieser Vorstellung vgl. Latour 2007. Für die Infragestellung, dass technisch aufzeichnende audiovisuelle Medien überhaupt nur mit Zeichen operieren vgl. Pasolini 2012.

42   Analog argumentiert auch Schulte, 108: Die Serie verstehe sich nicht als Utopie, sondern vielmehr als Milieustudie gegenwärtiger Gegebenheiten.

Auch hier mag noch einmal Rancière weiterhelfen, der in dieser Frage näher bei Latour ist, als man vielleicht annehmen würde. Wenn Lars Koch in Verstärkung von Jamesons Generalvorbehalt gegenüber dem Realismus schreibt, dass dieser „selbst eine konservative, ökonomisch imprägnierte Wirklichkeitsversion ist, die unter Verweis auf Sachzwänge und Alternativlosigkeit auf eine Ontologisierung des Status quo als unabänderlicher Notwendigkeit aus ist" (Koch, 47), so ließen sich mit Rancière eben durchaus gegenläufige Kräfte im Realismus ausmachen, denn eben in diesem vollzieht sich ihm zufolge im 19. Jh. die Neuaufteilung des Sinnlichen im ästhetischen Regime. Was dies mit der Einbeziehung der nichtmenschlichen Akteure zu tun hat, haben wir bereits gesehen, doch die Implikationen gehen weiter. Rancière stemmt sich vehement gegen das, was er Modernitarismus nennt (Rancière 2000, 39): Die Verpönung jeglicher Figuration ebenso wie die Behauptung, alles sei bloß „Erzählung" (und somit wertloser Fetisch) (57). Die eigentliche Revolution sieht er gerade im Realismus selbst und dies auch deshalb, – und dies wollen die Historiker, wie Rancière sagt, nicht gerne zur Kenntnis nehmen –, weil im ästhetischen Regime (des Realismus) die klare Trennlinie zwischen Wirklichkeit und Fiktion nicht aufrechterhalten werden kann, so dass die Grenzen zwischen der Vernunft der Fakten und jener der Fiktionen verwischt werden (56), und es eben gerade nicht zu einer Trennung zwischen Zeichen und Dingen kommt, sondern zu ihrer unauflöslichen wechselseitigen Durchdringung (57). Oder auch: „Le réel doit être fictionné pour être pensé." Die Literatur des Realismus (und des Naturalismus) wie die realistische Fernsehserie *The Wire* sind demnach als Erkenntnismedien zu denken, die das Wirkliche mitgestalten, ohne es deswegen affirmieren zu müssen – im Gegenteil.

Geht man nun davon aus, dass die Konstruiertheit nicht den Wahrheitswert des Konstruierten dementiert – nur ein Mangel an Qualität der Konstruktion tut dies – sondern im Gegenteil begründet, und dass ohne Performativität nicht das Unverfälschte, sondern schlicht überhaupt nichts da ist, weil das Faktum kein Datum ist, so ist es auch nicht verwunderlich, dass *The Wire* eine dokumentarische Qualität hat, nicht *obwohl* es nicht auf filmische Mittel verzichtet oder diese reduziert (Krause, 64), sondern *weil* es diese konsequent einsetzt.

Dann ist auch die Vorstellung hinfällig, Fiktionen, die mit Zeichen, Figurationen etc. arbeiten, könnten nie die Fakten erreichen, sondern höchstens den Verrat an diesen durch die weitestmögliche Reduktion ihrer Zeichenhaftigkeit begrenzen. Eben diese Vorstellung findet geradezu exemplarisch in der Formel Kunst = Natur –x ihren Ausdruck, in der Arno Holz das Programm des deutschen Naturalismus formuliert hat und derzufolge die Kunst der gegebenen Natur un-

weigerlich etwas wegnimmt, während Zola, so Serres, Literatur mit wissenschaft-
lichem Erkenntniswert (Serres 1975) geschrieben hat, nicht zuletzt wegen seiner
virtuosen Beherrschung und Weiterentwicklung von Beschreibungstechniken.
Das dokumentarisch Anmutende ist nicht Resultat der *Reduktion* der Mittel,
sondern der konsequenten Selektion bestimmter filmischer Mittel, die dazu ange-
tan sind, die Konstruktion des komplexen Narrativs mit vielen Akteuren in vielen
Milieus zu ermöglichen – wie etwa das sehr fernsehtypische rasche Umschalten
zwischen kurzen Szenen (vgl. die Dauer der meisten von mir herangezogenen
Sequenzen) an verschiedenen Schauplätzen, das in *The Wire* systematisch zu beobachten ist. Der Verweis, dass auch ein dokumentarisch arbeitendes oder realis-
tisches Narrativ nicht ohne rhetorische Mittel auskommt, würde dann auch nicht
mehr zur Feststellung seiner naiven Prätentionen taugen – jedenfalls nicht, wenn
man sich der Tatsache stellt, dass die Logik des *faitiche* nicht nur für Fiktionen,
sondern eben auch für das gilt, was wir die Produktion der Fakten, also auch
etwa Sozialwissenschaft nennen. Wie die „Montage-Serie" *The Wire* (Eschkötter
2012, 31) sind sie das Resultat raumzeitlicher Faltungen und Montagen und daher
könnte man glauben, dass Latour über Film- und Fernsehnarrative schreibt, wenn
er die Montage der begrenzten Überblicke über das Soziale in den Referenzketten
schreibt:

> „Disons plutôt que le visible ne réside jamais ni dans une image isolée ni dans quelque chose
> d'éxtérieur aux images, mais dans un montage d'images, un cheminement à travers des vues
> différentes, un parcours, une mise en forme, une mise en relation" (Latour/Hermant 1998, 53).[43]

Insofern stimme ich Jörn Ahrens zu, wenn er konstatiert, das reflexive und di-
agnostische Potential von *The Wire* liege auch darin begründet, dass die Serie
den Zuschauern vorführt, dass das Soziale zu unübersichtlich geworden ist, um
anders als durch seine mediale Vermittlung vor Augen gestellt werden zu können
(Ahrens, 116). Genau gesagt stimme ich fast zu. Denn ich ziehe die Implikation in
Zweifel, die in der Zeitform dieser Aussage steckt: nämlich, dass das Soziale erst
seit relativ kurzer Zeit so unübersichtlich geworden sei. Diese Unübersichtlich-
keit besteht zumindest so lange, wie jede Möglichkeit, eine Handlung oder einen
Akteur auf ein *ich hier jetzt* zu begrenzen, illusorisch ist. Dies ist aber mindestens
schon so lange der Fall, wie es Sozialität und somit Kooperation und Delegation,
Tradition, Handel etc. gibt, erst recht aber, seit nichtmenschliche Akteure wie
Werkzeuge, Pferde, Schiffe, Handelslisten oder *immutable mobiles* diese Stabilisierung in Raum und Zeit in beträchtlichem Maße ausgedehnt haben.

---

43   „Sagen wir besser, dass das Sichtbare niemals einem isolierten Bild innewohnt und auch nicht
      etwas, das den Bildern äußerlich wäre, sondern einer Montage der Bilder, einem Durchgang
      durch verschiedene Ansichten, einem Parcours, einer Formgebung, der Herstellung einer Rela-
      tion."

Die Perspektive ändert sich abhängig von der Entscheidung, ob man das Soziale auf Menschen beschränkt oder auf nichtmenschliche Akteure ausweitet. Tut man dies nicht, treten diese im *account*, den man gibt, erst als „die Medien" in Erscheinung, wenn es sich um so genannte Massenmedien handelt, die zu einer ähnlich abstrakt-unüberschaubaren Größe geworden sind wie Institutionen, soziale Systeme etc. Nur aus dieser Perspektive entsteht dann der Eindruck eines Bruchs, der die Moderne als ein Zeitalter der Vermittlung (durch die Massenmedien) von vormodernen Zuständen der Unmittelbarkeit, also der direkten Kommunikation und Sichtbarkeit der Verhältnisse zwischen Menschen, trennt.

Ohne Kondensationen, Figurationen, Montagen, Faltungen von Raum und Zeit hat aber weder das Soziale noch die Beschreibung des Sozialen je funktioniert und dies gilt im gleichen Maße für Fiktionen wie für die Beschreibungen, die die ‚gewöhnlichen' Akteure selbst vornehmen und für die wissenschaftliche Arbeit über das Soziale. Und dies heißt zu guter Letzt, dass es auch keinen ontologischen Abgrund zwischen den Verfahren und Operationen gibt, die ‚gewöhnliche' Akteure, fiktionale Narrative und wissenschaftliche *accounts* über das Soziale einsetzen und letztere über keinen privilegierten Zugang zu den Fakten verfügen: „Das soziale Band ist als konstitutiv mediales zu denken [...] Sozialer Zusammenhalt und Abhördraht bilden eine Konfiguration – Abhören ist die Soziologie, die sehr diskret teilnehmende Beobachtung der Serie." (Eschkötter 2012, 33). Oder, mit Rancière: „Écrire l'histoire [und dazu gehört dann eben auch die Geschichte der Gegenwart, M.C.] et écrire des histoires relèvent d'un même régime de vérité" (Rancière 2000, 61). Der Unterschied liegt in erster Linie in den Ressourcen, die zur Montage und der Konstruktion oligoptischer Sichtbarkeit zur Verfügung stehen. Über solche Ressourcen verfügt *The Wire* allemal. Aus der Perspektive der ANT wäre ein Autoren-, Regie- und Schauspielerteam mit jahrzehntelanger Kenntnis über die Verhältnisse in Baltimore, deren Fiktion kein Datum ist, sondern ein klassisches *obtenu*, also etwas, das auch auf Grundlage einer *longue durée*-Feldforschung erzielt und hergestellt wurde, eine potentiell durchaus ernst zu nehmende Quelle für solide *faitiche*-Konstruktionen des Sozialen dieser Stadt, eines Sozialen, das sich seinerseits nicht als sonderlich solide erweist.

Oligoptiken

Natürlich wirft die Produktion von Wirklichkeit in und vor allem aus den konkreten *cases* Probleme auf. Nicht nur kann der Umfang eines einzelnen Falls unübersichtlich werden, sondern auch die Anzahl der *cases*, die bearbeitet werden, Schwierigkeiten bereiten:

So wird in der Serie nicht nur permanent mit Akten und Heftern hantiert, sondern diese stapeln sich überall auf, überfluten bisweilen regelrecht die Büros. Staatsanwälte, Richter, Polizisten drohen permanent, in Akten unterzugehen, bzw. diese drohen ebenso verloren zu gehen wie Beweismaterial, etwa DNA-Proben. Dies benennt die unausweichliche Gefahr dieser Fallstudien: Das Ertrinken in einer nicht zu bewältigenden Informationsfülle. Die Kalkulationszentren (Callon/Latour 2006) werden so auch zu Flaschenhälsen, weil die Information nicht prozessiert werden kann.

Erforderlich ist die Transformation der so gesammelten Daten, um den Überblick zu behalten, und das heißt, die Extraktion des Relevanten. Wir sehen, wie dies im *detail* funktioniert: An Tafeln werden Diagramme erstellt, welche Struktur, Mechanismus, Funktionsweise einer Organisation zeigen. Dieses Modell ist also operational ausgerichtet, sowohl was das Beschriebene als auch, was das Beschreiben anbetrifft: Denn das Tafelbild ist hinreichend flexibel, um bei Bedarf transformiert zu werden. Interessanterweise, und dies verweist schon darauf, dass *The Wire* selbst natürlich nicht einfach nur das Modell der *criminal case studies* verdoppelt, sondern es seinerseits transformiert, ist zu konstatieren, dass selbst diese prinzipiell recht adäquaten Veranschaulichungen, anders als in anderen Polizeiserien, nicht in der Totale gezeigt werden und auch nicht mit der Kamera systematisch in einer Geschwindigkeit abgefahren werden, die dem Zuschauer das Ablesen erlauben würde, sondern in der Regel nur kurz und ausschnitthaft bewegt oder unbewegt ins Bild gesetzt werden.

Dies ist etwa auch direkt zu Beginn von Folge 2.10 der Fall: Dort verfolgen wir im Zeitraffer Pryzbylewskis Arbeit mit und an der Pinnwand. Dabei steht er häufig so im Blickfeld des Zuschauers, dass er diese verdeckt. Zudem ist die Pinnwand zu weit weg, um einen Überblick zu erzeugen. Wir sehen sie nie in der Totalen, sondern immer nur in Ausschnitten, die raumzeitlich immer schon zusammenmontiert sind mit mit Personen, Computerbildern, Autos, die ihrerseits über materielle Zeichenträger, nämlich *licence plates* identifiziert werden. Hier wird eine Referenzkette zwischen Zeichen und Dingen bzw. Menschen vorgeführt, aber kein Überblicksbild, zumal die erste Tafel Pryzbylewski irgendwann nicht mehr ausreicht und durch eine zweite Tafel ergänzt werden muss, die so zur ersten angeordnet ist, dass man beide kaum mit einem Blick erfassen kann – auch im abschließenden, raschen Schwenk bleiben die Ränder abgeschnitten. Wie in Latours Zitat aus *Paris, ville invisible* konstatiert, liegt die Wahrheit nicht in einem Bild, aber auch nicht außerhalb der Bilder, sondern in der Referenzkette, die Bilder bzw. Zeichen und Dinge zusammenbindet.[44] Das heißt hier offenbar

---

44 Ganz ähnlich funktioniert auch die Szenen in TW 2.8, 6:20 und TW 5.1, 18:15).

to *Walk the line*: Dieser Johnny Cash-Song, den Pryzbylewski zu Beginn als *musique d'écran* hört, also als Musik mit einer Quelle in der diegetischen Welt, und der rasch zur *musique de fosse* (Chion 2011, 71), also extradiegetischer Musik wird, bindet nämlich akustisch die Szene zusammen (TW 2:10, 0:05).

Wie schon beim Misstrauen gegen Statistiken als Medien, die nur vermeintlich erlauben, die Fakten auf einen Blick zu erfassen, deutet dies also auf ein Misstrauen gegen bestimmte Formen der visuellen Übersicht, der Aufsicht, Abstraktion, Handhabbarmachung hin. So wie die erwartbaren Totalen von Baltimore als *establishing shots* fehlen, die wir etwa in CSI ad nauseam geliefert bekommen,[45] und so nicht eine Montage den Eindruck suggeriert, man sehe die ganze Stadt,[46] so wird durch diesen Verzicht auf das Gesamtbild einmal mehr hervorgehoben, dass weder das *detail* noch die Serie selbst als Panoptikon oder als Panorama funktionieren – auch in dieser Hinsicht ist die Arbeit des *detail* Reflexionsfigur des Vorgehens von *The Wire*. Die realistische Beschreibung der Arbeitsweise des *detail* wird in dieser Verweigerung des Überblicks markiert, die Kameraarbeit unterbricht somit den Kurzschluss, der vom konkreten Teil auf das Ganze schließen will. Wie jedes Kalkulationszentrum ist auch das *detail* ein *Oligoptikon*, d.h. seine medientechnische Verschaltung hat, auch um überhaupt effizient zu sein, nur eine begrenzte Reichweite und einen bestimmen Filter, der es immer nur erlaubt, bestimmte Aspekte des Sozialen sichtbar zu machen (Latour/Hermant 1998, 58f.; Latour 2005, 181ff.). Das Oligoptikon zeigt aber auch stets mehr als nur die phänomenologische Perspektive eines *hic-nunc-ego*, sei es auf der Seite des Beobachteten, sei es auf der Seite des Beobachters. Es geht stets um die audiovisuelle Montage einer Netzwerk-Handlung, die eine solche nicht mediatisierte Situation, die ohne Delegationen, Mediatoren, Parasiten auskäme, raumzeitlich übersteigt (Latour/Hermant 1998, 35). Daher bin ich skeptisch – und Marcus Krause scheint meine diesbezügliche Skepsis zu teilen –, was die Zuschreibung eines Anspruchs auf Totalität an die Serie betrifft, die Jörn Ahrens und Philipp Schulte vornehmen. Gilt dieser Totalitätsanspruch zweifelsohne für den Naturalismus, mit dem Schulte *The Wire* vergleicht – und erst recht natürlich für Zolas Roman-Projekt der Rougon-Macquart, in dem der Docteur Pascal ja vereinfacht gesagt als Reflexionsfigur des wissenschaftlichen Anspruchs auf erschöpfendes Studium aller Varianten von Vererbung und Milieu fungiert, würde ich in

---

45   *CSI*, pars pro toto für eine ganze *crime series*-Industrie stehend, ist auch, was die Evidenzschaffung durch *immutable mobiles*, Diagramme, Grafiken etc. angeht, die Abstoßungsfolie: Beständig wird den Zuschauern in den CSI-Serien die eine beweisstiftende Computergraphik, der eine Bildschirm, auf dem DNA und Fotografie des wahren Täters etc. auf einen Blick zu erfassen sind, vorgeführt.

46   Wenn in der allerletzten Folge eine ganze Reihe von Bildern der Stadt nachgeliefert werden, so bilden auch diese eher Impressionen, die auf die Lücken verweisen, als ein Panorama.

der faktischen Aufgabe dieses Anspruchs, ein Bild des Ganzen zu geben – allen Verlautbarungen Simons zum Trotz – ein distinktives Merkmal der Serie sehen, das bestimmt nicht zuletzt der Tatsache geschuldet ist, dass mit dem *detail* die materiellen Grundlagen von Informationsbeschaffung und Wissenskonstruktion thematisiert werden, die sich eben auch nur an den Drähten einiger Zirkulationen entlanghangeln können.

Machtworte

Der Begriff der Über*sicht* oder des Über*blicks* muss auch dahingehend relativiert werden, dass er auf ein Primat des Visuellen abstellt, das für diese Serie nicht ohne weiteres gilt, in der die Bedeutung des auditiven Anteils an der audiovisuellen Montage ohrenfällig ist – und dies ist natürlich auch von Bedeutung für die Einordnung der Serie in das Paradigma der neuen visuellen Qualität der aktuellen amerikanischen Serien sowohl in der Ästhetisierung wie in der Diagrammatisierung des Bilds (Caldwell 1995) gegenüber der Bestimmung des ‚traditionellen' Fernsehens über seinen Ton (Altman 2001).

Während in der audiovisuellen Konstruktion von *The Wire* auf der Seite des Visuellen Gesten und Operationsketten im Vordergrund stehen, ist auf der Seite des Akustischen die Sprache vorrangig. Dem entspricht, dass die Konstruktion der Beweismittel selbst komplexe Montage ist aus Tonbandaufnahmen, die mit Augenzeugenschaft bzw. Photographie kombiniert werden müssen, um die Identität eines Anrufers zu belegen (*public phones*). Betrachtet man aber das Verhältnis beider Seiten des Audiovisuellen, so steht im Zentrum der Arbeit *detail* das *wiretap*, und somit, daran lässt McNulty bereits in der ersten Staffel keinen Zweifel, das gesprochene Wort. Ein Bild von Avon Barksdale mag zu seiner Identifizierung notwendig sein, der *Fall* des Drogen-Königs, der nicht der König bleibt, wird jedoch durch die Zuordnung seiner Stimme zu bestimmten Handlungen konstruiert und performiert, die diese Stimme delegiert:

Daniels: We should follow him.

McNulty: Why? He ain't gonna touch drugs or money anywhere you can see him, Lieutenant.

Daniels: In Narcotics we follow guys. We do it well, we make cases on it. [...]

Pryzbylewski: We been on this guy three months. Don't you even wanna get a look at him?

McNulty: I wouldn't know Avon Barksdale if I fell over him on the street. Thing is I don't need to. We get him by voice alone or we don't get him (TW 1.9, 34:50).

Oder, anders formuliert:

Rhonda Pearlman: Surveillance? [Und gemeint ist optische Überwachung] Kima Greggs: That got us to their front door, but it's not gonna get us inside their warehouse (TW 2.8, 8:40).

Im Zentrum der Überwachung steht die Stimme, weil sie den Platz des Königs markiert und das einzige ist, was diesen an sein Netzwerk bindet.

Es mag es eine Selbstverständlichkeit sein, dass das *wiretap*, also das Abhören des Telefons das Zentrum der Ermittlungen gegen die Drogenorganisationen zunächst Avon Barksdales und Stringer Bells, dann Marlo Stanfields darstellt. Auch Toni in den *Sopranos* ergeht es nicht anders. Doch könnte es sich lohnen, den Gründen und Konsequenzen dieses Umstand nachzugehen.

Wie das Motto der ersten Staffel, *Listen carefully*, anzeigt, schreibt sich *The Wire* nicht in einen Diskurs einer Fokussierung auf das Optische der *surveillance* ein, die seit Foucaults *Überwachen und Strafen* kaum nachgelassen hat (vgl. etwa Kammerer 2008). Zwar ist die erste Staffel noch durchzogen von Bildern, die mit Überwachungskameras aufgenommen wurden. Mehr noch: Vielleicht das einzige Bild, das die saisonal vorgenommene Remontage des Vorspanns über alle fünf Staffeln hinweg übersteht, ist das Bild der Überwachungskamera – die aber, und dies ist bezeichnend, zerstört wird. So erweist sich gerade dieses Instrument (mit seiner Sichtbarkeit und seinem Interpellationseffekt, wie bei Foucault für Überwachungsdispositive beschrieben) wieder und wieder als äußerst stumpf, und dies nicht allein deshalb, weil die Kriminellen ihre Stützpunkte längst selbst mit Überwachungskameras sichern.[47] Humoristisch wird die Dysfunktionalität der *surveillance cam* in die Scherereien verpackt, die Herc und Carver gleich mehrfach mit zerstörten oder entwendeten Kameras erfahren. Die Überwachungskamera mag zwar zwei raumzeitlich getrennte Orte miteinander verbinden, aber sie kann nur aufzeichnen, was seinerseits an einem Ort geschieht und in ein Bild passt. Eben deshalb trägt die Organisation noch bei der kleinsten geschäftlichen Transaktion, dem Verkauf der Droge an den Endkunden, dafür Sorge, dass nie das Ganze in ein Bild passt. Die Operationsketten werden in einer Choreographie, die an ein Ballspiel erinnert, so organisiert, dass es nie den einen Moment gibt, der mit Foto- oder Überwachungskamera beweiskräftig festgehalten werden kann. Die Logik dieser Kriminalität als Teamwork übersteigt, wie bereits bemerkt, immer schon die Präsenz eines *hic-nun-ego*. Um dieses Spiel zu sichern, ist es in

---

47 Gerade in den letzten beiden Staffeln entspricht dem die Erklärung operationell-funktionaler Zusammenhänge, die sich offenbar überhaupt nicht mehr visualisieren, sondern nur noch versprachlichen lassen – was dafür sorgt, dass die Serie streckenweise auch den Charakter eines Lehrstücks annimmt – eine Form, zu der ein Publikum auch erst einmal ‚erzogen' werden muss. Insofern ist neben dem Medium des Worts (Presse) auch die Schule als Erziehungsanstalt selbstreflexiv lesbar.

der Distribution eben nicht allein die Ware, die in Bewegung ist. Gerade an der Peripherie dieses Netzwerks sind es die menschlichen Akteure, die in Bewegung sind, wenn sie verkaufen, und es sind sogar die *stashes* – die Türme in D'Angelos Schachgleichnis (TW 1.3) –, die mindestens einmal täglich den Ort wechseln. Die Arbeit ist eine der beständigen *Verschiebung*, des *displacement*, das jede Information über das operative Geschäft, die ermittlungstechnisch gewonnen werden kann, extrem verderblich macht.

In Michel de Certeaus Unterscheidung zwischen den Strategien jener, die Orte besitzen, weil sie über sie herrschen und jenen, die sich ohne solche Besitz- und Herrschaftsrecht taktisch durch den Raum bewegen (de Certeau 1990, XLVff.; 57ff.), nimmt die Drogenorganisation daher einen Zwischenstatus ein.

So kommt es zu einer merkwürdigen Spannung: Einerseits herrschen die Drogenorganisationen über Territorien, teilen die Stadt unter sich auf, besetzen die *corners*, verfügen über dezentrale und zentrale Lager. Aber dennoch betreiben sie Taktiken der *Verschiebung*, die laut de Certeau eigentlich für die linguistisch-topologische Rhetorik jener charakteristisch sind, die keinen eigenen Ort haben – und legal ist eben diese Ortlosigkeit, die Unmöglichkeit, Orte sein eigen zu nennen, der Fall – vor allem, weil das Eigentum nicht über einen Nexus zwischen Zeichen und Ding, Eigenname und Haus fixiert werden kann. Die grundlegenden Operationen sind das *Austauschen oder Ersetzen, Verschieben oder Übersetzen und Verdecken* (etwa durch *front shops* mit Strohmännern wie Orlando).

Die Züge der schwachen Könige – Verschieben, Übersetzen, Verdecken

Die Drogenorganisationen operieren also in diesem Zwischenstatus zwischen eigenem und nicht-eigenem Raum. Und auch insofern hinkt die berühmte Schachmetapher: Denn die Aufteilung des Raums zwischen dem ‚guten' und dem ‚bösen' Team ist nicht gleichmäßig. Sie bewegen sich als Gegenspieler ganz buchstäblich nicht auf dem gleichen Spielbrett. Der Raum des kriminologischen Netzwerks ist ein anderer, die Spielweisen asymmetrisch. Auf der gleichen Ebene spielen nur verschiedene Drogenorganisationen gegeneinander. Die Infiltration durch das Abhören des *details* versetzt sowohl Barksdales als auch Stanfields Organisation immer wieder gänzlich in eine Situation, in der es für sie auch ganz buchstäblich keinen eigenen Ort mehr gibt: Jedes wichtige Gespräch treibt sie aus ihren Häusern und sogar aus ihren Autos zurück auf die Straße und es ist nur noch jene Oralität der rhetorisch verschobenen Sprache, die für de Certeau die Taktiken der

Praktiken des Raums bestimmt, die hier ganz buchstäblich zur letzten Zuflucht wird – in Treffen von Angesicht zu Angesicht an wechselnden, unvorhersehbaren Plätzen (vgl. etwa TW 1.13, 5.1).

So dient der Code,[48] den Marlo Stanfield zuletzt in Staffel 5 verwendet, nicht mehr dazu, Nachrichten zu übermitteln, sondern lediglich dazu, Treffpunkte zu vereinbaren, um dort ohne verräterische Mediateure, Parasiten der Kommunikation zu sprechen (solange niemand als Verräter dazu wird). Und auch dies geschieht durch *Ersetzen, Übersetzen und Verdecken.* Zunächst wird mündliche Kommunikation durch das Verschicken von Bildern ersetzt. Die Information wird dabei codiert, indem eine Zeitangabe in eine Raumangabe übersetzt wird, wobei sich diese List wiederum ausgerechnet eine Karte zunutze macht, um einen nicht kontrollierbaren Parcours zu generieren.

Doch sind die fotografierten Ziffernblätter nur eines von mehreren codierten Kommunikationssystemen, deren Muster geknackt werden muss, ein anderes beruht auf dem ständigen Austausch der Burner (Staffel 3). Das aufschlussreichste Codierungssystem liefert aber direkt die erste Staffel. Dieses ist nicht nur deshalb interessant, weil es gleich mehrere Kommunikationsmittel kombiniert – *pager, pay phone, cell phone* – sondern auch, weil seine Logik wieder auf einer Verschiebungsfigur basiert:

> Pryzbylewski: Take the number I sent you. Now take the seven and jump it over the five. You get three. Jump the one over the five, you get nine. With four, you get six. Three, that's seven, four is six. A three again [macht eine diagonale Geste von der Drei zur Sieben] and two is eight. Zero switches with the five. [...]
>
> Greggs: And that's the code
>
> Pryzbylewski: Yeah. And it works because it's all about where the buttons are on a phone. If it was a code that involved math or algebra or whatever, these little yos in the projects wouldn't be able to follow along. But with this, all you gotta do is jump the five button. Ain't no math to it. It's just how a phone looks when you look at it (TW 1.5, 45:00).

Der Code verweist also darauf, dass das Telefon die Transmission von Sprache mit einer Eingabeoperation verbindet, die auf einer Bewegung beruht: Denn der Code wird organisiert durch die Geste des Telefonierens, durch das *dialboard.* Es geht hier also nicht um die innere technische Funktionsweise des Geräts, es liegt auch kein komplizierter mathematischer Code zugrunde, sondern die Arbeit an der Eingabestelle für die Information und ihrer Bedienung. Die Technik beruht auf Verschiebung, auf Mobilität auf der Ebene der Benutzeroberfläche.

---

48 Zu all diesen Codes vgl. Schröter 2012.

Und obwohl weder die *black box* des Telefons geöffnet werden muss, um etwas an dessen verborgener Funktionsweise zu verstehen und zu manipulieren, damit dieser Code funktioniert, öffnet er doch die *black box* der Machtbeziehungen im Drogennetzwerk.

Genau hier hilft das Schachspiel doch einmal weiter: Denn die Bewegungen, die hier ausgeführt werden, horizontal, vertikal, diagonal, je um eine Taste oder ein Feld, die als unbeweglicher Bezugspunkt dient, sind die Bewegungen des Königs auf dem Schachbrett, und man wird sich daran erinnern, dass, als D'Angelo Bodie und Poot das Spiel einige Folgen zuvor erklärt hat, diese Stringer Bell mit der Dame, Barksdale aber mit dem König identifiziert hatten. Und doch gibt es selbst hier einen äußerst entscheidenden Unterschied zwischen Schach und *phone code*: Der Platz des Königs ist zwar der Fixpunkt, um den herum die Bewegung organisiert wird, aber diese Bewegung geht *über ihn hinweg*.

Eben diese Ambivalenz – der König ist im Zentrum, aber die Bewegung geht über ihn hinweg –, macht deutlich, dass die Position des Königs ebenso eine der Schwäche wie eine der Stärke ist.

Als die Arbeit des *detail* ins Zentrum der Drogenorganisation vordringt – denn ihr Netzwerk ist zentralistisch aufgebaut, und auch das macht es angreifbar–, weiß Stringer Bell, die Dame auf dem Schachbrett, sofort, was zu tun ist: Der König muss vollkommen abgeschirmt werden, es darf keinerlei direkter Kontakt zwischen ihm und den strafbaren Aktivitäten bestehen: „We gotta build a wall around you, B" (Stringer Bell: TW 1.10, 4:55). Der einzige Kontakt, der aber wirklich zu diesen Aktivitäten besteht, sind das Wort untreuer *pawns* oder *soldiers* in Form einer Aussage und das Wort des Königs in Form des Befehls. Der König handelt nicht mehr, er lässt handeln. Insofern ist das gesprochene Wort, welches das *wiretap* zu erhaschen sucht, was die kriminellen Handlungen angeht, gerade niemals Zeichen einer direkten Präsenz. Der König bewegt sich, nach Stringers Intervention, der Avon nicht nur seinen Pager abnimmt, sondern auch alle *money runs* untersagt (TW 1.10, 4:30) kaum (während alle anderen sich ständig um ihn herum bewegen) und er ist *nie* selbst am Ort des Verbrechens. Das Wort ist deswegen wichtig, weil es *delegiert*, *befiehlt*, weil es die raumzeitlichen Koordinaten der Ausführenden organisiert. Auch hier gilt eine distributive Logik: Der König verteilt durch sein Wort seine Soldaten, die für ihn agieren. Der König spricht, das Wort ist flüchtig, es hinterlässt, sofern nicht aufgezeichnet, keine Spur.

Dies ist die Situation im operativen Geschäft, einem operativen Geschäft, das gänzlich ohne jegliche Fixierung der Verhältnisse durch Verträge auskommen muss, das allein auf mündlichen Absprachen und dem Code basiert. Die Frage, ob die früheren Gangster ehrbarer waren und den Code respektiert haben, ist *beside the point*, weil dieser – mündliche – Code allein deswegen instabil ist, weil er eben durch keine stabilen Formen und Sanktionen fixiert werden kann. Nicht anders als schwere Schlüsselanhänger oder Verkehrsschwellen externalisieren Verträge und juridische Inskriptionen moralisches und verlässliches Verhalten; es sind Inskriptionen, die wiederum von den Akteuren einer politisch-polizeilichen Autorität stabilisiert werden – diese Autorität aber im Gegenzug legitimieren müssen (Latour 2011, 117f.; 131).

Verschieben, übersetzen, verdecken muss der König auch bei der Sicherung seines Eigentums, denn sein Name darf in Eintragungen in Grundbüchern und Firmenregistern nicht zum Vorschein kommen, so dass sich Grundbuchamt und Corporate Charter Office als obligatorische Passagepunkte für die Rekonstruktion der indirekten Sicherung des Eigentums des Barksdale-Clans wie für die Rekonstruktion seiner Geschäfte erweisen. Solche juridischen Inskriptionen gehören zu den wichtigsten nichtmenschlichen Akteuren, die überhaupt erst eine Gesellschaft stabilisieren und die die traditionelle Soziologie à la Durkheim stets zu übersehen pflegte.

Investitionen, Besitz, Anteilhabe, all dies funktioniert nicht ohne jene *juridischen immutable mobiles,* derer es bedarf, um legale und somit sichere Firmen oder Immobilien zu erwerben und den Besitz zu beweisen. Barksdale und Bell sind in der Immobilienspekulation an vorderster Front aktiv, und somit sind sie tatsächlich in der Situation, den Stadtplan, die Karte von Baltimore, mitzuzeichnen, wie sich bereits in der ersten Staffel herausstellt. Dafür aber gilt, wie Lester in Folge 0109 sagt: „In this country, somebody's name has to be on a piece of paper. A cousin, a girlfriend, a grandmother, a lieutenant he can trust" (TW 1.9, 12:50). Es sind also die schriftlich-juristisch festgehaltenen Eigentumsverhältnisse, die das Netzwerk begrenzen (Strathern 1996). Aber auch hier benötigt der König Stellvertreter, Platz-Halter, oder, wie Rhonda Pearlman in 0107 konstatiert: „Understand Barksdale's name is on nothing. He's always a step or two removed" (TW 1.7, 6:30).

Die Schwierigkeit für den kriminellen König besteht also nicht nur darin, dass er die Gesetze der Welt der Inskriptionen nicht kennt und hohes Lehrgeld dabei bezahlt, sie zu erlernen, wie der zum Vizekönig aufgestiegene Stringer Bell in Season 2 am eigenen Leib und Geldbeutel erfährt, sondern dass er auch in dieser Welt keine Spuren hinterlassen darf (zumindest so lange nicht, wie er nicht mit legalen Firmen Geld erwirtschaftet), und dies gilt sogar noch für jedes Auto, das benutzt wird.

Es ist also gerade der kriminelle König, der paradoxerweise einerseits die Karte der Stadt neu zeichnet, sich aber andererseits wie der *braconneur* (de Certeau 1990, XLIX), wie der pikareske Benutzer des urbanen Raums durch vollkommene Oralität und Unsichtbarkeit auszeichnet und keinerlei Spuren hinterlässt, weil er sie nicht hinterlassen darf.

Dies – und nicht eine unsichtbare Hand, die ihn lenkt – macht diesen König zwar unangreifbar gegenüber dem Gesetz, gleichzeitig aber extrem angreifbar. Denn dass man nichts gegen ihn in der Hand hat, bedeutet umgekehrt auch, dass er selbst nichts in der Hand hat, um seinen Besitz und seine Macht abzusichern:

> „Was ist ein notarielle Urkunde neben dem Haus, in dem man wohnt? Wie kann man das dünne Blatt Papier mit der Massivität der Mauern und Erinnerungen vergleichen? Es gibt keine Beziehung der Ähnlichkeit, keine Mimese, keine Referenz, keinen Plan. Und dennoch, in Konfliktfällen, bei Erbschaftsstreitigkeiten, bei strittigen Fällen könnte ich durch die Verbindung dieses lächerlichen Papierblatts mit dem Korpus der [juridischen] Texte und mit Hilfe von Anwälten und Richtern meinen Besitzanspruch beweisen und belegen – und mein Haus behalten. Die Verbindung ist schwach und dennoch total, die Wirkungskraft ist ganz klein, aber trotzdem in der Lage, sich mit dem ganzen Rest zu verbinden." (Latour 2011, 125f.)

Das gesprochene Wort des *drug kingpin* ist somit alles, was einem Barksdale oder einem Stansfield zur Verfügung steht – fast. Denn das einzige, was dieses Wort zu stabilisieren vermag, ihm Macht verleiht, ist gnadenlose physische Gewalt. Es ist eben die Absenz jeglicher Absicherung von Macht und Besitz mittels juridischer Inskriptionen und mittels durch Inskriptionen stabilisierter Institutionalität, welche die allumfassende brutale Gewalt der Drogennetzwerke notwendig erzeugt: Es ist die nur vermeintlich medienlose, nur vermeintlich direkte orale Kommunikation, in der es von Parasiten nur so wimmelt, Überläufern, Unterschlagenden, Usurpatoren etc., die nur durch permanente soziale Überwachung und durch Gewalt im Zaum gehalten werden können. Brutale Gewalt gegenüber ihren Kunden (die man eben nicht anzeigen kann, wenn sie betrügen), gegenüber denen, die sie ausrauben (Omar), gegenüber denen, die auf eigene Rechnung Geschäfte machen wollen (Orlando) oder auch denen, die einfach nicht mehr mitspielen und somit zur potentiellen Gefahr werden. Doch Waffen erweisen sich als unzuverlässige Mediateure zur Sicherung der eigenen Macht, nicht nur, weil es Barkdsdale zum Verhängnis wird, selbst Waffen anzufassen (TW 3.12). Keiner der Drogenbosse kann sicher sein, eines natürlichen Todes zu sterben, siehe Proposition Joe. Für Avon Barksdale oder Marlo Stansfield gilt mehr denn für jeden Renaissancefürsten das Gesetz der Fortuna. Die Macht des kriminellen Königs ist in dieser Hinsicht, mit Foucault gesprochen eine souveräne Macht (Foucault 1975), die gerade, weil sie gleichzeitig unsouverän, unsicher ist, auf ostensiver Brutalität beruhen muss, was in der Zurschaustellung des gemarterten Leichnams von Brandon, Omar's boy (TW 1.6), und seiner perfiden Variation, Marlos Terrorregime der spurlos Verschwundenen, eindrücklich gezeigt wird.

In Marlo, dem paranoiden Nachfolger Barksdales, eskaliert zudem, was schon zuvor immer wieder deutlich wurde: die Angst des Königs, aber auch seiner Stellvertreter, vor jedem zweifelnden Blick, jedem abschätzigen Wort der Untertanen und Untergebenen. Souverän ist die Herrschaft des Drogenkönigs vor allem auch im Hinblick auf das Blickregime, das herrscht: Zwar stellt sich Marlo, ebenso wenig wie irgend ein anderer der kriminellen Könige spektakulär zur Schau – ganz im Gegenteil, diejenigen, die sich lange halten, leben nach außen hin äußerst bescheiden und unspektakulär – wie Proposition Joe in seinem Uhrenladen oder *The Greek* an der Theke einer schäbigen Hafenkneipe –, dennoch sind alle Augen auf ihn gerichtet. Das einzig Spektakuläre ist die Gewalt selbst und sie dient letztlich dazu, dass die Untertanen demütig den Blick senken und verstummen.

Sieht man *The Wire* als realistische Beschreibung einer residualen rein souveränen Macht, so wird damit auch deutlich, was dieser souveränen Macht gegenüber der Disziplinarmacht fehlt: Nicht der Wille zur Kontrolle und Überwachung, denn auch dieses Machtregime funktioniert mittels der Überwachung aller Angehörigen der Organisation von oben nach unten, aber auch mittels der gegenseitigen Überwachung. Selbst wenn der König nicht danach strebt, dass ihm alles zu Ohren kommt, was über ihn gesagt wird: Sobald es ihm zu Ohren kommt, ist er gezwungen, darauf zu reagieren, um seine Stärke zu demonstrieren (und das ist auch der Zwang, dem Toni Soprano unterliegt). Das weiß auch Omar, der seine Provokationen auf der Straße herausschreit, weil das Gerücht, der *street talk*, einen Handlungszwang für seine Gegner darstellt. Schon das Hörensagen, das bloße Gerücht reicht aus, um über Leben und Tod zu entscheiden. Jeder, der sich durch sein Verhalten verdächtig macht oder sich angeblich verdächtig gemacht hat, droht sein Leben zu verlieren: So schlägt mit einem paranoiden König die souveräne Herrschaft in Terror um.

Was fehlt, ist zum einen die Möglichkeit zur systematischen Implementierung von Aufzeichnungsmedien der Überwachung, aber selbst das ist nicht das Entscheidende. Entscheidend ist vor allem das Fehlen von Inskriptionen, die eine zeitliche Extension der Macht erlauben würden, die, anders als physische Gewalt, nicht eine permanente Re-Aktualisierung der Macht, einen permanenten Kampf um den Erhalt der Macht erforderlich machen, bei dem die Wachsamkeit keine Sekunde nachlassen darf, sondern diese Macht dauerhafter stabilisieren würde.

Und dies verweist letztlich darauf, wie leicht es im Vergleich zu dieser Welt ist, in der Welt, in der Inskriptionen die Macht und die Beziehungen stabilisiert haben, das Spiel nicht mehr mitzuspielen: Während D'Angelo oder Wallace den Willen zum Ausstieg mit dem Leben bezahlen und nur der Vizekönig Stringer Bell die Macht besitzt, die Spielregeln des kriminellen Netzwerks von oben zu ändern, bevor er selbst genau dieser Bestrebung zum Opfer fällt, können Akteure wie Freamon, McNulty, Colvin, Pryzbylewski, Pearlman oder Daniels zumindest den Versuch unternehmen, die Spielregeln ihres Netzwerks von unten zu verändern. Nicht in der Überschreitung einer räumlichen Grenze (Lotman 1993, 311ff.) etwa eines Milieus, nicht im Aufstieg (wie bei Balzac), dem alle anderen alles unterordnen, sondern im Begehren, den Raums, in dem sie agieren, von innen zu transformieren, sind sie Protagonisten.

Darin zu scheitern, nicht mehr mitzuspielen, bedeutet für Freamon, McNulty, Colvin, Daniels etc. einfach, keine Karriere zu machen, in Pension zu gehen oder den Job zu wechseln. Die Ironie besteht dabei darin, dass sie eigentlich nichts weiter wollten, als das polizeilich-juridische Netzwerk für das zu nutzen, wofür es ihrer Ansicht nach einmal eingerichtet wurde: für Aufklärung.

Verwendete Sequenzen

Ahrens:

Sequenz 1: The Wire: The Complete Third Season, Home Box Office: 2007, Episode 4, 00:10-02:40

Sequenz 2: The Wire: The Complete Third Season, Home Box Office: 2007, Episode 6, 05:20-05:50

Sequenz 3: The Wire: The Complete Third Season, Home Box Office: 2007, Episode 8, 12:40-13:42

Sequenz 4: The Wire: The Complete Third Season, Home Box Office: 2007, Episode 10, 44:30-46:52

Cuntz:

Sequenz 1: The Wire: The Complete First Season, Home Box Office: 2005, Episode 3, 10:45-14:17

Sequenz 2: The Wire: The Complete Fourth Season, Home Box Office: 2007, Episode 8, 45:40-46:29

Sequenz 3: The Wire: The Complete Fifth Season, Home Box Office: 2008, Episode 7, 32:05-32:54

Sequenz 4: Treme: Season One, Episode 9: 4:53-5:20-6:42

Sequenz 5: The Wire: The Complete Fifth Season, Home Box Office: 2008, Episode 1, 35:00- 37:40

Sequenz 6: Ebd., 7:45-11.50

Sequenz 7: Ebd., 23:40-24:30

Sequenz 8: Ebd., 52:08-53:35

Sequenz 9: Ebd., 18:15-19:30.

Sequenz 10: The Wire. The Complete Third Season, Home Box Office: 2007, Episode 11, 5:40-7:15

Sequenz 11: Ebd., 30:45-32:15

Sequenz 12: Ebd., 45:20-49:10

Sequenz 13: Ebd., 8:05-10:10

Sequenz 14: The Wire: The Complete First Season, Home Box Office: 2005, Episode 9: 10:15-13:00.

Sequenz 15: The Wire: The Complete Fifth Season, Home Box Office: 2008, Episode 6, 43:20-45:15

Sequenz 14: The Wire: The Complete Fourth Season, Home Box Office: 2007, Episode 12, 4:35-6:45

Sequenz 15: The Wire: The Complete Second Season, Home Box Office: 2004, Episode 10, 0:05-3:00

Sequenz 16: The Wire: The Complete Second Season, Home Box Office: 2004, Episode 8, 6:20-9:00

Sequenz 17: The Wire: The Complete First Season, Home Box Office: 2005, Episode 9, 34:30-35:20

Sequenz 18: Wire: The Complete First Season, Home Box Office: 2005, Episode 5, 44:40-46:40

Sequenz 19: Wire: The Complete First Season, Home Box Office: 2005, Episode 10, 3:05-5:05

Sequenz 20: Wire: The Complete First Season, Home Box Office: 2005, Episode 07, 6:05-8:40

Koch:

Sequenz 1: The Wire: The Complete First Season, Home Box Office: 2007, Episode 9, 10:20-13:07

Sequenz 2: The Wire: The Complete Third Season, Home Box Office: 2007, Episode 11, 0:00-02:40

Sequenz 3: The Wire: The Complete Fifth Season, Home Box Office: 2007, Episode 8, 02:00-03:00

Sequenz 4: The Wire: The Complete Fifth Season, Home Box Office: 2007, Episode 8, 17:06-17:55

Sequenz 5: The Wire: The Complete First Season, Home Box Office: 2007, Episode 4, 45:58-50:40

Sequenz 6: The Wire: The Complete Fifth Season, Home Box Office: 2007, Episode 1, 00:08-03:39

Krause:

Sequenz 1: The Wire: The Complete First Season, Home Box Office: 2005, Episode 13, 1:02:08-1:02:18

Sequenz 2: The Wire: The Complete Fifth Season, Home Box Office: 2009, Episode 01, 23:51-27:16

Sequenz 4: Ebd., Episode 10, 1:28:10-1:32:45

Sequenz 7: Ebd., Episode 03, 29:54-31:15

Sequenz 8: Ebd., 01:39-01:45

Sequenz 9: Ebd., 06:10-06:36

Sequenz 10: Ebd., 38:50-40:12

Sequenz 11: Ebd., Episode 02, 57:06-57:12

Literatur

Adorno, Theodor W. (1997): Ästhetische Theorie, Gesammelte Schriften 7, hg.v. Rolf Tiedemann, Frankfurt/M.: Suhrkamp

Adorno, Theodor W./Max Horkheimer (1997): Dialektik der Aufklärung. Philosophische Fragmente, in: Adorno, Theodor W.: Gesammelte Schriften 3, hg.v. Rolf Tiedemann, Frankfurt/M. 1997: Suhrkamp

Agamben, Giorgio (2004): Ausnahmezustand (Homo sacer II.1), Frankfurt/M.: Suhrkamp

Ahrens, Jörn (2012): Wie aus Wildnis Gesellschaft wird. Kulturelle Selbstverständigung und populäre Kultur am Beispiel von John Fords Film „The Man Who Shot Liberty Valance", Wiesbaden: Springer VS

Alberti, Conrad (1889): Entwicklung und Ereignisse der „großen Revolution", in: Conrad, Michael (Hg): Die Gesellschaft. Realistische Monatsschrift für Kunst, Litteratur und öffentliches Leben, 5.Jg., Heft 10, München 1889: G. Franz, 1379-1405

Alberti, Conrad (1891): Natur und Kunst. Beiträge zur Untersuchung ihres gegenseitigen Verhältnisses, Leipzig: Wilhelm Friedrich

Alberti, Conrad (1896): Berlin. Das Ende einer Zeit in Dramen. Sozialaristokraten, Rudolstadt/Leipzig: Mänicke und Jahn

Althusser, Louis (2010): Ideologie und ideologische Staatsapparate. 1. Halbband, Hamburg: VSA

Altman, Rick (2001): Fernsehton, in: Ralf Adelmann u.a. (Hg.): Grundlagentexte zur Fernsehwissenschaft, Konstanz 2001: UTB, 388-409

Augé, Marc (2011): Journal d'un S.D.F. Ethnofiction, Paris: Seuil

Avenarius, Ferdinand/Hart, Heinrich/Hart,Julius (1890): Kritisches Jahrbuch. Beiträge zur Charakteristik der zeitgenössischen Litteratur sowie zur Verständigung über den modernen Realismus, Jg. 1, Heft 2, Berlin, 38-77

Bal, Mieke (2006): A Mieke Bal Reader, Chicago: University of Chicago Press

Bartz, Christina/Jäger, Ludwig/Krause, Marcus/Linz, Erika (Hg.) (2012): Handbuch der Mediologie. Signaturen des Medialen. München: Fink

Baudrillard, Jean (1978): Agonie des Realen, Berlin: Merve

Bauman, Zygmunt (2008): Flüchtige Moderne, Frankfurt/M.: Suhrkamp

Benjamin, Walter (1977): Das Kunstwerk im Zeitalter seiner technischen Reproduzierbarkeit", in: Das Kunstwerk im Zeitalter seiner technischen Reproduzierbarkeit, Frankfurt/M.: Suhrkamp, 7-44

Berger, Peter L./Luckmann, Thomas (1991): Die gesellschaftliche Konstruktion der Wirklichkeit. Eine Theorie der Wissenssoziologie, Frankfurt/M.: Fischer

Bleibtreu, Karl (1891): Taine, in: Conrad, Michael (Hg.): Die Gesellschaft. Monatsschrift für Litteratur, Kunst, und Sozialpolitik, 9. Jg., Heft 7, Leipzig: W. Friedrich, 899f.

Bleitner, Thomas (1999): Naturalismus und Diskursanalyse. Ein sprechendes Zeugnis sektiererischen Fanatismus – Hauptmanns Vor Sonnenaufgang im Diskursfeld der ‚Alkoholfrage, in: Ders., Gerdes, Joachim/Selmer, Nicole (Hg.): Praxisorientierte Literaturtheorie. Annäherungen an Texte der Moderne, Bielefeld: Aisthesis, 133-156

Bölsche, Wilhelm (1890): Die Poesie der Großstadt, in: Das Magazin für Litteratur, 59. Jg., Nr. 40, Berlin: F. und P. Lehmann, 622-625

Bölsche, Wilhelm (1892): „Gerhart Hauptmanns Webertragödie", in: ohne Herausgeberangabe, Freie Bühne für den Entwicklungskampf der Zeit, 3. Jg., Bd. 1, Berlin: Fischer, 180-186

Bowker, Geoffrey C./Star, Susan Leigh (1999): Sorting Things Out. Classification and its Consequences, Cambridge/London: MIT Press

Brauneck, Manfred/Müller, Christine (1987): Naturalismus. Manifeste und Dokumente zur deutschen Literatur 1880-1900, Stuttgart: Metzler, XI-XXVIII

Bröckling, Ulrich/Kaufmann, Stefan/Horn, Eva (Hg.) (2002): Grenzverletzer. Von Schmugglern, Spionen und anderen subversiven Gestalten, Berlin: Kulturverlag Kadmos, 7-21

Brunner, John (1991): Self-Making and World-Making, in: Journal of Aesthetic Education, 25.1, New York 1991: University of Illinois Press, 67-78

Burdeau, Emmanuel/Vieillescazes, Nicolas (Hg.) (2011): The Wire. Reconstitution Collective, Paris: Les Prairies Ordinaires

Butler, Judith (2001): Was ist Kritik? Ein Essay über Foucaults Tugend, in: transform.epicp.net, einzusehen unter: http://eipcp.net/transversal/0806/butler/de [letzter Zugriff am 22.08.2013]

Bytkowski, Sigmund (1908): Gerhart Hauptmanns Naturalismus und das Drama, Hamburg/Leipzig: Leopold Voss

Caldwell, John (1995): Televisuality: Style, Crisis and Authority in American Television, Brunswick: Rutgers University Press

Caldwell, John (2008): Production Culture. Industrial Reflexivity and Critical Practice in Film and Television, Durham/London: Duke University Press

Callon, Michel/Barry, Andrew/Slater, Don (2002): Technology, Politics, and the Market: An Interview with Michel Callon, in: Economy and Society, 31/2, 285-306

Callon, Michel/Latour, Bruno (2006): Die Demontage des großen Leviathan. Wie Akteure die Makrostruktur der Realität bestimmen und wie Soziologen ihnen dabei helfen, in: Belliger, Andréa/Krieger, David J. (Hg.): ANThology. Ein einführendes Handbuch zur Akteur-Netzwerk-Theorie, Bielefeld: transcript, 75-101

Canetti, Elias (2011): Die Provinz des Menschen. Aufzeichnungen 1942-1972, Frankfurt/M.: Fischer

Casetti, Francesco (2009) Elsewhere: The relocation of art. in: Consuelo Ciscar Casabàn/ Vincenzo Trione (Hg.): Valencia09/Confines. Valencia: INVAM, 348-351, einzusehen unter: [http://francescocasetti.wordpress.com/research/], letzter Zugriff am 29.09.2012

Castoriadis, Cornelius (1990): Gesellschaft als imaginäre Institution. Entwurf einer politischen Philosophie, Frankfurt/M.: Suhrkamp

Cavell, Stanley (2001): Die Tatsache des Fernsehens, in: Adelmann, Ralf/Hesse, Jan O./ Keilbach, Judith/Stauff, Markus/Thiele, Matthias (Hg.): Grundlagentexte zur Fernsehwissenschaft. Theorie – Geschichte – Analyse, Konstanz: UTB, 44-74

Chaddha, Anmol/Wilson, William Julius (2011): Way down in the Hole: Systematic Urban Inequality and The Wire, in: Critical Inquiry 38 (Autumn), 164-188

Chion, Michel (2011): L'audio-vision. Son et image au cinéma, Paris: Armand Colin

Choat, Alex/Fox, Ken (2010): Queering the System: Baltimore, Dissent, Abnormality and Subversion in The Wire, in: Scherer, Burkhard (Hg.): Queering Paradigms, Oxford/ Bern/Berlin/Brüssel/Frankfurt/M./New York/Wien: Peter Lang, 267-278

Christaller, E. G. (1885): Technischer Fortschritt und Überbevölkerung, in: Conrad, Michael (Hg.): Die Gesellschaft. Realistische Monatsschrift für Kunst, Litteratur und öffentliches Leben, 1. Jg., Nr. 1, München: G. Franz, 6-35

Conrad, Michael (Hg.) (1885): Die Gesellschaft. Realistische Monatsschrift für Kunst, Litteratur und öffentliches Leben, 1. Jg., Nr. 1, München: G. Franz

Conrad, Michael (Hg.) (1889): Die Gesellschaft. Realistische Monatsschrift für Kunst, Litteratur und öffentliches Leben, 5. Jg., Heft 10, München: G. Franz

Conrad, Michael (Hg.) (1891): Die Gesellschaft. Monatsschrift für Litteratur, Kunst, und Sozialpolitik, 9. Jg., Heft 7, Leipzig: W. Friedrich

Conradi, Hermann (1911): Gesammelte Schriften, 3 Bde., hg. v. Ssymank, Paul/ Peters, Gustav Werner, München: Müller, Bd. 1

Cuntz, Michael (2013): Gehen, Schalten, Falten. Produktive Räume und Medienlogik in „The West Wing", in: Navigationen, Jg. 12, H.1: Der Medienwandel der Serie, hrsg. v. Dominik Maeder u. Daniela Wentz, 31-52

Cuntz, Michael (2014): Aufklärung über den Fetisch. Latours Konzept des faitiche und seine Verbindung zu Serres' Statuen, in: Blaettler, Christine/Schmieder, Falko (Hg.): In Gegenwart des Fetischs. Dingkonjunktur und Fetischbegriff in der Diskussion, Wien/Berlin: Turia + Kant, 53-88

De Certeau, Michel (1990): L'invention du quotidien 1. Arts de faire. Paris: Gallimard

Debord, Guy (1996): Die Gesellschaft des Spektakels, Berlin: Edition Tiamat

Deleuze, Gilles (1969): Zola et la fêlure, in: Logique du sens. Paris: Minuit, 373-386

Deleuze, Gilles (2001): Zola et la fêlure, in: Émile Zola: La bête humaine, hrsg. v. Henri Mitterand, Paris: Gallimard, 8-24

Derrida, Jacques (1967): De la grammatologie. Paris: Minuit

Derrida, Jacques (1976): Die Schrift und die Differenz. Frankfurt/M.: Suhrkamp

Derrida, Jacques (1980): La carte postale de Platon à Freud, et au-delà, Paris: Flammarion

Derrida, Jacques (1993): „La pharmacie de Platon", in: ders.: Disséminations, Paris: Seuil, 77-213

Derrida, Jacques (2003): Eine gewisse unmögliche Möglichkeit vom Ereignis zu sprechen. Berlin: Merve

Detweiler, Craig (2009): The Wire: Playing the Game, in: Diane Winston (Hg.): Small Screen, Big Picture: Television and Lived Religion, Waco: Baylor Univ. Press, 69-97

Dreher, Christoph (2010): Autorenserien. Die Neuerfindung des Fernsehens, Stuttgart: Merz & Solitude

Durst, Uwe (2008): Das begrenzte Wunderbare: Zur Theorie wunderbarer Episoden in realistischen Erzähltexten und in Texten des Magischen Realismus, Berlin: Lit Verlag

Ellrich, Lutz/Maye, Harun/Meteling, Arno (2009): Die Unsichtbarkeit des Politischen. Theorie und Geschichte medialer Latenz, Bielefeld: transcript

Engell, Lorenz (2000): Ausfahrt nach Babylon. Essais und Vorträge zur Kritik der Medienkultur, Weimar: Verlag und Datenbank für Geisteswissenschaften

Engell, Lorenz (2004): TV Pop, in: Grasskamp, Walter u.a. (Hg.): Was ist Pop? Zehn Versuche, Frankfurt/M. 2004: Fischer, 189-210

Engell, Lorenz (2008): Eyes wide shut. Die Agentur des Lichts – Szenen kinematographisch verteilter Handlungsmacht, in: Becker, Ilka/Cuntz, Michael/Kusser, Astrid (Hg.): Unmenge – wie verteilt sich Handlungsmacht?, München: Fink, 75-92

Engell, Lorenz (2012a): Kommentar zu Pasolinis „Die Schriftsprache der Wirklichkeit" in: Zeitschrift für Medien- und Kulturforschung (ZMK), Jg. 3, Nr. 2, 91-97

Engell, Lorenz (2012b): Fernsehtheorie. Eine Einführung, Berlin: Junius Verlag

Eschkötter, Daniel (2012): The Wire, Zürich: diaphanes

Ethridge, Blake D. (2008): Baltimore on The Wire: The tragic moralism of David Simon, in: Leverette, Marc/Ott, Brian L./Buckley, Cara Louise (Hg.): It's Not TV: Watching HBO in the Post-television Era, New York/London: Routledge, 152-164

Foucault, Michel (1975): Surveiller et punir, Paris: Gallimard

Foucault, Michel (1982): Was ist Kritik?, Berlin: Merve

Foucault, Michel (2001): Cours du 14 janvier 1976, in: Ders.: Dits et écrits II. 1976-1988, hg. v. Defert, Daniel/Ewald, François Paris: Gallimard, 175-189

Foucault, Michel (2005a): Analytik der Macht. Frankfurt/M.: Suhrkamp

Foucault, Michel (2005b): Was ist Aufklärung?, in: Ders.: Dits et Ecrits. Schriften. Vierter Band, Frankfurt/M.: Suhrkamp, 687-707

Franck, Georg (1988): Ökonomie der Aufmerksamkeit, München/Wien: Hansa

Freie Bühne für den Entwicklungskampf der Zeit (1892): 3. Jg., Bd. 1, Berlin: Fischer

Gebauer, Gunter/Wulf, Christoph (1998): Spiel, Ritual, Geste. Mimetisches Handeln in der sozialen Welt, Reinbek bei Hamburg: Rowohlt

Geertz, Clifford (1987): Dichte Beschreibung. Beiträge zum Verstehen kultureller Systeme, Frankfurt/M.: Suhrkamp

Gehring, Petra (2010): Der Parasit. Figurenfülle und strenge Permutation, in: Esslinger, Eva/ Schlechtriemen, Tobias/Schweitzer, Doris/Zons, Alexander (Hg.): Die Figur des Dritten. Ein kulturwissenschaftliches Paradigma, Berlin: Suhrkamp, 180-192

Gerdes, Joachim/Selmer, Nicole (Hg.) (1999): Praxisorientierte Literaturtheorie. Annäherungen an Texte der Moderne, Bielefeld: Aisthesis

Gomart, Emilie/Hennion, Antoine (1999): A Sociology of Attachment: Music Amateurs, Drug Users, in: Law, John/ Hassard, John (Hg.): Actor Network Theory and after, Oxford/Malden: Blackwell Publishing, 220-247

Goodman, Nelson (1978): Ways of Worldmaking, Indianapolis: Hackett Publishing

Goodman, Nelson (1998): Sprachen der Kunst. Entwurf einer Symboltheorie, Frankfurt/M.: Suhrkamp

Gripsrud, Jostein (Hg.) (2010): Relocation Television. Television in the digital context, London/New York: Routledge

Gross, Thomas (2011): Das zweite Gesicht Amerikas, in: DIE ZEIT 36/2011, einzusehen unter: http://www.zeit.de/2011/36/David-Simon, letzter Zugriff am: 09.09.2013

Hamon, Philippe (1972): Qu'est-ce qu'une description? In: Poétique 12, 465-485

Hart, Julius (1890): Der Kampf um die Form in der zeitgenössischen Dichtung. Ein Beitrag zugleich zum Verständniß des modernen Realismus, in: Avenarius, Ferdinand/ Hart, Heinrich/Hart, Julius: Kritisches Jahrbuch. Beiträge zur Charakteristik der zeitgenössischen Litteratur sowie zur Verständigung über den modernen Realismus, Jg. 1, Heft 2, Berlin, 38-77

Haug, Wolfgang Fritz (1971): Kritik der Warenästhetik, Frankfurt/M.: Suhrkamp

Hauptmann, Gerhart (o.J.a): Vor Sonnenaufgang. Soziales Drama in fünf Akten, in: Ders., Gesammelte Werke. Volksausgabe in 6 Bänden, Bd. 1, Berlin: S. Fischer, 9-108

Hauptmann, Gerhart (o.J.b): Die Weber. Schauspiel aus den vierziger Jahren, in: Ders., Gesammelte Werke. Volksausgabe in 6 Bänden, Bd. 1, Berlin: S. Fischer, 293-384

Herrman, David (2009): Narrative Ways of Worldmaking, in: Heinen, Sven/Sommer, Ron: Narratology in the Age of Cross-Disciplinary Narrative Research, Berlin/New York: De Gruyter, 71-87

Herzberg Litzmann, Grete (1907): Das naturalistische Drama: von seiner Entstehung und Technik, in: Litzmann, Berthold: Mitteilungen der literarhistorischen Gesellschaft Bonn, Jg. 2, Nr. 8, Dortmund: Ruhfus, 311-327

Holz, Arno (1889): Johannes Schlaf, Papa Hamlet. Ein Tod. Von Bjarne P. Holmsen. Stuttgart: Reclam

Holz, Arno (1891): Die Kunst. Ihr Wesen und ihre Gesetze, Berlin: W. Issleib, 86ff.

Holz, Arno (1896): Vorwort, in: Ders., Berlin. Das Ende einer Zeit in Dramen. Sozialaristokraten, Rudolstadt/Leipzig: Mänicke und Jahn, 3-7

Holz, Arno (1925): Die neue Wortkunst. Eine Zusammenfassung ihrer ersten grundlegenden Dokumente, Berlin: J. H. W. Dietz Nachfolger

Horn, Eva (2007): Der geheime Krieg. Verrat, Spionage und moderne Fiktion, Frankfurt/M.: Fischer

Hornby, Nick/Simon, David (2009): An Interview with David Simon, by Nick Hornby, in: Alvarez, Rafael (Hg.): The Wire. Truth Be Told, New York: Grove Press, 382-397

http://www.subcentral.de/index.php?page=Thread&threadID=4745 (letzter Zugriff am 6.9.2013)

Jagoda, Patrick (2011): Wired, in: Critical Inquiry 38 (Autumn 2011): University of Chicago Press, 189-199

Jäger, Ludwig (2012): Bezugnahmepraktiken. Skizze zur operativen Logik der Mediensemantik, in: Ders./Fehrmann, Gisela/Adam, Meike (Hg.): Medienbewegungen. Praktiken der Bezugnahme, München: Fink, 13-42

Jameson, Fredric (2010): Realism and Utopia in The Wire, in: Criticism, Volume 52, Number 3-4, Summer/Fall, Detroit: Wayne State University Press, 359-372

Kammerer, Dietmar (2008): Bilder der Überwachung, Frankfurt/M: Suhrkamp

Kämmerlings, Richard (2010): The Wire: Ein Balzac für unsere Zeit, in: Frankfurter Allgemeine Zeitung v. 14.05.

Kant, Immanuel (1977): Beantwortung der Frage: Was ist Aufklärung?, in: ders.: Werkausgabe Bd. XI: Schriften zur Anthropologie, Geschichtsphilosophie, Politik und Pädagogik 1, Frankfurt/M.: Suhrkamp, 53-61

Keilbach, Judith/Stauff, Markus (2013): When Old Media Never Stopped Being New. Television's History as an Ongoing Experiment, in: Teurlings, Jan/de Valck, Marijke (Hg.): After the Break. Television Theory Today, Amsterdam: Amsterdam University Press, 79-98

Kelleter, Frank (2012a): Populäre Serialität. Eine Einführung, in: Ders. (Hg.): Populäre Serialität: Narration – Evokation – Distinktion. Zum seriellen Erzählen seit dem 19. Jahrhundert, Bielefeld: transcript, 11-48

Kelleter, Frank (2012b): The Wire and its Readers, in: Kennedy, Liam /Shapiro, Stephen (Hg.): The Wire. Race, Class, and Gender, Ann Abor: University of Michigan Press, 33-70

Kennedy, Liam/Shapiro, Stephen (Hg.) (2012): The Wire. Race, Class, and Gender, Ann Abor: University of Michigan Press

Kerr, Alfred (1999): Ratten-Glosse, 1. März 1911, in: Ders., Die Welt im Drama. Bd. 2: Das neue Drama. Berlin: S. Fischer, 247f.

Kieserling, André (2004): Selbstbeschreibung und Fremdbeschreibung, Frankfurt/M.: Suhrkamp

Kirchmann, Kay (2006): Philosophie der Möglichkeiten. Das Fernsehen als konjunktivisches Erzählmedium, in: Fahle, Oliver/ Engell, Lorenz: Philosophie des Fernsehens, München: Fink, 157-172

Klein, Amanda Ann (2009): The Dickensian Aspect': Melodrama, Viewer Engagement, and the Socially Conscious Text, in: Potter, Tiffany/Marshall, C. W. (Hg.): The Wire: Urban Decay and American Television, New York/London: Continuum, 177-189

Koch, Lars (2011): Semantik, in: Werber, Niels (Hg.): Handbuch systemtheoretische Literaturwissenschaft, Berlin: De Gruyter, 371-389

Koch, Lars: The Principle of Disruption. Forschungsprogramm, in: www.principleofdisruption.eu [letzter Zugriff am 01.03.2013]

Koschorke, Albrecht (2012): Wahrheit und Erfindung. Grundzüge einer Allgemeinen Erzähltheorie, Frankfurt/M.: S. Fischer

Kracauer, Siegfried (2005): Theorie des Films. Die Errettung der äußeren Wirklichkeit, in: Mülder-Bach, Inka/Biebl, Sabine (Hg.): Theorie des Films. Die Errettung der äußeren Wirklichkeit, Bd. 3, Frankfurt/M.: Suhrkamp

Krajicek, David J. (1998): Scooped! Media Miss Real Story on Crime While Chasing Sex, Sleaze, and Celebrities, New York: Columbia University Press

Kraus, Wolfgang (1996): Das erzählte Selbst: Die narrative Konstruktion von Identität in der Spätmoderne, Freiburg: Centaurus

La Berge, Leigh Claire (2010): Capitalist Realism and Serial Form: The Fifth Season of The Wire, in: Criticism, Summer & Fall, Vol. 52, Nos. 3&4, 547-567

Laclau, Ernesto/Mouffe, Chantal (2000): Hegemonie und radikale Demokratie. Zur Dekonstruktion des Marxismus, Wien: Passagen

Laclau, Ernesto/Mouffe, Chantal (2001): Hegemony and Socialist Strategy – Towards a radical democratic politics, London/New York: Verso

Lamla, Jörn (2009): Consuming Authenticity: A Paradoxical Dynamic in Contemporary Capitalism, in: Vannini, Philipp/Williams, J. Patrick (Hg.): Authenticity in Culture, Self, and Society, Farnham/Burlington: Ashgate, 171-185

Latour, Bruno (1986): Visualization and cognition. Drawing things together, in: Knowledge and Society: Studies in the Sociology of Culture and Present, 6, 1-40

Latour, Bruno (1994): On Technical Mediation – Philosophy, Sociology, Genealogy, in: Common knowledge 3/2, 29-64

Latour, Bruno (1996): Petite réflexion sur le culte moderne des dieux faitiches, Le Plessis-Robinson: Les empêcheurs de penser en rond

Latour, Bruno (1997a): A few steps toward an anthropology of the iconoclastic gesture, in: Science in Context 10,1, 63-83

Latour, Bruno (1997b): Nous n'avons jamais été modernes. Essai d'anthropologie symétrique [1991], Paris: La Découverte

Latour, Bruno (2002): La fabrique du droit. Ethnographie du Conseil d'État, Paris: La découverte

Latour, Bruno (2005): Re-Assembling the Social. An Introduction to Actor-Network-Theory, Oxford/New York: Oxford University Press

Latour, Bruno (2007): Sol amazonien et circulation de la référence, in.: Ders., L'espoir de Pandore. Pour une version réaliste de l'activité scientifique [2001], Paris: La découverte, 33-82

Latour, Bruno (2011): Eine seltsame Form von Autonomie, in: Zeitschrift für Medien- und Kulturforschung (ZMK) Jg. 2, 113-140.

Latour, Bruno (2012): Enquête sur les modes d'existence. Une anthropologie des modernes, Paris: La découverte

Latour, Bruno/Hermant, Emilie (1998): Paris, ville invisible. Paris: La découverte

Latour, Bruno/Strum, Shirley (1987): Redefining the social link: from baboons to humans, in: Social Science Information 26, 783-802

Lavik, Erlend (2010): Forward to the past: the strange case of The Wire, in: Gripsrud, Jostein (Hg.): Relocating Television. Television in the digital context, London/New York: Routledge, 76-87

Leonhardt, Rainer/Roll, Holger/Schurich, Frank-Rainer (1995): Kriminalistische Tatortarbeit. Ein Leitfaden für Studium und Praxis, Heidelberg: Kriminalistik Verlag

Lie, Sulgi (2007): Der Ruhm des Beliebigen. Zur Filmästhetik von Jacques Rancière, in: Diehl, Paula/Koch, Gertrud (Hg.): Inszenierungen der Politik. Der Körper als Medium, München: Fink, 193-210

Lindholm, Charles (2008): Culture and Authenticity, Malden et al: Blackwell

Link, Jürgen (1990): Literaturwissenschaftliche Grundbegriffe, München: Fink

Link, Jürgen (2009): Versuch über den Normalismus. Wie Normalität produziert wird, Göttingen: Vandenhoek & Ruprecht

Litvak, Joseph (1992): Caught in the Act. Theatricality in the Nineteenth-Century English Novel, Berkeley: University of California Press

Litzmann, Berthold (1907): Mitteilungen der literarhistorischen Gesellschaft Bonn, Jg. 2, Nr. 8, Dortmund: Ruhfus

Lotman, Jurij M. (1993): Die Struktur literarischer Texte, München: Fink/UTB

Love, Chris (2010): Greek gods in Baltimore: Greek tragedy and The Wire, in: Criticism 52, No. 3-4, 487-507

Luginbühl, Martin (2009): Vergegenwärtigen und verkünden. Zur Kulturalität von Authentizitätsinszenierungen in Fernsehnachrichten, in: Amrein, Ursula (Hg.): Das Authentische. Referenzen und Repräsentationen, Zürich: Chronos, 67-88

Luhmann, Niklas (1984): Soziale Systeme. Grundriss einer allgemeinen Theorie. Frankfurt/M.: Suhrkamp

Luhmann, Niklas (1990): Die Wissenschaft der Gesellschaft, Frankfurt/M.: Suhrkamp

Luhmann, Niklas (1991): Systemtheorie, Evolutionstheorie und Kommunikationstheorie, in: Ders., Soziologische Aufklärung. Aufsätze zur Theorie der Gesellschaft. Bd. 2, Opladen: VS Verlag für Sozialwissenschaften, 193-203

Luhmann, Niklas (1997): Die Kunst der Gesellschaft, Frankfurt/M.: Suhrkamp

Luhmann, Niklas (1998): Die Gesellschaft der Gesellschaft 1, Frankfurt/M.: Suhrkamp

Luhmann, Niklas (2009): Die Realität der Massenmedien, Wiesbaden: VS Verlag für Sozialwissenschaften

Luhmann, Niklas (2010): Politische Soziologie, Berlin: Suhrkamp

Luhmann, Niklas (2012): Macht im System, Berlin: Suhrkamp

Marcuse, Herbert (1970): Über den affirmativen Charakter der Kultur, in: Ders., Kultur und Gesellschaft I, Frankfurt/M.: Suhrkamp, 56-101

Marshall, C. W./Potter, Tiffany (2009): I am the American Dream: Modern Urban Tragedy and the Borders of Fiction, in: Dies., (Hg.): The Wire. Urban Decay and American Television, New York/London: The Continuum International Publishing Group Inc., 1-14

McMillan, Alasdair (2009): Heroism, Institutions, and the Police Procedural, in: Potter, Tiffany/Marshall, C.W. (Hg.): The Wire: Urban Decay and American Television, New York/London: Continuum, 50-63

McMillan, Alasdair (2012): Dramatizing Individuation: Institutions, Assemblages, and The Wire, Cinephile, in: The University of British Columbia's Film Journal, Volume 4: Post-Genre, einzusehen unter: http://cinephile.ca/archives/volume-4-post-genre/ [letzter Zugriff am 03.08.2012]

Merian, Hans (1891): Lumpe als Helden. Ein Beitrag zur modernen Ästhetik, in: Conrad, Michael (Hg.): Die Gesellschaft. Monatsschrift für Litteratur, Kunst, und Sozialpolitik, 7. Jg., Bd. 1, Januar-Heft, Leipzig: W. Friedrich, 64-79

Meyer, Theo (1973): Einleitung, in: Ders., Theorie des Naturalismus, Stuttgart: Reclam, 3-49

Mittell, Jason (2009): All in the Game: The Wire, Serial Storytelling, and Procedural Logic, in: Harrigan, Pat/Wardrip-Fruin, Noah (Hg.): Third Person: Authoring and Exploring Vast Narratives, Cambridge/London: MIT Press, 429-438

Morsch, Thomas (2010): Repräsentation, Allegorie, Ekstase – Phantasien des Politischem in aktuellen Fernsehserien, in: Dreher, Christoph (Hg.): Autorenserien. Die Neuerfindung des Fernsehens, Stuttgart: März Akademie, 199-245

Muhle, Maria (2010): Ästhetischer Realismus. Strategien post-repräsentativer Darstellung anhand von A bientot j'espère und Classe de lutte, in: Robnik, Drehli/Hübel, Thomas/Mattl, Siegfried (Hg.): Das Streit-Bild. Film, Geschichte und Politik bei Jacques Rancière, Wien/Berlin: Turia + Kant, 177-184

Nannicelli, Ted (2009): It's all Connected: Televisual Narrative Complexity, in: Marshall, C. W., Potter, Tiffany (Hg.): The Wire. Urban Decay and American Television, New York/London: The Continuum International Publishing Group Inc., 190-202

Nelson, Robin (1997): TV Drama in Transition. Forms, Values, and Cultural Change, New York/Basingstoke: Macmillan

Nicodemus, Katja (2006): Am Anfang war die Wut, in: DIE ZEIT, Nr. 1 v. 28.12.

Pasolini, Pier Paolo (2012): Die Schriftsprache der Wirklichkeit, in: Zeitschrift für Medien- und Kulturforschung (ZMK), Jg. 3, Nr. 2, 71-89

Penfold-Mounce, Ruth/Beer, David/Burrows, Roger (2012): The Wire as Social Sciencefiction? in: Sociology, einzusehen unter: http://soc.sagepub.com/content/45/1/152. refs.html [letzter Zugriff am 03.08.2012]

Potter, Tiffany/Marshall, C.W. (Hg.) (2009): The Wire. Urban Decay and American Television, New York: Continuum

Rancière, Jacques (1995): La mésentente. Politique et philosophie, Paris: Galilée

Rancière, Jaques (1999): Fiktion der Erinnerung, in: Binczek, Natalie/Martin Rass (Hg.): ...sie wollen sein, was sie sind, nämlich Bilder... Anschlüsse an Chris Maker, Würzburg: Königshausen & Neumann, 27-38

Rancière, Jacques (2000): Le partage du sensible. Esthétique et politique, Paris: La Fabrique

Rancière, Jacques (2002): Das Unvernehmen, Frankfurt/M.: Suhrkamp

Rancière, Jacques (2003): Le destin des images, Paris: La Fabrique.

Rancière, Jacques (2006): Die Aufteilung des Sinnlichen, Frankfurt/M.: B-Books Verlag

Regener, Susanne (2000): Verbrechen, Schönheit, Tod. Tatortfotografien, in: Fotogeschichte. Beiträge zur Geschichte und Ästhetik der Fotografie, H. 78, 28-42

Rothemund, Kathrin (2013): Komplexe Welten. Narrative Strategien in US-amerikanischen Fernsehserien, Berlin: Bertz + Fischer

Schabacher, Gabriele (2013): Medium Infrastruktur. Trajektorien soziotechnischer Netzwerke in der ANT, in: Zeitschrift für Medien- und Kulturforschung (ZMK) Jg. 4, Nr. 2 (im Erscheinen)

Scherer, Burkhard, (Hg.) (2010): Queering Paradigms, Oxford/Bern/Berlin/Brüssel/ Frankfurt/M./New York/Wien: Peter Lang

Schmid, David (2005): Natural Born Celebrities. Serial Killers in American Culture, Chicago/London: University of Chicago Press

Schröter, Jens (2012): Verdrahtet. The Wire und der Kampf um die Medien, Berlin: Bertz + Fischer

Schüttpelz, Eberhard (2003): Frage nach der Frage, auf die das Medium eine Antwort ist, in: Ders./Kümmel, Albrecht (Hg.): Signale der Störung, München: Fink

Schüttpelz, Erhard (2010): Der Trickster, in: Eßlinger, Eva/Schlechtriemen, Tobias/ Schweitzer, Doris/Zons, Alexander (Hg.): Die Figur des Dritten: ein kulturwissenschaftliches Paradigma, Berlin: Suhrkamp, 208-224

Seiler, Sascha (2008): The Wire. Pictures of a City, in: Ders. (Hg.): Was bisher geschah. Serielles Erzählen im zeitgenössischen amerikanischen Fernsehen, Köln: Schnitt-der Filmverlag, 116-133

Serres, Michel (1974): Jouvences sur Jules Verne. Paris: Minuit

Serres, Michel (1975): Zola. Feux et signaux de brume. Paris: Grasset

Serres, Michel (1980): Le passage Nord-Ouest, in: Ders., Le passage Nord-Ouest, Paris: Minuit, 15-24

Serres, Michel (1984): Der Parasit. Frankfurt/M.: Suhrkamp

Serres, Michel (1997): Le parasite. Paris: Hachette

Sheehan, Helena/Sweeney, Sheamus (2009): The Wire and the world: narrative and metanarrative, in: ejumpcut.org, einzusehen unter: http://ejumpcut.org/archive/jc51.2009/ Wire/text.html [letzter Zugriff am 11.3.2012]

Siegert, Bernhard (2012): Schiffe Versenken, in: Berz, Peter u.a. (Hg.): Spielregeln. 25 Aufstellungen. Zürich: diaphanes, 259-269.

Simmel, Georg (1992): Soziologie. Untersuchungen über die Formen der Vergesellschaftung, Gesamtausgabe Bd. 11, hg. v. Otthein Rammstaedt, Frankfurt/M.: Suhrkamp

Simmel, Georg (2006): Die Großstädte und das Geistesleben, Frankfurt/M.: Suhrkamp

Simon, David (2007a): "My standard for verisimilitude is simple and I came to it when I started to write prose narrative: fuck the average reader", in: believermag.com, einzusehen unter: http://www.believermag.com/issues/200708/?read=interview_simon [letzter Zugriff am 11.3.2012]

Simon, David (2007b): Interview mit Nick Hornby, in: The Believer, August 2007, einzusehen unter: http://www.believermag.com/issues/200708/?read=interview_simon [letzter Zugriff am 09.05.2012)

Simon, David (2008): The Wire: David Simon Q & A, Interview mit Alan Sepinwall, What's Alan Watching?, einzusehen unter: http://sepinwall.blogspot.de/2008/03/wire-david-simon-q.html [letzter Aufruf: 09.05.2012]

Simon, David (2009a): Die USA haben den Bogen überspannt, Interview mit Spiegel Online, 26.10.2009, einzusehen unter: http://www.spiegel.de/kultur/tv/0,1518,druck-656310,00.html [letzter Zugriff am 11.05.2012]

Simon, David (2009b): Introduction, in: Alvarez, Rafael (Hg.): The Wire. Truth Be Told, New York: Pocket Books

Simondon, Gilbert (2008): Ergänzende Bemerkung zu den Konsequenzen des Individuationsbegriffs, in: Ilka Becker/Michael Cuntz/Astrid Kusser (Hg.): Unmenge – Wie verteilt sich Handlungsmacht?, München: Fink, 47-76

Simondon, Gilbert (2011): Form, Information, Potentiale, in: Becker, Ilka/Cuntz, Michael/Wetzel, Michael: Just not in time. Inframedialität und non-lineare Zeitlichkeiten in Kunst, Film, Literatur und Philosophie, München: Fink, 221-247

Simondon, Gilbert (2012): Die Existenzweise technischer Objekte, Zürich: diaphanes

Slotkin, Richard (1998): Gunfighter Nation: The Myth of the Frontier in Twentieth-century America. Oklahoma: University of Oklahoma Press

Souriau, Etienne (2009a): Des différents modes d'existence suivi de De l'œuvre à faire, Paris: P.U.F

Souriau, Etienne (2009b): Du mode d'existence de l'œuvre à faire, in: Ders.: Des différents modes d'existence, Paris: P.U.F., 195-217.

Star, Susan Leigh/Bowker, Geoffrey C. (2002): How to Infrastructure, in: Lievrouw, Leah A./Livingstone, Sonia (Hg.): The Handbook of New Media, London u.a.: Sage Publ Inc., 151-162

Star, Susan Leigh (2010): Residual categories. Silence, Absence, and Being an Other, in: Zeitschrift für Medien- und Kulturforschung (ZMK) 1, 201-219

Stiegler, Bernard (1999): L'hyperindustrialisation de la culture et le temps des attrape-nigauds. Manifeste pour une 'écologie de l'esprit', in: Art-Press, novembre, 41-61

Stiegler, Bernard (2005): De la misère symbolique 2. La catastrophè du sensible, Paris: Galilée

Stierle, Karlheinz (1983): Die Fiktion als Vorstellung, als Werk und als Schema – eine Problemskizze, in: Henrich, Dieter/Iser, Wolfgang (Hg.): Funktionen des Fiktiven, München: Fink, 173-182

Stöckmann, Ingo (2011): Naturalismus, Stuttgart/Weimar: Metzler

Strathern, Marilyn (1996): Cutting the Network, in: The Journal of the Royal Anthropological Institute, 2/3, 517-535

Taine, Hippolyte (1878): Geschichte der englischen Literatur, Band 1, Leipzig: Günther, 15f.

Tarde, Gabriel (2001): Les lois de l'imitation [1895], hg. v. Alliez, Eric. Paris: Les Empêcheurs de penser en rond/Seuil

Taylor, Charles (2002): Modern Social Imaginaries, in: Public Culture 14 (1): Duke University Press, 91-124

Todorov, Tzvetan (1992): Einführung in die fantastische Literatur, Frankfurt/M.: Fischer

Vest, Jason P. (2011): The Wire, Deadwood, Homicide, and NYPD Blue. Violence is Power, Santa Barbara/Denver/Oxford: Praeger

Weber, Max (1980): Wirtschaft und Gesellschaft. Grundriss der verstehenden Soziologie, Tübingen: C.B. Mohr

Weindinger, Martin (2006): Nationale Mythen – männliche Helden. Politik und Geschlecht im amerikanischen Western. Frankfurt/M./New York: Campus.

Williams, Linda (2011): Ethnographic Imaginary: The Genesis and Genius of The Wire, in: Critical Inquiry 38 (Autumn), 208-226

Wünsch, Michaela (2010): Im inneren Außen. Der Serienkiller als Medium des Unbewussten, Berlin: Kulturverlag Kadmos

Wunschel, Annette/Macho, Thomas (2004): Zur Einleitung: Mentale Versuchsanordnungen, in: Macho, Thomas/Wunschel, Annette (Hg.): Science & Fiction. Über Gedankenexperimente in Wissenschaft, Philosophie und Literatur, Frankfurt/M.: Fischer, 9-14

Zizek, Slavoj (2012): The Wire and the Clash of Civilisation in our Country, einzusehen unter: http://www.youtube.com/watch?v=Fsf4rAGlR5s [letzter Zugriff am 18.04.2013]

Zorn, Carsten (2007): Die Simpsons der Gesellschaft. Selbstbeschreibungen der Gesellschaft und die Populärkultur, in: Ders./Huck, Christian (Hg.): Das Populäre der Gesellschaft. Systemtheorie und Populärkultur, Wiesbaden: VS Verlag für Sozialwissenschaften, 73-96

Autoren

Dr. phil. habil. **Jörn Ahrens** ist Professor für Kultursoziologie an der Justus-Liebig-Universität Gießen; aktuelle Arbeitsschwerpunkte: Moderne Gesellschafts- und Kulturanalyse; populäre Medien und Kulturen; Fragen der Gewalt, der Subjektivität, des Mythos, der Biowissenschaften und der Arbeit. Jüngste Publikationen: Wie aus Wildnis Gesellschaft wird. Kulturelle Selbstverständigung und populäre Kultur am Beispiel von John Fords Film *The Man Who Shot Liberty Valance*, Wiesbaden 2012: VS Verlag; Soziologie der Angst, in: Lars Koch (Hg.): Angst. Ein interdisziplinäres Handbuch, Stuttgart/Weimar 2013: J.B. Metzler; Comic und traumgebundene Realität. David B.s *Die heilige Krankheit* als Kunst des Erinnerns, in: Otto Brunken/Felix Giesa (Hg.): Erzählen im Comic, Bochum 2013: Christian A. Bachmann Verlag

Dr. phil. **Michael Cuntz** ist Wissenschaftlicher Mitarbeiter am Internationalen Kolleg für Kulturtechnikforschung und Medienphilosophie (IKKM), Bauhaus-Universität Weimar; aktuelle Arbeitsschwerpunkte: französische Kultur- und Techniktheorien und Theorien verteilter Handlungsmacht und erweiterter Kollektive; Fernsehserien, romanische Literatur, Bande dessinée; Jüngste Publikationen zur Serie: Seriennarrativ (TV), in: Christina Bartz/Ludwig Jäger/Erika Linz/Marcus Krause (Hg.): Handbuch der Mediologie – Signaturen des Medialen, München: Fink 2012, 241-251; Gehen, schalten, falten. Produktive Räume und Medienlogik in The West Wing, in: Navigationen, Jg. 12, H.1: Der Medienwandel der Serie, 31-52; Lighthouse Transmissions – Lost Prisoners, the Topos of Distant Suffering and the Agency of the Island, in: Benjamin Beil/Lorenz Engell/Jens Schröter/Herbert Schwaab/Daniela Wentz (Hg.): LOST in Media, Berlin u.a.: LIT 2014 (im Druck)

Dr. phil. **Lars Koch** ist Leiter der ERC Starting Grant-Forschergruppe „The Principle of Disruption" an der Universität Siegen. Seine Arbeitsschwerpunkte liegen in der neueren deutschen Literatur vom 18. Jahrhundert bis zur Gegenwart und in der Medienwissenschaft, wobei die kulturelle Codierung von Emotionen und die Imaginations- und Wissensgeschichte der Störung besondere Beachtung finden. Letzte Publikation: Lars Koch (Hg.), Interdisziplinäres Handbuch ‚Angst'. Stuttgart/Weimar 2013.

Marcus Krause ist Stipendiat im Mercur-Forschungsprojekt „Fallgeschichten. Text- und Wissensformen exemplarischer Narrative in der Kultur der Moderne" an der Ruhr-Universität Bochum. Arbeitsschwerpunkte: Literarische Fallgeschichten, Literatur und Wissen(schaft), Diskursgeschichte der Psychologie, Archäologie des Films. Jüngste Publikationen: „Beitrag zur Beurteilung der Autorschaften Musils", in: *Sprache und Literatur* 110 (2012/2); „Psychologie", in: Roland Borgards u.a. (Hg.): *Literatur und Wissen. Ein interdisziplinäres Handbuch*, Stuttgart/Weimar: Metzler 2013, 131-141; „Phantasmen des Enzyklopädischen. Zur Ordnung der Dinge in Novalis' *Allgemeinem Brouillon* und E. T. A. Hoffmanns *Goldnem Topf*", in: Kai Lars Fischer u.a. (Hg.): *Alphabet, Lexikographik und Enzyklopädistik. Historische Konzepte und literarisch-künstlerische Verfahren*, Hildesheim u.a.: Olms 2013, 139-159.

Dr. phil. **Philipp Schulte** arbeitet seit 2007 als Referent für die Hessische Theaterakademie in Frankfurt am Main sowie als freier Autor und Dramaturg; seit 2009 ist er wissenschaftlicher Mitarbeiter am Institut für Angewandte Theaterwissenschaft in Gießen, seit 2012 zudem Leiter des Internationalen Festivalcampus des Kunstfestivals Ruhrtriennale. Seine Dissertation zum Thema *Identität als Experiment. Ich-Performanzen auf der Gegenwartsbühne*, die von der Graduiertenförderung des Landes Hessen unterstützt wurde, ist 2010 erschienen. Er hat zahlreiche Aufsätze veröffentlicht und ist Mitherausgeber der Bände *Die Kunst der Bühne. Positionen des zeitgenössischen* Theaters, erschienen 2011 bei Theater der Zeit, sowie *Thinking – Resisting – Reading the Political*, erschienen 2012 bei diaphanes.

Druck: KN Digital Printforce GmbH · Schockenriedstraße 37 · 70565 Stuttgart